あるくみるきく双書

田村善次郎・宮本千晴【監修】

宮本常一とあるいた昭和の日本

15

東北②

農文協

はじめに

——そこはぼくらの「発見」の場であった——

「私にとって旅は発見であった。私自身の発見であり、日本の発見であった。書物の中で得られないものを得た。歩いてみると、その印象は実にひろく深いものであり、体験はまた多くのことを反省させてくれる。」これは『私の日本地図』の第一巻「天竜川にそって」の付録に書かれた宮本常一の「旅に学ぶ」という文章の一節である。これは宮本先生の持論でもあった。近畿日本ツーリスト・日本観光文化研究所に集まる若者の誰もが幾度となく聞かされ、旅ゆくことを奨められた。そして「どうじゃー、面白かったろうが」というのが旅から帰った者への先生の第一声であった。一生を旅に過ごしたといっても過言ではないほど、旅を続けた宮本先生にとって、旅は面白いものに決まっていた。それは発見があるからであった。発見は人を昂奮させ、魅了する。

この双書に収録された文章の多くは宮本常一に魅せられ、けしかけられて旅に出、旅に学ぶ楽しみと、発見の喜びを知った若者達の旅の記録である。一編一編は限られた村や町の紀行文であるが、こうして地域ごとに集めてみると、期せずして「昭和の風土記日本」と言ってもよいものになっている。

日本観光文化研究所は、宮本常一の私的な大学院みたいなものだといった人がいるが、この大学院は学歴も職歴も年齢も一切を問わない、皆平等で来るものを拒まないところであった。それだけに旺盛な好奇心と情熱をもった多様な性向の若者が出入りしていた。『あるく みる きく』は、この研究所の機関誌的な性格を持った月刊誌であり、所員、同人が写真を撮り、原稿を書き、レイアウトも編集もすることを原則としていた。編集者もデザイナーも筆者もカメラマンも、当時は皆まだ若かったし、素人であった。公刊が前提の原稿を書くのは初めてという人も少なくなかった。発見の喜び、感激を素直に表現し、紙面に定着させるのは容易なことではない。何回も写真を選び直し、原稿を書き改め、練り直す。徹夜は日常であった。素人の手作りからの出発であったが、この初心、発見の喜びと感激を素直に表現しようという姿勢、は最後まで貫かれていた。

月刊誌であるから毎月の刊行は義務である。多少のずれは許されても、欠号は許されない。特集の幾つかに宮本先生の古くからのお仲間や友人の執筆があるし、宮本先生も特集の何本かを執筆されているが、これらは欠号を出さず月刊を維持する苦心を物語るものである。

『あるく みる きく』の各号には、いま改めて読み返してみて、瑞々しい情熱と問題意識を感ずるものが多い。それは、私の贔屓目だけではなく、最後まで持ち続けられた初心、の故であるに違いない。

田村善次郎　宮本千晴

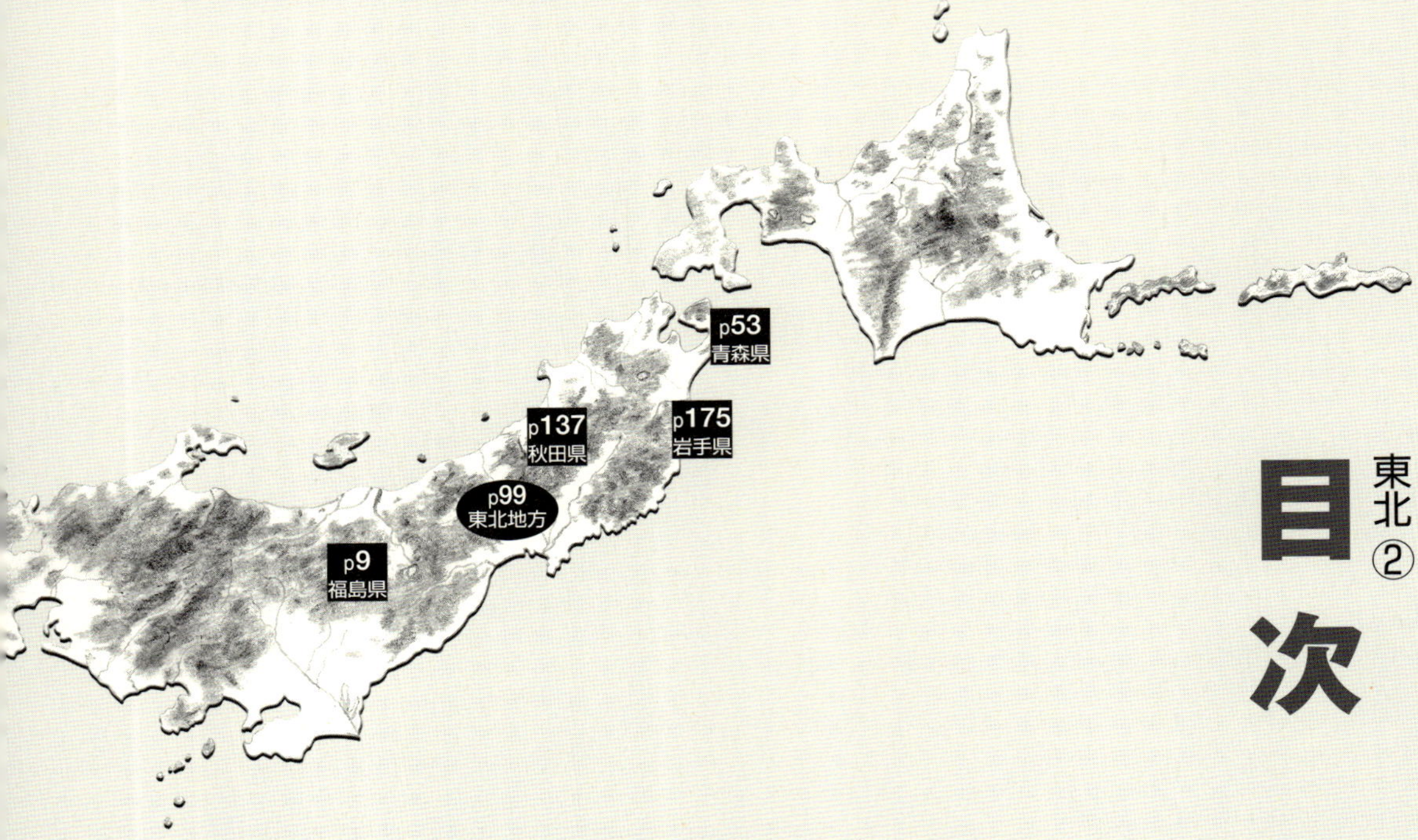
p53
青森県
p137
秋田県
p175
岩手県
p99
東北地方
p9
福島県

東北② 目次

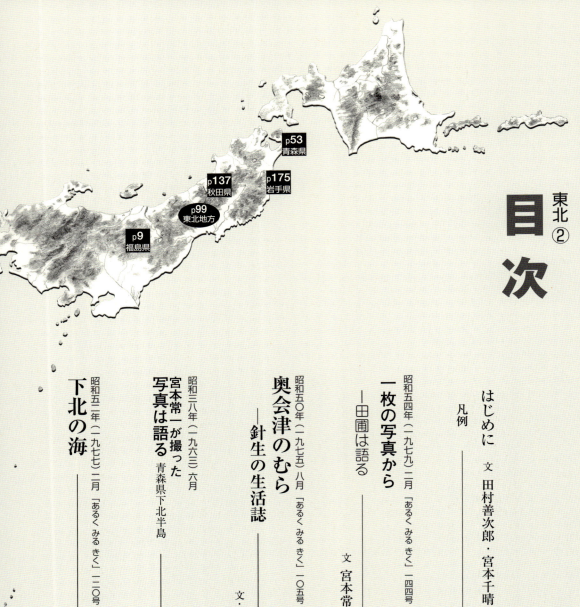

N

凡例

○この双書は『あるくみるきく』全二六三号の中から、日本国内の旅、地方の歴史・文化・祭礼行事などを特集したものを選出し、それを原本として地域および題目ごとに編集し合冊したものである。
○原本の『あるくみるきく』は、近畿日本ツーリストが開設した「日本観光文化研究所」（通称　観文研）の所長、民俗学者の宮本常一監修のもとに編集し昭和四二年（一九六七）三月創刊、昭和六三年（一九八八）一二月に終刊した月刊誌である。
○原本の『あるくみるきく』は一号ごとに特集の形を取り、表紙にその特集名を記した。合冊の中扉はその特集名を表題にした。
○編集にあたり、それぞれの執筆者に原本の原稿に加筆および訂正を入れてもらった。ただし文体は個性を尊重し、使用漢字、数字の記載法、送り仮名などの統一はしていない。
○写真は原本の『あるくみるきく』に掲載のものもあれば、あらたに組み替えたものもある。原本の写真を複写して使用したものもある。
○掲載写真の多くは原本の発行時の少し前に撮られているので、撮影年月は記載していない。
○写真撮影者は原本とは同一でないものもある。
○市町村名は原本の発行時のままで、合併によって市町村名の変わったものもある。また祭日や行事の日の変更もある。
○日本国有鉄道（通称「国鉄」）は民営化によって、昭和六二年（一九八七）四月一日から「ＪＲ」と呼ばれる。『あるくみるきく』はほとんどが国鉄当時の取材なので、鉄道の路線名・駅名など国鉄当時のものが多い。民営化によって廃線や駅名の変更、あるいは第三セクターの経営になった路線もあるが、それらは執筆時のままとし、特に註釈は記していない。
○この巻は須藤功が編集した。

一枚の写真から

宮本常一

—田圃は語る—

岩手県遠野市土淵町。昭和50年（1975）12月　撮影・須藤　功

昭和十五年（一九四〇）に遠野をおとずれ、土淵《つちぶち》の佐々木喜善さんの家をたずねていったとき、土淵の民家はほとんど草葺きであった。そして佐々木さんの家では老母がひとり軒下で炭俵《すみだわら》を編んでいた。佐々木さんは晩年仙台へ出ていってそこでなくなられた。お目にかかったことはなかったが、なくなられるまえに二、三度たよりをいただいた。その中の一通は長いもので、生活苦を訴えたものであった。佐々木さんはそれから間もなくなくなられた。その頃の土淵の周囲はすでに水田になっていたが、その田圃はみな小さく水がたまっていた。さらにそのまえ、明治四十年（一九〇七）以前には土淵の村のまわりには栗林が一面にひろがっており、栗の実は重要な食料になっていたという。ところが東北本線が青森へ通ずることになり、鉄道の枕木としてその栗が伐られることになった。毎日多くの人夫が来て、栗という栗を伐り、運び出していった。栗材は荷馬車に積んで鉄道沿線へ運ばれたのである。そして野も山も裸になってしまったが、野をひら

いて水田にした。そのようにしてひらかれた水田が一〇〇町歩にのぼったという。それまでは畑作が主であった。それも自分の家で食うものだけを作っていたのであるが、水田ができると、売るほどの米がとれるようになった。そうした大きな変化のおこなわれつつあったとき、佐々木さんは東京で柳田先生にあい、『遠野物語』の話をするのである。『遠野物語』には栗林が水田になる話は出て来ない。

　戦後はまた大きな変化があった。小さい田をあつめて大きくし、畦畔を真直ぐにした。そして水田も稲刈のあとは水がたまらないようにした。そればかりでなく、草葺きの屋根が瓦葺きになって来た。だから景観は大きくかわっていったのであるが、雑木山だけはもとのままであった。ただ栗がナラやクヌギにかわった。人びとはその木を利用して炭を焼いた。木炭は昭和三十五年（一九六〇）頃まではよく売れたので、日々の暮しはゆたかになってきたのであるが、三十五年頃から石油コンロ、プロパンガスなどが使われるようになって、木炭が急に売れなくなった。しかも炭焼にかわるよい仕事がなくなったために、男たちは町の方へ出かけたり、中には町へ移住する者がふえてきて、村は急にさびしくなってくるのである。

　そういう変化をこの写真からは読みとることはできない。しかし土淵がたどったような歴史はどこにもあった。たとえば、昔から水田のひらけていたようなところでも、明治三十年代から各地で耕地整理がおこなわれた。今日のように畦畔を一直線にすることは少なかったが、それでも小さい田をいくつか集めて広くしたり、曲った畦畔をできるだけ真直ぐにしたり、湿田を乾田にしたりした。それで農作業が楽になったばかりでなく、田を耕起するのに馬に犂《すき》をひかせてすくようになった。東北地方にはそれまで田の耕起に犂を用いることはほとんどなかった。それまで馬を飼っている家は多かったが、それは田で犂耕に使うことは少なく、荷物の運搬に主として使い、あとは肥料をとるためであった。それが耕地整理をおこなうことで、水田に牛馬を入れて犂耕をおこなうようになったのだから、農作業の上では大きな変化が見られた。もともとこれは東北の話で、西日本では早くから犂耕はおこなわれていた。

　いずれにしても明治三十年代から米の生産地づいてきた。

　しかし土地によっては耕地整理の容易にすすまないところもあった。小さい田がひしめきあうようになっているのを昭和二十年（一九四五）以後もあちこちで見かけた。どうしてそうなっているのかよくわからないが、そういうところは耕作する者がそれぞれ土地を持っていて、その中の一人か二人が耕地整理に反対すると、他の者だけで耕地整理ができなかった。ところが大きな地主が広い土地をもっているような地方では、田を耕作しているのは小作人が多く、大きい地主はみな耕地整理を望んだ。そうすると水田の面積もはっきりわかり、生産もあがり、小作米の取立てが楽になる。このようにして山形県庄内地方では早く耕地整理がすすんでいった。秋田や新潟などにも大地主が多く、いずれも耕地整理された田がひろがっている。

　しかし明治末年以後耕地整理はそれほどすすまなかった。また明治時代の耕地整理は一枚の田を一反または五畝にするのが普通であったが、それでは牛馬を使役することはできてもトラクターを使うことはできない。トラクターを使うためには一枚が三反以上なければならぬ。戦争がすみ、農地解放がおこなわれても水田農村に近代的な経営が容易に生れなかったのは、農地の改良が容易におこなわれなかったからである。

柳田國男に『遠野物語』の話をした佐々木喜善の土淵町の生家。昭和42年（1967）5月
撮影・須藤　功

　農地の基盤整備が大切であると言われるようになったのは、昭和三十五年（一九六〇）頃からであった。工業の近代化がすすめられはじめたときから十年あまりもおくれていたのである。このおくれが、農業を時代おくれのものにしていったのだと思う。

　そこで土淵の写真をもう一度見ていただくと耕地整理はせられているが、トラクターを入れる広さにはなっていない。だからそのための基盤整備はまだおこなわれていないことがわかる。それではトラクターがはいるようになったら農業は楽になり、時間もゆとりが出てくることになるのであろうが、そのゆとりは他業に向けられ、兼業化がすすんでいくことになる。この村もそういう変化をしてゆくであろうと思われる。物静かで、人影ひとり見かけることのない、昔のままの姿をとどめているようなこの村にも、実ははげしい世の動きがそのまま映っているのである。田舎はのんきでよいというけれど、決してのんきではない。のんきにしているとすぐその生活はゆきづまってしまう。

佐々木喜善の墓。墓碑名は折口信夫が書いた。
昭和50年（1975）12月　撮影・須藤　功

山菜採りへ、足をしっかり固める。

奥会津のむら

―針生の生活誌

文・写真
須藤護
小林淳
森本真由美
篠崎光子
杉山悦子
市瀬美智子
福田武司
印南敏秀

屋根の雪おろし

山間にある針生集落。右の山が七ヶ岳。左方に熊野神社の森がある。

雪に埋もれた冬の針生集落

針生《はりゅう》は峠下集落として発達した山村である。標高は約七〇〇メートル、田島の町よりも一五〇メートル高い。人びとは山とふかくかかわり合いをもって生きてきた。今でも山は生活の場としてかけがえのない存在である。しかし山だけに頼ってきたわけではない。平地や山の斜面に鍬をふるうことも怠らなかった。現在集落の周囲には、一三〇〇町歩あまりの耕地が拓けていることからも、それがわかる。

部落の人びとは山仕事と農作業そして、物資の交易による運搬業をたくみに結びつけることでゆたかなふるさとを作りあげてきたように思う。

針生《はりゅう》への道

福島県南会津郡の中心地、田島町に、歴史民俗資料館が誕生してから四年になる。この地方の人びとが、日常生活の中で使ってきた古い民具を、地元の有志が集め、町の協力を得て展示・公開したものである。資料館づくりには日本観光文化研究所の仲間が何人も参加した。

当時三〇〇〇点あまり集められていた民具の中で、おびただしい数の刃物がぼくの目をひきつけた。南会津の主産物の一つである木工品を作るためのものであった。名前も使い方もわからないものばかりである。ぼくは民具収集のリーダーである佐藤耕四郎さんに、何度も話を伺った。しかし当時佐藤さん自身よくわからないことがたくさんあった。資料館づくりに参加した、地元の人びとの中からも、木工品を作る技術と職人の生活に、興味を持った人が何人か現れた。「よし、南会津の木地職人を調べてみよう」、こうして木地職人を求めて、南会津の山歩きがはじまった。佐藤さんはじめ、地元の人と力を合わせてやれることが、何よりも力づよかった。

木地職人を求めて最初にぼくが訪れたのが田島町針生であった。針生は木地職人のむらではないが、周囲の山々では木地職人が、お椀を作って生計をたてていた。今から三五年ほど前のことである。その人たちは現在は仕事をやめて山から降り、里村である針生に住んでいる。

針生では何人かの木地職人を知ることができた。手挽きロクロの経験者である小椋《おぐら》藤八さん（八〇歳）や後に研究所の先輩たちと撮った記録映画「奥会津の木地師」の主役をつとめてくれた星平四郎さん夫妻などである。とても人なつっこい人たちばかりで、さまざまなことを教えてもらった。木地師は山で仕事をし、山で生活していた。山の中でどうやって暮していたのだろうか。作ったものはどうやって売っていたのだろうか。次から次へと疑問がわいてくる。そして山中の木地師と里村である針生とが、思いのほかつよいかかわり合いを持って共存していたことに気づいてきた。木地師を支えていたのが里村であったのである。そこで針生を調べてみることに、大きな興味を抱きはじめた。

折から針生に行ってみたいという仲間が何人か現われた。日本観光文化研究所も、メンバーが餓死しない程度の食糧と、足代、それに写真にかかる費用を出してくれた。こうして昭和四十八年（一九七三）六月に、第一回の予備調査を四人で行なった。運よく区の会計をしていた星彦一さんの古い家を借りられた。少しかたむいてはいるが、ぼくたちにとっては過ぎた草屋根の農家であった。このときから針生の人びとの生活を見るために、この家へ、四季を通じて通うことになった。何回も通って、どれほど仕事の邪魔をしたことだろう。

この家があったおかげで、針生を訪れる仲間も多く、五〇人近くにのぼった。その上地元の人も気がねなく遊びに来てくれて、ありがたかった。

以下の記録は、針生の人びとの生活の記録でもあり、同時にぼくたちの生活の記録でもある。「奥会津のむら・針生の生活誌」と題した。「木地師の生活誌」はまた別の機会にまとめたいと思っている。

奥会津のむら

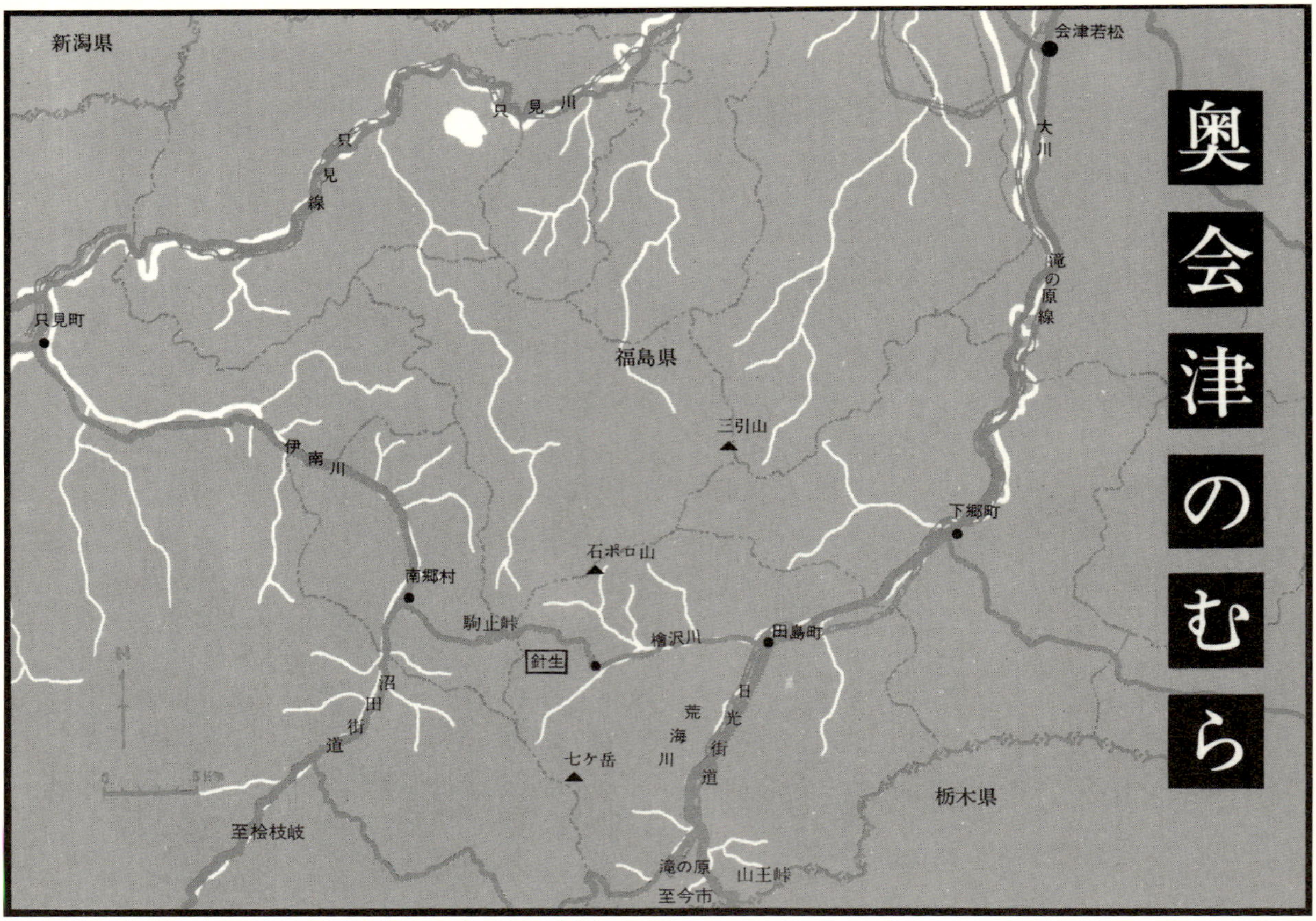

南会津地方を別名奥会津とよぶ。奥会津自身山国であるがこの地方に接した栃木県、群馬県、新潟県のいずれに出るにもさらに高い山なみをぬって峠を越えなければならない。そしてこれらの山なみが、この地方を東北型の気候にしている一因でもある。

帝釈《たいしゃく》山脈の東端にある荒海《あらかい》山（一五八〇メートル）から北方へ、七ケ《ななつ》岳（一六三六メートル）、大平山《おおひらやま》（一五四三メートル）と枝がのび、駒止《こまど》峠からさらに北東へ山なみが続く。この尾根づたいが下郷《しもごう》町、田島町の二町と南郷《なんごう》村、伊南《いな》村、館岩《たていわ》村の三村とのさかいになる。地元の人びとは前者を南会津の東部地方、只見《ただみ》町、檜枝岐《ひのえまた》村を含めた後者を西部地方とよんでいる。

奥会津の山はさほど高くはないし、険しくはない。しかし丘に登って見るとうねうねと果しなく続いている。地元の人ですら山菜取りなどに夢中になっているとつい迷い込んでしまうという。人を寄せつけない山ではないが、ふところが深い。

一方帝釈山中の沢を集めた大川と只見川は、米どころである会津盆地で合流し、阿賀野川となって日本海へ注ぐ。ダムが建設される前までは、木材の輸送にさかんに使われた川である。これらの川の造った河岸段丘は、耕地として拓かれたばかりでなく、川沿いの道は村々を結ぶ重要な交通路として利用された。大川沿いの道は、会津若松と栃木県の今市を結ぶ日光街道であり、伊南川《いながわ》、只見川沿いの道は群馬県の沼田、西部地方、会津若松とをつないだ。これが沼田街道である。さらに只見町の叶《かのう》津《つ》からは、八十里越えと六十里越えを経て、新潟県へ通じている。この道を経て、新潟からはおもに日本海沿岸でとれた塩が西部地方にもたらされ、西部からは特産物の麻が送られた。

　田島町は日光街道の宿場町で、会津若松と関東を往復する米や日常生活に必要な物資の中継地として、さらに西部地方や田島周辺からもたらされる物資の集散地として栄えた町である。ぼくたちが家を借りた針生も、田島や西部地方と密接に関係しつつ、外界と結ばれて発達してきたむらであった。

針生のなりたち

　田島から国道二八九号線を七キロほど上っていくと、本沢の造った、比較的広い河岸段丘に出る。ここに世帯数一八〇戸ほどの針生部落がある。本沢は七ヶ岳山中から流れ出る沢を集め、部落の東側を南東に流れている。この川が下針生で赤穂原《あこうばら》川と合流し、檜沢《ひさわ》川となって田島へ出る。

　針生の集落は段丘上に比較的密集していて、その周囲に耕地が拓けている。山あいのむらにしては広い耕地だ。この耕地はいつごろ拓けていったのだろうか。なぜこのような山中のむらに多くの人びとが住みつき、どのようなくらしのたて方をしてきたのだろうか。最初に針生を訪れたころからの疑問であった。今でもその疑問が解けたわけではない。ただ針生は家が密集しているために、耕地と家が離れている。また各家で持っている耕地も方々に分散している。だから最初から農耕を主として成り立ってきたむらではないことがわかる。方々に分散していた小さなむらが、一ヵ所に集められたのであろう。その年代は駒止峠が交通の要所となったころと一致すると思われる。物資の運搬や旅人が峠を越えるのに必要な集落であった。

「針生の部落はもと下針生にあっただ」

「針生にはお宮さんが二つある」

「赤穂原の田は本田といってとってもよいだ、ほかの田んぼで収穫がなくても、本田では必ず米がとれる」

　むらの人からこんな話をよく聞いた。下針生は本沢と赤穂原川とが合流する地点で、ここにも比較的広い耕地がある。標高も現在地より五〇メートル位低いから、水も引きやすい。そのほかにも、自然発生的なむらが立地しやすいと思われる場所をいくつか見つけることができた。

　ぼくたちは明治以前のこととなると、手が出なくなる。そこで歴史に関しては田島で郷土史を研究されている室井康弘先生に話を聞くことが多かった。

　天正十八年（一五九〇）に奥州会津藩主になった蒲生《がもう》氏郷《うじさと》の文禄三年（一五九四）検地によると針生の石高は一二〇石九斗九升となっている。当時の標準生産高は、一町につき一〇石とみなされているから、針生では大体一三町歩ぐらいの耕地があったことになる。ただしこの数字は実際の生産高ではないし、米以外の畑作物の石高も含まれている。また針生の場合標高が高く作物の生産高は標準以下と考えられるから実際の耕地はこれよりか

「今年もどうぞよろしく」と新年の挨拶まわり

なり多かったであろう。それからおよそ二〇〇年後の寛政八年（一七九六）の「御処国使様御通行手形案内帳」によれば、石高は四七九石八升八合と、およそ三倍に増えている。あわせて戸数七九戸、人口三三七人、馬二七匹と記録されている。先の計算によると耕地面積は一戸平均六反歩あまりを持っていたことになる。この二〇〇年の間に開墾がすすみ、農作物の生産がむらを支えていくうえで、大きな比重を占めるようになってきたようだ。

明治中期以降になると戸数も耕地も大巾に増える。大正の末には戸数九二戸、耕地は台帳によると水田八五町、畑三五町となっている。現在は戸数一七九戸、水田一〇〇町歩あまり、畑三五町である。山あいのむらといえども農業が大きな比重を占めていたところであった。

針生の冬は活気があった

ぼくたちが針生に通うようになった昭和四十九（一九七四）年の冬は、例年にない大雪で、前年の十一月十八日に降った初雪が根雪になった。この年の一月針生を訪れたとき、我家は屋根まで雪に埋っていた。大家さんのところからスコップを借り、入口と思われるところを目ざして大汗を流して雪を掘った。一時間あまりかかって階段をつけ、やっとの思いで家の中に入ることができた。このときは電線をまたぎつつむらの中をおぼつかない足どりで歩いたものである。

冬の朝はおそい。むらの人は学校が冬休みの時期は八時すぎに起きる。起きるとすぐに雪踏みをして道を作る。とくに自分の家の前の道は、必ず踏んでおかなければならない。雪道は歩きにくいので、ほかの人びとが大変迷惑をするからである。前の晩に降った雪が多ければなおさらのことである。ぼくたちはこの雪踏みをたびたび忘れてしまうことがあった。すると大家さんが気をきかせて踏んでおいてくれる。朝起きると我家の前の道がきれ

学校へ行く子どものために、踏俵《ふみだわら》で雪を踏んで通学路を開く。

いに踏まれていて「しまった！　またか」と思うことも一度や二度ではなかった。

　雪踏みにはフミダワラを使う。フミダワラはスゴやタワラと同じ編み方をして底をつける。上部に手をつける。それを長ぐつのようにはいて、新雪を踏む。冬期間にするワラ細工がほとんどなくなった現在でも、フミダワラだけは作っている。

　正月も二十日がすぎてむらの行事が一段落すると、縄ないがはじまる。とくにたくさん植林をしている人は、一〇〇たばぐらい必要になる。一たばは、五〇メートルぐらいの長さの縄をまるった大きさである。今は縄ないの機械が入っているが、以前はユルイ（イロリ）をかこみ一家総出でなった。縄のほかにはムシロ、カマスなど農作業や山仕事に欠かせないもの、そして一年間まかなえるほどのはきものもこの時期に作った。

「昔はユルイのアク（灰）の中にジャガイモをぶっ込んで、それを夜食にガリガリかじりながら、家族が競争で縄をなったもんだ。手から血が出るぐらいなった」

　こんな話は今では昔話になってしまった。が、縄は現在でも様々な使い道がある。たとえば苗代にはるとき、稲ハデを作るとき、ムシロやカマスを作るとき、屋根ふきをするとき、オッタテ（雪のために若い木はおしつぶされてしまうので、それを一本一本おこす作業）などいくらなってもたりなかったという。

　一方、はきものの方は冬用のものとしてワラグツ、ゲンベイ、雪がとけてからはくものにアシナカ、ゾウリ、ワラジ、オソフキワラジがある。子供も学校に上がるよ

稲藁《いなわら》で踏俵を作る。

うになると、自分ではくものは自分で作る人もいた。一年間に一人がはく量は約一〇〇足とみてよいから、それに家族数をかけた量が冬の間に作られることになる。

　またミノ、ハバキ、フミダワラ、カンジキ、ハタオリなど、日常生活に必要なものもこの時期に作った。冬の木材搬出のとき馬が雪の中にもぐらないよう大きな馬のワラジも作ってやる。

　大家さんのじいちゃんはむらの中でも、ワラ工品が上手な一人であった。冬の一日などふらりと我が家に遊びに来ては色々なものを作ってくれる。そういう時にぼくたちは一番むずかしいと思われるゲンベイの作り方を習う。ゲンベイは雪の中ではくワラグツで、山仕事用には男ゲンベイ、むらの中を歩くには女ゲンベイをはく。男ゲンベイは山ゲンベイともよび作り方もがんじょうでヒモがついていて、脱げにくいよう工夫されている。

　ふた握りほどのワラから、見事なはきものができていく。ぼくたちはその細工のたくみさに驚き、感激した。

　ゲンベイは上手な人だと四時間で一足、一日に二足は作る。ぼくたちは手とり足とり教えられながら一日かかってぶかっこうなものを片足分作る。このような使いものにならないゲンベイをオニゲンベイとよぶが、「今度はうまくなりますように」と祈ってうまやに投げ込む。うまやに投げ込む回数を数重ねて、はじめて上達するのだという。

　旧暦の二十日正月が終ると、むらの男たちがいっせいに山に出て、次の冬に備えて燃木《もしぎ》（薪）を伐る。これが春木切りである。各家で使う一年分の燃木は共有の山から伐り出していた。ユルイ（イロリ）が暖房や煮炊き用に使われていた昭和三十五年（一九六〇）ごろまでは、太い燃木を惜しげもなく燃していた。草屋根の広くて天井の高い民家の中で過ごす冬はきびしい。家の中がしんしんと冷え体も凍る。このようなときユルイの火は、何よりのごちそうであった。燃木を積みあげるとき、長さ三尺二寸（約一メートル）、巾五尺（約一・五メートル）、高さ五尺（約一・五メートル）の大きさが基準になり、これをヒトタナという。長い冬を越すためには五タナの燃木が必要であった。石数にすると五〇石近くになる。一軒の家で一年間に使う燃木の量は、およそ三〇〇石であったといわれている。三〇〇石の木を伐り、積みあげるのに約二ヵ月かかった。

　燃木にする木はなるべく太い木を選んだ。しかも伐り倒す前に、木地職人がお椀を作るときと同じように「柾《まさ》

冬作業のひとつ莚《むしろ》編み

見《み》」をする。性の悪い木は切ったり、割ったりするのに手間がかかるから、手を出さなかった。伐り倒してしまってから、柾が通っていないことがわかり、放りぱなしにした木もたくさんあった。またウラ（枝の繁っている部分）は捨ててしまったという。

いかに木が豊富なところとはいえ、ずい分ぜいたくな使い方をしたものである。

燃木はナラが火持ちがよく、火力が強いので喜ばれた。炭にしても高く売れた。しかしそうばかり言っておれず、実際はブナもよく使った。ブナは一夏山に置くと、火力が半減してしまうという。

倒した木は長さ三尺ほどに玉切りする。そしてソリを使って馬車が入るところまで運び出し、前述した大きさのタナに積みあげておく。それを一年なり二年なり放置して、乾燥するのを待つのである。ここを〝キニューバ〟とも〝キンギョバ〟ともよんでいる。

春木切りが一段落つくと、今度はシバ切りがはじまる。ユルイやカマドのたきつけ用に使うシバ切りは主に女の仕事であった。直径二〇センチぐらいの太さの木も倒して、その場で細かくきざみ込んだ。それをサッパという。サッパを積みあげた山をタナといい、春木と同じようにキニューバまで運んで乾燥させた。冬期間に使うシバの量はおよそ二〇〇束といわれている。だからシバを伐る作業、そして山から運びおろす作業も容易ではなかった。

春木切りとシバ切りをまとめて燃木切りとよんでいる。燃木切りがむら中で行なわれていたころのキニューバには、いたるところに燃木のタナが積まれ、その景観は実に見事であったという。

秋になって農作業が一段落つくと、長い冬の間に使う燃木を馬車で家まで運んだ。各家では、それをさらに細かく割って家の前に積んでおく。むらが雪ですっぽりとおおわれると、その日に必要な分だけニワに運び込み、カマドやユルイにくべるのである。

いろりばたで作った民具

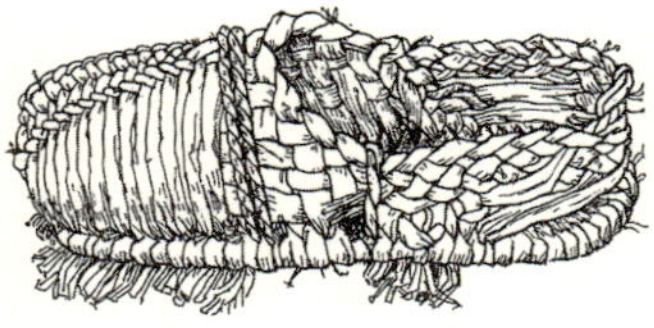
ムラゲンベエ（オンナゲンベエ）冬期間、村内ではく

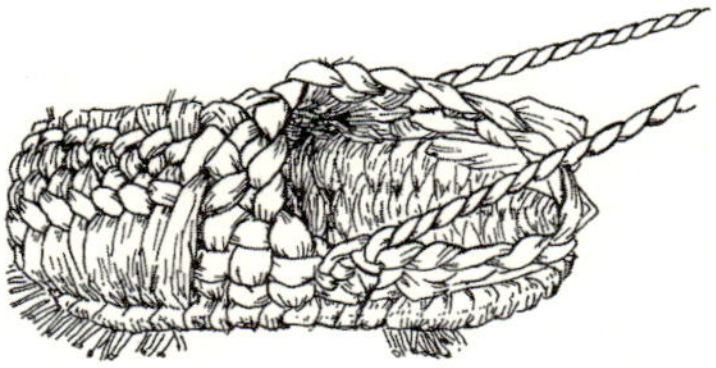
味噌フミゲンベエ　ふつうのゲンベエよりも編み方は荒い

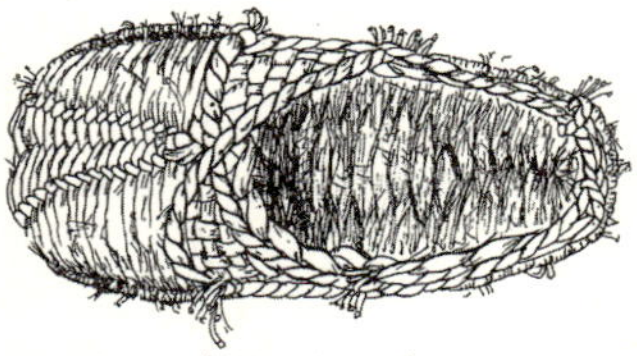
ヤマゲンベエ（オトコゲンベエ）
冬期間、山仕事をするときはく

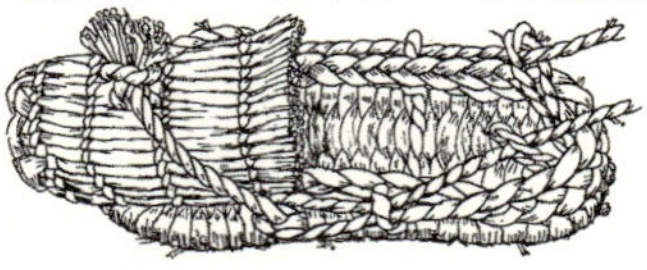
オソフキワラジ　冬期間のはきもの

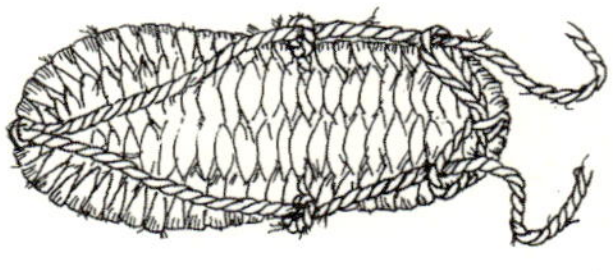
ワラジ

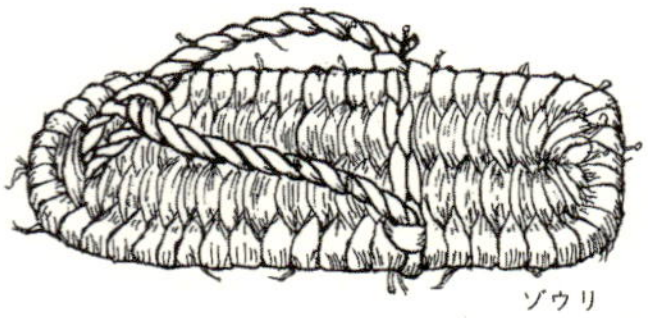
ゾウリ

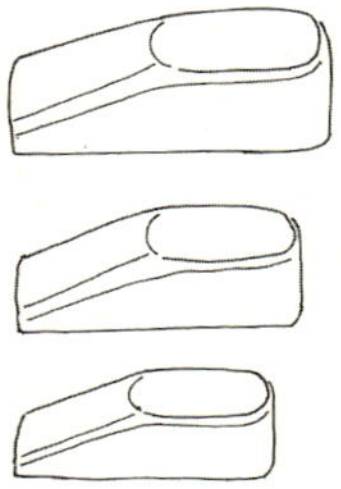
ゲンベエの型　これをもとに、各自の足にあったゲンベエを編む

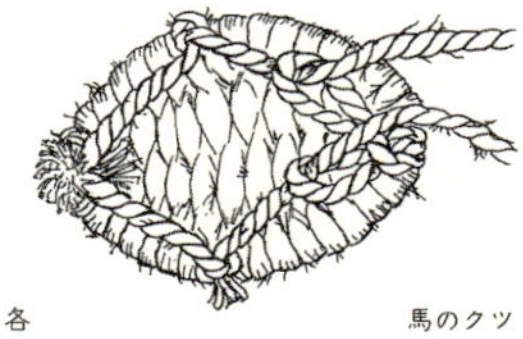
馬のクツ

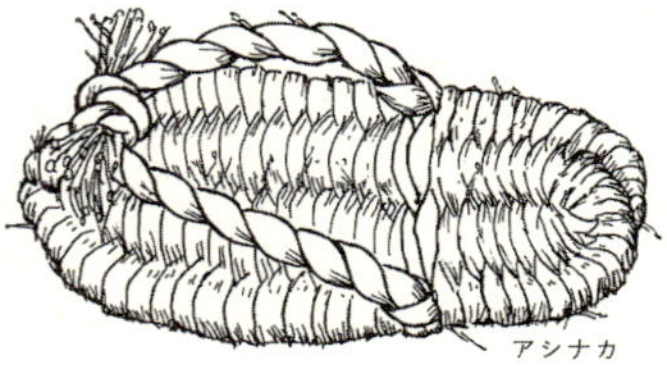
アシナカ

この燃木切りに関連して、おもしろい話が残っている。正月の十四日には、むらが上《かみ》と下《しも》にわかれて、サイノカミ行事が行なわれる。サイノカミは、かっこうのよいブナの木を神にしたてて、正月のお飾りや願いごとなどを書いた短冊をワラといっしょに木にしばりつけ、むらの上と下で燃す行事である。このブナの木を伐るのが正月の二日で、四日の日に曳いてくる。そのときむらの入口でひと休みする。むらの人びともここまで迎えに行く。これを〝サカムカエ〟とよんでいる。サカムカエには女の人たちがお赤飯や煮しめ、それに酒を持って行き、飲んだり食ったりのドンチャンさわぎをする。このとき気勢をあげるために火をドンドン燃やす。近くには前の年の春木切りのとき積んでおいた燃木のタナが方々にあるので、そのどれを燃やしてもかまわなかった。大変な苦労をして積んだタナではあったが、燃やされた方もお互いさまであるから文句もいわなかった。むらの生活にはこんなおおらかさもあった。

昨年（昭和四十九年）の三月半ばごろ、ぼくたちは

春先に用意するつぎの冬に使う燃木

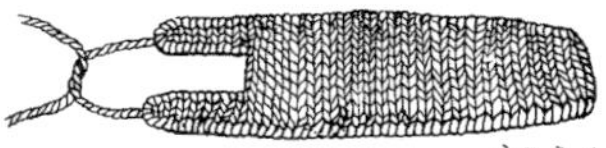

ネコミノ

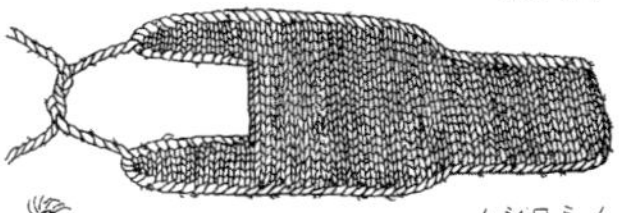

ムシロミノ

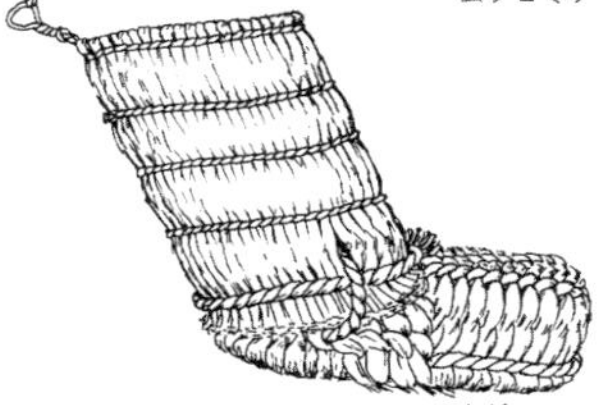

フカゲンベエ

ブドウ皮で編んだ砥石カゴ

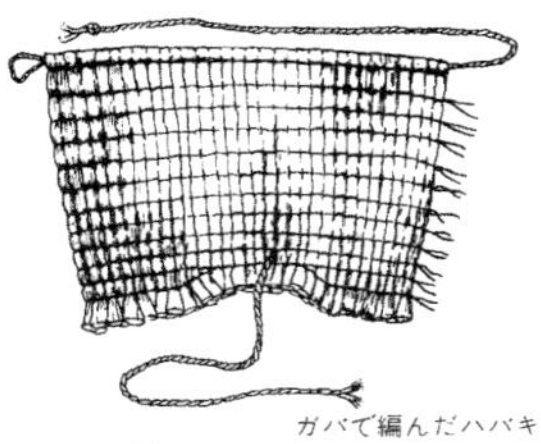

ガバで編んだハバキ

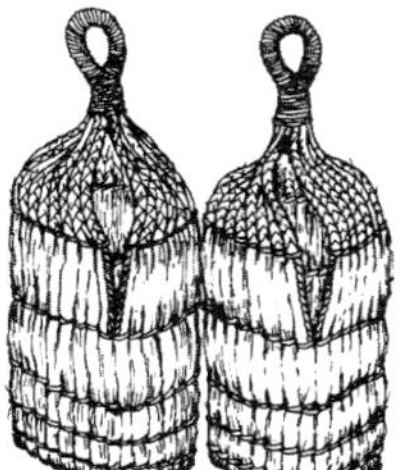

フミダワラ

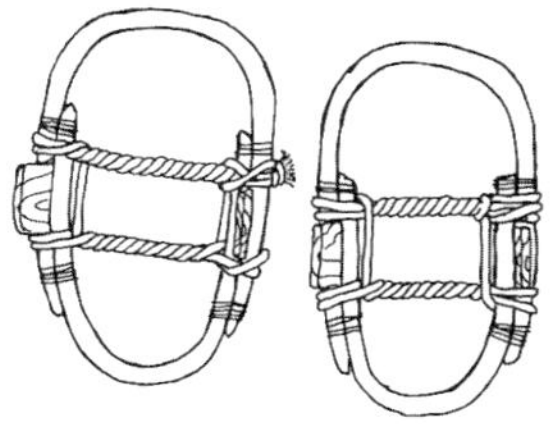

カンジキ

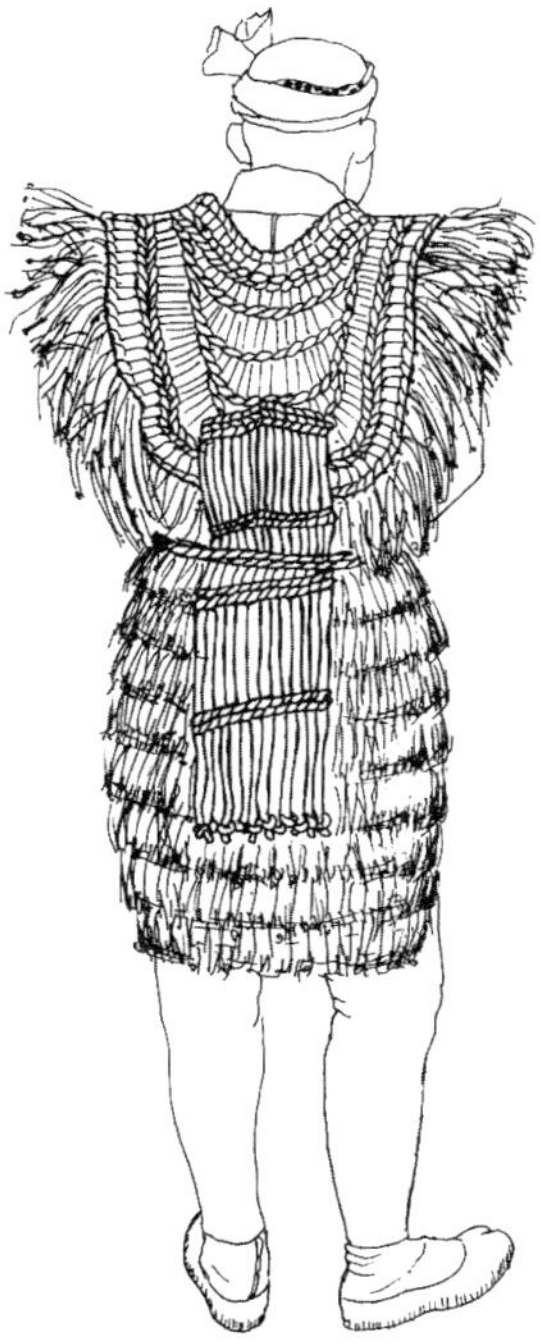

ヒロロで編んだミノ　雨の日に着る　山仕事や野良仕事に出かけるときにも着ていく

偶然マキ狩りにぶつかり、その仲間に加えてもらった。

旧暦の二月末になると、山の雪はかたくなるからむらの者が山へ出てマキ狩りをする。野うさぎをとるのである。うさぎは若い木の芽をかじるなどのいたずらをする。炭焼きをしていたころは五、六人でまとまって仕事をしていたから、その中に二人くらいは鉄砲ぶちがいた。あとの者は勢子《せこ》といって山の下からうさぎを追い上げる。鉄砲ぶちは山の上にいて、上ってくるうさぎをうつ。

今ではむらには鉄砲ぶちが四人ほどしかいないから、一〇年ぐらい前から田島の猟友会の人たちが加勢している。あとの人びとは勢子になる。このときの参加者は五〇人ほどであった。ぼくたちも充分すぎるほどの山仕度をしてさっそうと出かけた。「オーイオーイ」とできる限りの大声をはり上げてうさぎを追う。しかしどこまで行ってもうさぎの姿は見えない。昼にはむらへ帰って、うさぎ汁の大ふるまいがあるから、という話であったので、昼飯の用意はしていなかった。しかしお昼がすぎてもうさぎは出て来ない。十一時ごろ「ズドーン」と一発銃声を聞いただけである。皆とはぐれて、とても心細い思いをした仲間もあった。もううさぎどころではなく、空腹をかかえ、股までもぐる雪を必死に払いのけながら、もときた道を帰るのがやっとであった。むらの中央管理棟では婦人会の人たちが大鍋でお汁を煮ている。中身はなんと豚汁であった。

「一〇年ぐれい前は一回マキ狩りをすっと、山さ捨ててくるほどとれただがなあ」という古老の話をよそに、この日の獲物はたった三羽であった。持ち帰った獲物はうさぎ汁にして冷えた体をあたためた。そして飲んだり食ったり大騒ぎをする。野うさぎはよく運動するので脂身がなく、あまりうまくはない。しかしマキ狩りは冬期間のたん白源の補給と植林保護のために行なわれた。また、むらの人びとのレクリエーションの一つでもあったのである。

罠にかかった兎

マキ狩りに同行させてもらった一行

こうして過去を振り返ってみると、雪にうもれたむらもずい分活気があったものである。なかでも冬山の木材の伐採、搬出は雪の中の仕事の中で、一番骨もおれ、危険な作業でもあった。が、冬山は雪を利用した搬出に最も都合のよい時期であった。

木を食い倒してきた人びと

針生の人びとの生活を支えてきたものに山がある。むらの周囲の山々を歩いてみても、その荒れ方がとてもひどい。ちょっと行くとまっくらであったという原生林はまったくない。よくもこれだけ伐ったな、という感が深い。針生の山は概算で約一万町歩あるが、すべて一村総持で、自由に使うことができた。明治初期に官有地と民有地とをわける官民有区分が施行された際、それまで慣習的に利用してきたすべての山を、民有地としたのである。針生では、先見の明のある先覚者が三人いて、官有地編入に反対したから、民有地が残ったと語り継がれている。実際彼らの名は石碑に刻み込まれ、むらの中央にまつられている。しかしそればかりではなかった。むらの人びとは三人の意見に賛成している。明治以前針生の山がどのように利用されていたか明らかでない。が、山をとられてしまっては生活が成りたたないという、皆の認識があったにちがいない。

明治中期以降、水車による製板技術が進みこの地方の木材の伐採、搬出の仕事はみるみるうちに盛んになっていった。その後蒸気による整板が本格的におこる昭和初期以降、最盛期を迎えることになる。

1月13日、みんなでサイノカミを迎えに行く。

ブナの木を芯にしたサイノカミをみんなで立てる。

木材の伐採・搬出だけでなく、杓子を代表とする木工品作り、炭焼もさかんに行なわれた。時代の流れとともに、生業としての比重は変っている。

しかし、山での仕事はこれからの話の中心となる昭和三十五年（一九六〇）ごろまでの、針生を支えてきた大事な生業であった。

日々山とかかわりをもって生きてきた人びとの話はおもしろい。山の話になるとつい熱が入り、声が高くなる。その話にぼくたちはよく耳を傾けた。

「奥の山には一人ではかかえられないぐれいのずないい（大きい）ブナの木がなんぼんもあってな。枝ひとつねえまっつぐな木で、気持よくノコギリがひけたな。ずない木は、バリバリバリって山中響くような音を出して、地響きをたてて倒れるだ。その気持のいいこと天下一品だ」会津の武士《さむらい》という異名をもつこの人は、背たけが六

木材を木馬《きんま》に積んでおろす木馬道

木椀を作るブナの大木を倒すためヨキを打ちこむ。

尺に近い山男である。蔵の二階を案内してくれ、当時使ったノコギリを見せてくれる。長さ三尺ほどの大きなマドノコであった。片手では持ち上がらないほど重い。「ダイグラ（地名）の木もすごかったな。一本の木で一〇石でたのがあったかんな。あそこはほとんどブナだったわい。ナカソネ（地名）はナラばっかりの山で、見事な山だった。村の者《もん》は皆あそこをナラ山ってよんでいた。冬は山に飯場小屋をぶって伐採や枕木けずりをしたこともあったな。上さひざまである長い綿入れ着て、サルッパカマは二枚はいて、山歩きしただ。ぬれると冷たくなっから、ひざのあたりにワラとか若ナラの葉っぱを入れてな」すねにはハバキをまいてゲンベイをはき、カンジキをつけた。背にミノを着る。これが山仕事の服装であった。冬の間中山にいて、雪がとけるころ里におりる。里におりたときは、すでに桜が散ってしまっていたこともあったという。

「〝山路ゆかば、木の芽ふくらむにおいして、心も軽く春をうたいし〟なんていいながら山を歩いていただから、世の中のんきだったわい。山の木はほとんど伐っちまったかな」

　針生の山々はブナ、トチ、ナラなどの落葉広葉樹林におおわれていた。昼なお暗い大木の原生林もめずらしくなかった。それが今ではかわいそうなほど丸裸になってしまった。

「伐採だってさかりの頃は一日四石は伐った。おらあさげ（朝）はほかの人より遅く仕事に出んだ。我が気にい

山小屋の風呂はドラム缶

山仕事のとき寝泊まりする山小屋

るまで刃物を研いでいくから、どうしても遅くなっちまう。そのかわり山さ行ってから、はじめから仕事が終るまで、刃物をいじくる（研ぐ）ことはねえ、だから結局はほかの人よりも、よけい仕事をしてくるだなあ」

七〇を少しこえたこのじいちゃんも、木をどんどん伐っていった一人である。チェンソーが普及した現在ではヨキやノコギリを研ぐ技術は、むかしほど仕事量には影響がない。しかし名人芸とも言える伐採の技術は捨てがたいものがある。

今年（昭和五十年）の六月に、針生で木地師の記録映画を撮った。そのとき星平四郎さん（七〇歳）に直径三尺ほどのブナを倒してもらった。平四郎さんは子供のころから山で育ち、山で仕事をしてきた木地師。木地師は木を倒す前に「柾見」をする。ヨキ（斧）で幹に傷をつけ、皮をむき、幹の部分を厚さ三センチぐらいはがす。それを割って木の素性を見るのである。素性のいい木を選ばないといいお椀はできない。柾見が終ると平四郎さんはおもむろに腰をおろした。「何をするんだろう」と思ってじっと見ていると、腰の袋から砥石《といし》を取り出して、ヨキを研ぎはじめた。水は前もって清水をくんで脇に置いてあった。「ヨキが切れねえと骨が折れっから」といって納得いくまで研ぐ。その顔はきびしかった。

ヨキができ上がると倒す木の前に立って足場をかためる。他の木に枝がかからないよう倒す方向を見定める。そしてまず木を倒す方向に〝受け口〟をあける。幹の半分ほど切り終ると、反対側の〝追い口〟を切りはじめる。「ハアハア」という息づかいが、だんだん荒くなってくる。

冬は馬に曳かせて木材を出す。

しかし「コーンコーン」とひびくヨキの音は、いよいよ力づよさを増していった。受け口は木の芯まで、きれいにえぐりとってしまう。かたい芯が残ると、倒れるとき木が真二つに裂けてしまうことがあるからである。追い口では、木の両端を少しずつ残す。そして最後にそれらを軽く切り取る。するとものすごい音をたてて、計算した方向に巨木が倒れていく。「バリバリバリ、ドシーン」なるほど気分のいいものであった。

　これに要した時間は約四〇分で、この間平四郎さんは小休止すらしなかった。だが木を倒す時間とほぼ同じくらいの時間を準備にかけていたのである。

「ヨキで仕事をすっと、木っぱ（木のくず）ばかり作ってるようなもんだ」実際椀のアラガタをはがしている平四郎さんのまわりには、アラガタの数より木っぱの方がはるかに多い。そこでノコギリが登場してくる。最初はバラノコを使った。太い木を伐るときは、芯までとどかないので芯切りノコギリを使う。バラノコの次に出てくるのがマドノコである。文字どおりマドがあいていて、その中にオガクズが入っていくので、ノコギリの歯がつまりにくい。だからバラノコより軽くひけるし、スピードも早くなった。

　平四郎さんがヨキで倒した同じくらいの木をチェンソーで伐ると一五分ほどで倒れる。チェンソーを使いはじめてから目にみえて、山の木が少なくなっていった。ここ一〇年ほどのことである。伐り倒した木は、トラックが入るところまで運ばれる。林道のわきの貯木場を土《ど》場《ば》という。土場までは集材機やフォークリフトが使われるようになったが、チェンソー、集材機、トラックの出現によって、木材は大量に伐採され、搬出の速度を速めた。

　針生は今でも伐採現場から土場までの搬出に馬が使われている。ぼくたちは馬が山仕事をするところを見たくて、よく山へ行った。針生には伐採、搬出を請負う親方がいて、自動車で人夫の人たちを送りむかえしている。どの山へ行くかわからないので、行くときはたいていトラックの荷台に乗せてもらう。昼飯のおにぎりとカメラをしっかり抱きしめ、砂ぼこりと尻の痛さをこらえながら、奥山へ入っていく。そのかわり帰りは〝山路行かば木の芽ふくらむにおいして〟を口ずさみながら歩くのが楽しかった。

現場はチェンソーのけたたましい音が鳴りひびく。立木の倒れる音、地響き、そして何とか理由をつけてなまけようとする馬を、叱咤する馬方の大声で活気づいている。農作業ならば何とか手伝うことはできる。しかし山仕事となると、仕事の邪魔をしないよう配慮するだけで精一杯であった。

山仕事が長期間にわたって続けられる場合、現場の近くに飯場小屋を建てる。ある夏の日、そこに一晩泊めてもらったことがある。小屋は間口二間、奥行一間半ほどの小さなもので、この小屋には三人から四人寝る。入口は一坪弱の広さのニワになっていて、イロリが切られている。中は薪やふとん、そのほかの生活用具でいっぱいだ。目の前にきれいな沢が流れていて、そこが流しになっている。そのすぐ下にドラムカンの風呂がある。さらに山手に十二、三メートル離れたところに簡単な便所があり、沢の下手には馬小屋があった。

この日はぼくたちが針生でいつも世話になっている馬方と、田島から稼ぎに来ていた馬方の二人が泊っていた。陽のあるうちは精一杯働いて夕方小屋に帰ってくると、二人はいそいそと夕食の準備にとりかかった。飯を炊く、野菜や肉を切って汁を作る。実に器用な板前さんに早変りである。つい一時間ほど前までの勇ましい姿はどこに行ってしまったのだろうか。ぼくが一時間あまりかかって、やっと風呂の準備ができたころ、すでに夕食の仕度はでき上がっていた。満天にひろがる星をながめながら、はいるドラムカンの風呂、風呂上がりのコップ酒をうまそうに飲み干す。飯はいくらでも食える。

夕食後しばらくよもやま話に花が咲く。まったく女っ気のない世界だから女の話になるとかなりの熱がはいった。

飯場小屋のまわりや伐採現場では昔さかんに使った道具や、すでにこわれてしまった道具が捨てられているのをよく見た。その中でとくに目についたのはすでに主役の座をあけ渡した搬出用のソリであった。

ソリには伐採現場から山の斜面をすべり降りて土場まで運ぶものと、土場から田島や会津若松に運ぶものとにわかれる。前者には人力によるヨツヤマ、ドゾリ、馬に引かせるバチゾリがある。後者は雪のあるときは馬ゾリ、ハナマガリソリが使われ、雪のないときは馬車を使う。

山仕事は年間を通して行なわれるが、とくに冬は山中雪におおわれるので、木材の搬出には好条件となる。搬出用の道らしい道をこしらえる手間がいらないからである。そこではヨツヤマゾリが大活躍をする。

「いまの若え者で、ヨツヤマを使いこなせる者はあんめえ」じいちゃんたちはよくこんな言葉を口にする。実際、その操作は熟練した腕を必要とした。このソリにふつう三石、力のある人で五石から六石の木材を積んで、山の斜面をひっぱって滑り下りる。斜面が急なところではかなりのスピードが出る。ひき綱と、七尺ほどのツクリツケ（曲った自然木）のカジ棒をたくみにあやつって、スピードや方向を調節する。

「ヨツヤマはけが人を多く出すソリだ。重労働で体もいためる。これを引っぱったてい（人）で一回や二回、けがをしねえ人はいねえな。死んだていはいくらもあるわ。

馬ゾリ

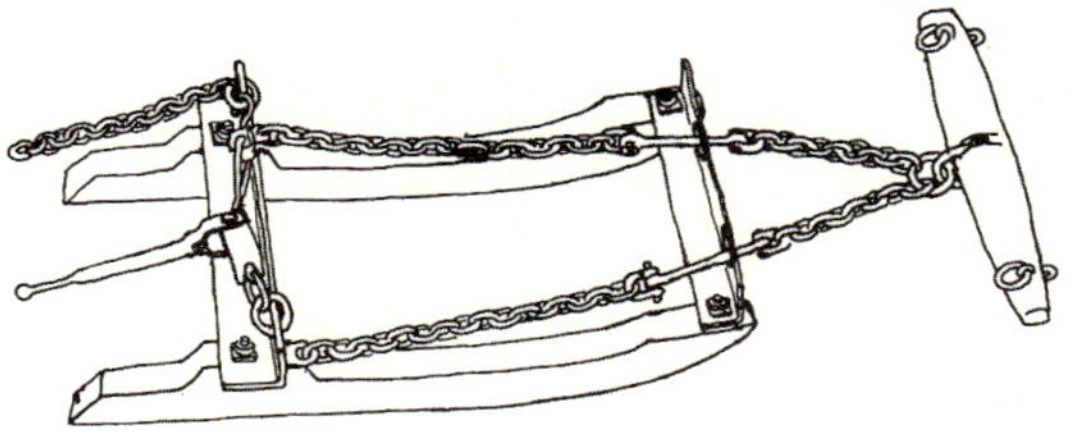

バチゾリ

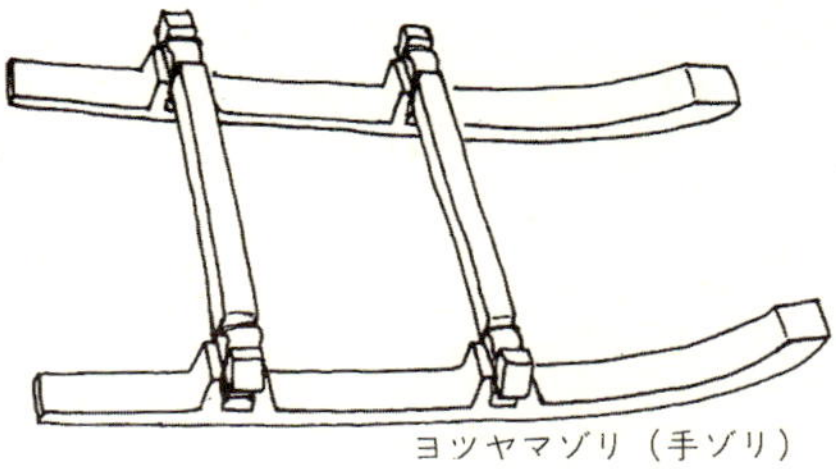

ヨツヤマゾリ（手ゾリ）

おらも一回背骨をはずしただ。足を踏みはずしカジをとりそこなって、積んでいた材木の下敷きになっただ。

だが針生のていいはヨツヤマの扱いがたいしただった。針生の山には北海道や秋田、それから県内からも、働きに来た人が多かったが、このソリひきだけは針生の者にはかなわなかっただ」

ソリの事故による不幸な死やけがが、どれだけの数にのぼったのか、明らかではない。が、現在なお針生に残っているゼンシローオトシという地名は、ソリにつぶされ、命をおとしていった人の名をとってつけたという。そんないわれが今に残っている。

遅い春、遅い雪どけを迎え、山に黒い土が見えはじめると、ドゾリ道がつくられる。山の斜面に四尺巾の道をあけ、直径一五センチぐらいの丸太を、道と直角にならべていく。丸太の間隔は一尺から一尺五寸ほどである。この丸太をバンギという。バンギはハナノキのような固い木がよかった。ドゾリ道を作る作業は大変であった。伐採現場から土場まで一里あれば、その間中丸太を敷きつめなければならない。人出がたくさんあったから、できたようなものである。人間は馬より力がないから、勾配も体験的に割り出していく。あまり道が急すぎると危険性が大きくなる。また、運び出すときは下り坂であるが、帰るときは五〇キロも六〇キロもあるドゾリを、曳いて登らなければならない。逆に勾配のゆるやかな、平地に近いような所から木材を出すときは大変な労力がかかるので賃金が普通より高かった。

「ドゾリ道ができあがるとせ、こんだその上をドゾリに材木を積んでおりてくるわけだ。おりてくるときは、バンギがドゾリの底にいつも三本あたってねえと、バッタンバッタンしていけねえだ。それで、ドゾリの長さは普通のソリより長くできている。

ドゾリに使う木は、やっぱりオンノレでねえと長持ちしねえ、ほかの木だとせ、しぶくて（走りが悪くて）だめだ。なにしろ上には八石からの材木を積んであんだから相当重いわけだ。それが、曳いているうちにバンギと摩擦おこして煙を出すだからな。それで曳きながらチョコチョコとドゾリの下に油をさすわけだ。あんまり道が急なところでは、ソリの下にテコをかけて、スピードを調節しながらおりてきただ。まあ、ドゾリの扱いが、いっちょうめえになるには一年かかったな」

明治の末から昭和のはじめにかけて、針生には八〇頭から一〇〇頭近くの馬がいた。ほぼ一軒に一頭はもっていたことになる。それらの多くは馬ゾリひき、馬車ひきとして物資の交易の荷負い手になっていた。一方木材の搬出という重労働にも、馬は大いにその馬力を発揮した。ドゾリ道や林道を必要とせず伐採したその場から搬出できるからである。索道もない山の斜面から、それこそ林

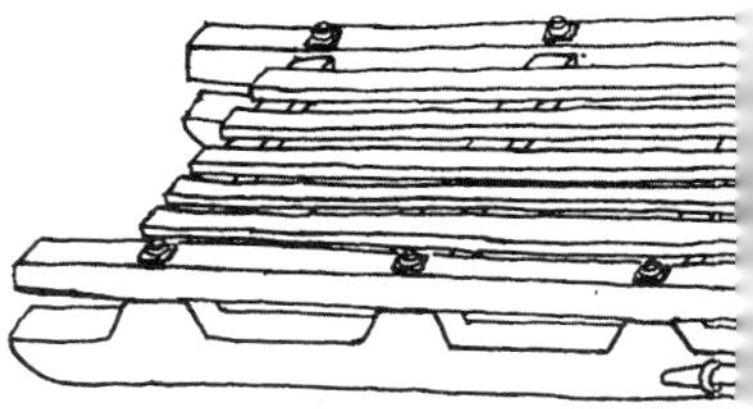

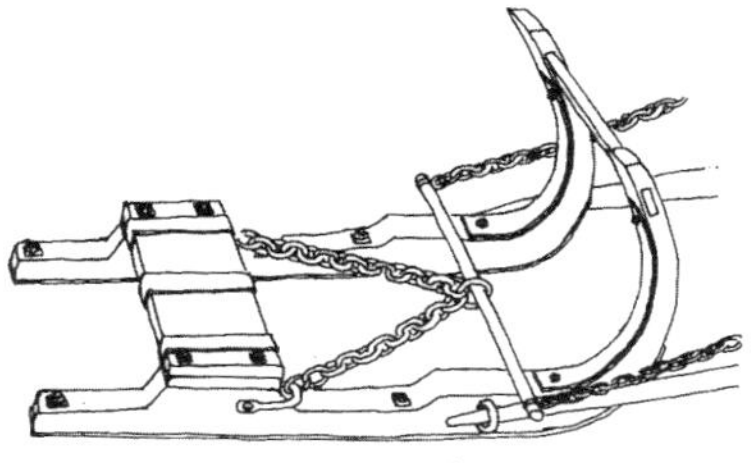

ハナマガリソリ(北海道馬ゾリ)

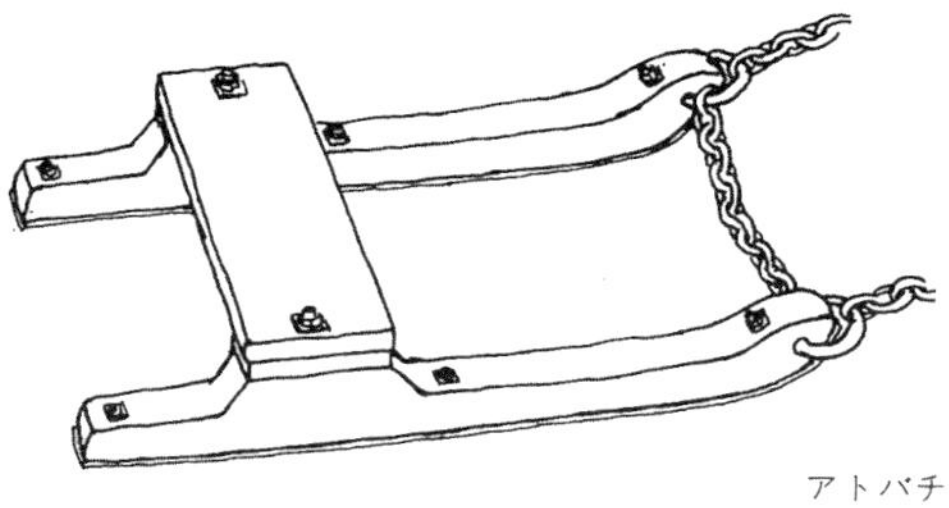

アトバチ

の中を縫うようにして、木材を運び出すことができるのは、馬よりほかにない。現在針生では三頭しか馬がいない。しかし林道が整い、トラックによって木材が大量に輸送される今日でも、道の作りにくいところは馬の力を必要としている。

　馬による搬出にもソリが使われる。バチゾリというソリである。馬にもよるが、ふつう三石から四石の木材をつけることができる。バチゾリも素材はオンノレがよく使われる。今針生にいる三頭の馬は、いずれもバチゾリを使って搬出作業にたずさわっている。

　しかしバチゾリはもとから使われていたわけではなく、その出身地は北海道とも秋田県ともいわれている。昭和十五年(一九四〇)ごろ、福島県岩瀬郡天栄村に、秋田から枕木けずりの出稼ぎにきた人びとが、持ってきて使った。それが契機となって会津でも使われるようになったという。それ以前はタマゾリを使っていたという話を聞いた。しかしタマゾリがどんなソリであったかはわからない。

　このようにして土場まで下ろされた木材は、昭和の初期までは檜沢《ひさわ》川に流して、田島や会津若松まで運んだ。一方陸上では馬ゾリや馬車が使われた。冬期間の輸送は馬ゾリが使われるが、その中にハナマガリソリというのがある。このソリはバチゾリと同様北海道からもたらされたので、北海道ゾリともいう。その名のとおりハナ(ソリの先端)が曲っているのが特徴で、馬にとってはとても曳きやすいソリだったという。ハナが曲っているので、でこぼこした道でも先がつっかかって、雪を掘るということがなく、滑らかにすべっていく。それに荷はふつうの馬ゾリの倍近く積めた。だからそれまで使われていた馬ゾリにかわって、広く使用されるようになった。それに雪が多いときはバチゾリに代って土場までの搬出に使われることもあったという。

　搬出用のバチゾリは、その必要性からいまなお三頭の馬とともに利用されている。それにくらべて運搬用の馬車や馬ゾリはトラックに代った。

　ソリの変遷の中にも、山に生きる人びとの仕事に対する工夫やきびしさがしみ込んでいる。道端に放り出されているかつての道具を見るたびに、なんとか保存できないかなぁと思うことも、一度や二度ではなかった。

　山仕事の労働はきつい。しかもまかりまちがえば命をも落とす危険な作業もある。しかしむらの人びとが自ら管理し、利用できる広大な山林資源が目の前に広がっていた。航空写真に見る山林の荒れも、見方をかえればその中で人びとがいかに精一杯生きてきたかを教えてくれたように思う。

春になると梅も桃や桜もいっせいに咲く

　大木の生い繁った奥山が、男の働き場であるならば、里に近いなだらかな山では、おもに女がよく働いた。そ

馬のクチカゴ

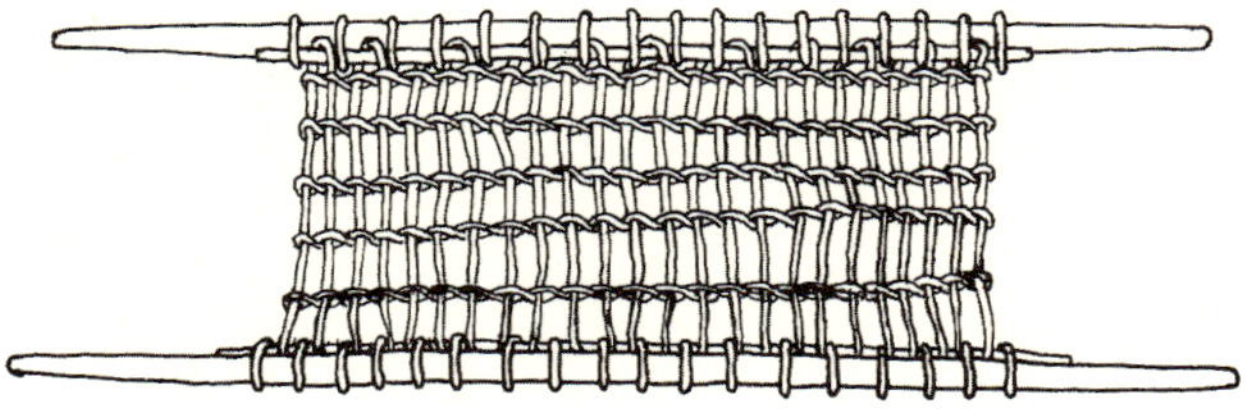

コエダシビク　馬の肥を入れて二人で運ぶ

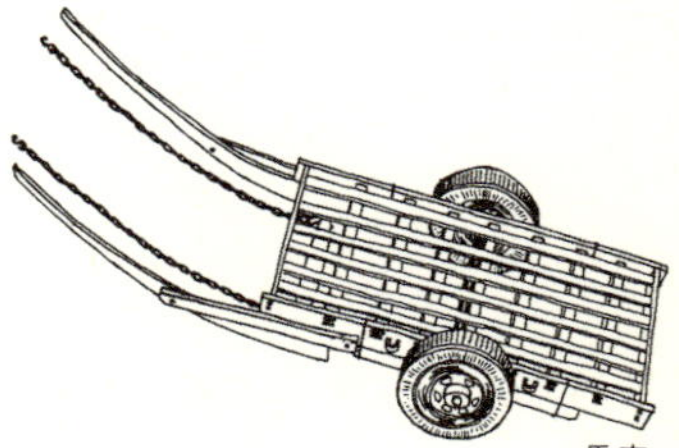

馬車

こでは様々な形での山の利用の仕方があって、興味をひかれる。

草刈り場の山あけである〝ヤマノクチあけ〟もその一つである。ヤマノクチは春と秋に四、五回あく。四方のひと山ひと山に、それぞれヤマあけの日が決っていた。しかしその年の天候や都合によって早くなったり遅くなったりする。「今年は雪が深えから春のヤマノクチはいつごろあけたらよかんべえかって、春の総会に出して皆で話し合っただ」春の総会(寄り合い)は一月五日にむら中の人びとが集まって、飲料用水、作場道、部落共有山など、皆で利用するものについての約束ごとをとり決める場である。

総会で決められたヤマノクチあけの日には、カマゾロエといって、人びとは互いに鎌をもって区長の指定した場所に集まった。

「ふだんは朝七時に家を出て仕事を始めるのだが、ヤマノクチあけの日は、六時にみんな集合場所に集まっただ。小走り(使丁ともいって、区長さまに代って連絡事項をむらの人びとに伝える役目)が来て「あけました」と大声で伝えるだよ。そうすっと夢中になって駆け出して山さ入るだ。遅く行けば刈る場所がねえだから、みんな競争だったわい。いい草のある場所を早くとって、おてんとうさまがかくれてしまうまで刈り刈りした。

でも昭和三十年ごろだったべな、自分一人でいい場所をとるのはいけないからっていって、測量して山を分割した。それでもみんな公平に分けられたではねえだから、毎年クジ引きをして替地をしたな。そうしたら変な争いはなくなった。なかには百姓もしていねえし、馬もいねえ人があった。そういう人は山の権利を人に譲っただ」

深い雪が消え、待ちに待った春がやってくると、山里では梅、桃、桜などの花がいっせいに咲き出す。山に行くとこぶし、山桜がきれいだ。四月下旬である。とくに桜の花はちょうど苗代の種まきのころ開くので「種まき桜」とむらの人はよんでいる。春のヤマノクチあけは苗代作りの前に一度あり、カッチキを刈る。カッチキはカリシキともいい、やわらかい草や若葉を刈ってきて、オシギリで細かく切り、田んぼにうない込むことをいう。またそれは雑草が生えないように、苗代にも一面にまいた。それは同時に肥料にもなった。

針生にはカッチキ葉というのがある。白い小さな花をつける木で、その葉がやわらかい。それがたくさん刈れないときは、やわらかそうな草なら何でも使った。カッチキを刈る場所はオナシノ山とネギシ山の間がよく、ここをカチキ場ともカッチキ山ともいっている。

また春になると前の年に刈っておいた馬の肥料がなくなってくる。馬には毎日草をやらなければならないから、朝飯前に草刈りに行く。これを朝草刈りという。朝草刈りは田植すぎから始まって、秋のとり入れが始まるまで、毎日続けられる。

春の農作業の合間に開かれた花見の宴

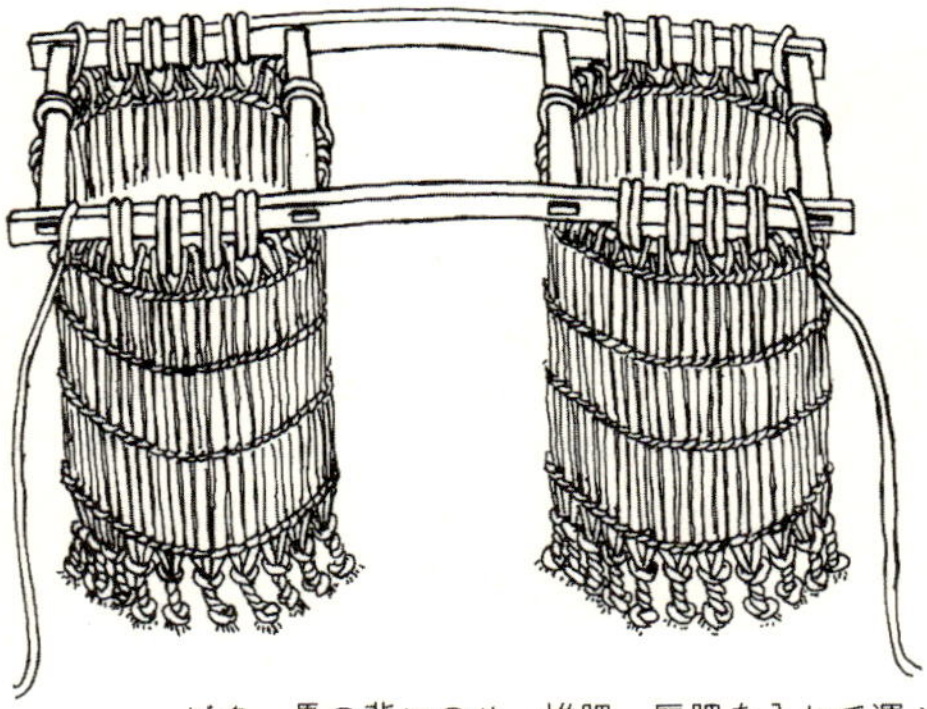

ビク　馬の背にのせ、堆肥、厩肥を入れて運ぶ

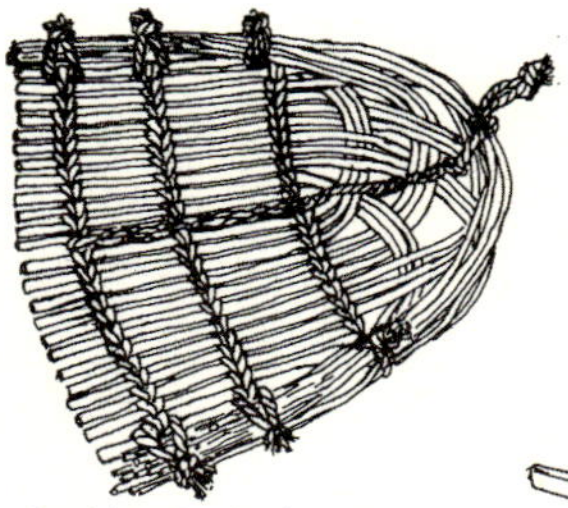

シバミ・シバ・ヤマ
竹などで編んだ箕

ショイバシゴ　シバや草を山からおろすのに使う

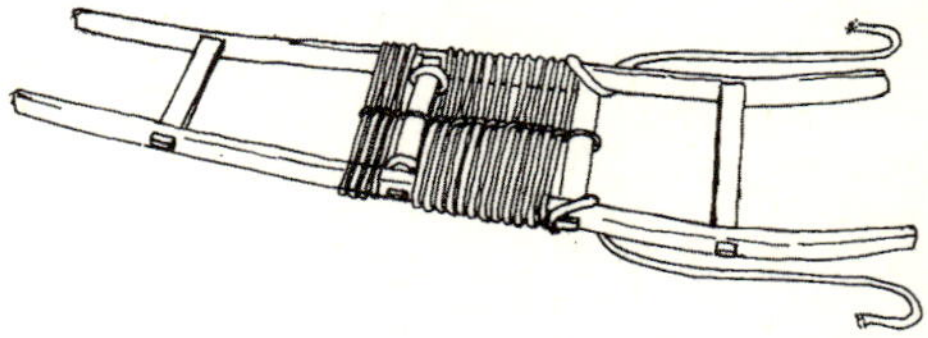

「朝草刈りは一駄（六束）刈んねえと、いっちょうめてでねえといわれただ。とくに女の仕事って決っていたわけではねえが、やっぱり嫁さんは気がねして、早く出かけただな。月の光に目をさました人が、明け方の日の出の明るさとまちがえて、山さ草を刈りに行ったが、いつまでたっても夜があけなかったって話もあっただ」

「半夏のころ（七月上旬）草が短くてなあ、遠くの山まで出かけなければ、いい草が刈れなかったの」

「草刈りが一番つらかったなぁ。朝四時には山さいっていただ。ここらの嫁は草刈りが仕事だっただから。一タバは両手のひらでやっと握れるぐらいの大きさだったが、大きくまるくほどお姑さんに喜ばれただ。おら体が小せえから、草をしょって山を下るところがりそうになってまって……」

「おらうちは馬車ひきやってたから、馬が三頭もいただ。明けても暮れても草刈りと馬のワラキリをやってたもんだ」ばあちゃんたちの苦労話は尽きることがない。このような話を聞きながら、むらで一年間生活するのに、大変な量の草が必要であったことを思いしらされた。草刈りは秋にも行なわれるがこの作業をやらなくなって、一〇年以上になる。

このころになると、むらの中は人びとの動きをただ見ているだけでもわくわくするほど活気に満ちてくる。草刈りとともに、田、畑の作業がいっせいに始まり、半夏までのしばらくの間猫の手を借りたいほどの忙しさが続くからである。田植までは男手を必要としたから、山で働いていた男たちも、里におりてきて農作業を手伝う。

男手のいる水田の仕事は、冬の間積んでおいた堆肥や厩肥を出し、田まで持っていく肥料運びがある。水田一反歩につき三〇〇貫の肥料が必要であるといわれているから、それに使う草やワラも相当の量であるし、それを運ぶのも大変である。厩堆肥は馬の背にビクを振り分けて乗せ、その中に入れて運ぶ。積んだりおろしたりする作業は大人がするが、田まで馬を曳いていくのは子供の仕事であった。

肥料運びが終ると苗代づくり、苗代の種まき、そして本田の方では荒おこしが始まる。今では耕うん機が入っているので楽になったが、それまでは三本グワを使ってひとクワずつ起していった。次に馬を使ってのシロカキがあり、水が漏らないように田のクロトリをする。そして仕上げのシロカキが終る六月はじめごろ、水田の表面をたいらして、田植がはじまる。田植は雪の消える時期によって多少ずれてくるが、遅くとも半夏（七月二日）

堆肥籠《たいかご》を背負い、これから立ちあがる。

の一〇日前ごろに終らせれば、その年の収穫が見込まれた。そして田島のまつり（七月十九日、二十日）までに三回目の草取りを終らせるように作業をすすめていく。

一方畑の作業は水田のあいまを見ながら行なわれる。種まきの基準は百五（節分から数えて一〇五日目）に決っていた。五月中旬ごろである。このころ種をまけば、遅霜にあわず収穫ができる。畑作物は豆、小豆《あずき》、陸稲《おかぼ》、ジュウネン（エゴマ）、イモゴボウ、キュウリ、カボチャなどがあるが、ほとんど自家用作物である。

この時期から半夏にかけては雨が多いからよく雑草が生える。草むしりをしたり、土よせをやったり、畑作物の手入れにも手間がかかる。

五月の上旬になると山の幸である山菜が顔を出し、各家の食卓をかざる。かあちゃんたちは様々な工夫をこらして料理をつくる。そしてしばらくの間山国の新鮮な野菜として欠かせない食料となる。食べきれない山菜は塩づけして、次の春までの保存食料にする。それでも余ったものは金に代える。だから目のまわるような忙しい農作業や山仕事のあい間に、人々はこまめに山菜をとってくる。所帯を息子にゆずった年よりは専門に山に出かける。現在一番成績のいい人で三、四〇万円の現金収入があるという。年よりの小使いとしては大きな金額である。しかも秋にはきのことりがひかえている。

一番早く出る山菜はフキノトウ、コゴミ、タラノモエ、エラなどで、続いてヨモギ、ウクギ（ウコギ）、スカッポ、セリ、ユリワサビ、サンショウ、ウド、ゼンマイ、カクマ、フキ、ワラビ、ササタケノコと数えればいくらでも出てくる。春にとれるキノコのワカイもある。

針生は寒さの厳しい年は五月ごろまで雪が残る。奥山の雪解けはもっと遅い。冬期間におこる雪崩《なだれ》をアエといい、春の雪どけ時期にひんぱんにおこる雪崩をナデとよ

田植えを終えてすぐ、手押除草機で草取りをする。

背負籠に採った竹の子（スズタケ）を入れる。

んでいる。ナデはおこる場所が決っているが、アエはどこでおこるかわからないから、とても危険である。山菜はこのアエやナデの多いところに太くてやわらかいものが育つ。雪の多くたまる所はクボナカ、ナデシタといって、土地のよく肥えている所なのである。このような場所を知っている人は、たいてい一人でとりに行く。他人と一緒にいくときもわざわざそこを通りすぎてその日はちがう場所を案内して、後日出かけていく。また偶然いい場所を見つけたときは、「いいのがねえなあー、ちがう山さ行くべーか」と大声を出しながらすばやくとってしまう。だまって黙々ととっていると、逆に仲間に気づかれてしまうという。とくに山の宝石といわれているキクラゲとりのときは、はなはだしい。むらの中でもキクラゲをとってくる人は毎年決っているという。ふだんきさくな付き合いをしているむらの人たちも、山菜やきのことりのときだけは、どうも別人になるようだ。

夏の間に冬の準備が進められている

部落の南側に本沢が流れており、その対岸に向山《むかいやま》という小字がある。ここは地すべり地帯で、現在は小さな田畑があり、造林地域にもなっている。ここは大正の末ごろまで放牧地になっていた。牧場といってもただ山の中に馬を放しておくだけのものであったが、広さは七〇〇から一〇〇〇町歩ほどあった。旧四月八日になると村中の人が出てマギ（柵）を作り、馬が部落に入って来ないようにした。これをマギ結《ゆい》という。

当時山の中に馬を放し飼いしていたのは、会津では針生のほかに下郷町の音金《おとがね》などでも行なっていた。放し飼いした馬は度胸があって、根性がすわっていたという。

馬の放し飼いをしていた同じ向山で、カノ（焼畑）が行なわれていた。向山は共有地であったので、山を焼く日どりはむらの人が集まって決める。焼畑の作物は中の土用の二日目（七月の末ごろ）までに種をまけば、まちがいなく収穫できるといわれていた。だから土用のころまでには山を焼いておかなければならない。このころが、一番乾燥している時期でもあった。春のうちから草や木を伐っておき、乾燥させ、火をつけた。タッコ（木の芽）はそのままにしておいた。火が入ってはまずいところは、木の葉を除き、風の向きを計算して焼く。しかしあまり風が強かったり、まわりが乾燥しすぎたりしていると、ほかの山まで焼いてしまうこともしばしばあった。焼いたあとは唐鍬で土をおこし、タツコや石をとりのぞいて

カノ（焼畑）のあとを残す山

いく。これをカノおこしという。最初にまくのは秋ソバと決っていた。収穫したあとはそのままにしておき、翌年のびた草を刈って焼き、またソバをまいた。しかし定畑の少ない家は粟や豆も作った。

「畑はおらうちでもなんぼもあったけど、ソバはやはりカノ畑で作ったものがうめえ、お正月とか何か祝いごとでもあれば、すぐ手打ちソバをぶって食い食いしたもんだ。お客さんが来たときもごちそうといえばソバだったな。だからなんでかんでソバの一俵もとっておかなければなんねえ。そのためにカノ焼きしたようなもんだ」今年九〇歳になるバアチャンはそう言ってから、「いまはソバもめずらしいごちそうではなくなっちまったようだが」とつけ加えていた。

向山は馬を放牧していたから土はとても肥えていて作物の育ちはよかった。しかしどこからともなく馬がやってきてよく畑の作物を食った。それでも馬を放しておくのはお互いさまだからといって、だれも文句はいわなかった。

カノが一番さかんであった頃は大正時代末あたりまでであったが、終戦後の昭和二十五、六年ごろまで続けられていた。山の近くに小屋を建て、ソバをうんととって売りに出していた人もあった。しかしほとんど自家用の作物を作っていたようである。

畑仕事で大事な作業は麻作りであった。針生の麻は品質がよく、はるばる峠をいくつも越え越後まで運ばれた。そして越後上布の材料にもなったと語り伝えられているが、主に山王峠を越えて多くは栃木県の鹿沼に出された。麻がこの地方でさかんに作られていたのは大正時代末ごろまでで、針生だけで麻畑が四、五町歩あった。さらにそのまわりに刈った麻を干す麻干場が広がっていて、麻干場だけでも概算で五、六町歩ほどの面積があった。みななだらかな斜面で見はらしのいい所である。そこには麻をとり込んだり、道具を入れたりする小さな干場小屋が点在し、むらの中でもひときわのどかな風景をつくり出している。

麻畑は土質のいい、風のよく通るところが選ばれる。四月の初めに鉄製のカッツア棒というのを使って畑をやわらかくしておく。これを麻くるめという。そして四月のなかばに種をまく。種まきが終って、二週間前後おくと麻は一〇センチぐらいにのびているので、草取りをする。ちょうどこのころが八十八夜（節分から数えて八十八日目）にあたり、他の農作業もまっ最中であった。

土用の少し前に（七月二十日ごろ）干場の草刈りに出

おいしい西瓜も出る芋煮会

煮こんだジャガイモをみんなで食べる芋煮会《いもにかい》

仏壇に設けた祖先の霊を迎える盆棚

盆入りの8月13日、家族そろって墓参りをする。

る。シバ草をきれいに刈っておくと、草の露がかからず、麻を干すことができる。刈った草も干しておいて冬になると馬に与える。

お盆の前ころとなると麻は六尺ほどにのびているので、バッサバッサと伐り倒すように刈る。刈った麻は干場で一週間ぐらい干した。麻干しが終ると、干場は稲干しにも使われる。また麻を刈ったあとには大根や菜っぱをまく。麻畑は肥えているのでうまい野菜がとれた。

さらに八月中旬に干し上った麻を大きな釜でゆで、もう一度干場で干し、九月上旬ごろにきれいな水をはったつけ田に四、五日つけておく。つけ田は水がつめたくて、米のよくできない所にあった。やわらかくなった麻の皮をむき、その皮をオオヒキ板の上にのせ、カナゴでこすってカスをとりのぞいていく。この作業は麻クソをとるといい、夜なべで行なわれることが多かった。麻クソをとってきれいになった麻を家の中に干した。最盛期のころは歩くのに邪魔になるほど部屋中いっぱいであったという。皮をはいだあとの麻ガラは、干して草屋根の下地として使った。

田島のまつりが終ると、畑の作業と平行して田のヨセカリを盆前までにすませておく。田のぐるりに生えた草を刈り、夏の日照りを利用して、干草にする。このころは一番いい天気が続く時期なのである。八月十二、三日ごろ干した草を集め、家まで持ってきて屋根裏にあげておく。そして冬期間ワラとまぜて馬に食わせる飼料にする。このころからもうすでに冬の準備が始まっているのである。

このころ畑ではイモ（ジャガイモ）掘りが最盛期である。どこの家でもニワ（土間）に、掘りたてのイモが山のように積まれ、食卓もイモの料理がめっきり多くなる。

ぼくたちは毎晩まとめや話し合いやらで寝るのが遅いせいもあるが、朝起るのもきわめて遅い。遅い朝、ねむい目をこすりながらニワへおりると、いつのまにか誰かによって積まれた山積みのイモを発見することも一度や二度ではなかった。これをどうやって食おうかと食事当番は思案の日がつづく。毎日の食卓にはイモだらけのカレーライスやコロッケからイモのホットケーキみたいなものまで飛び出すこともあった。

八月上旬はむら中イモが出廻わる。というのは八月十日ごろまでにイモ畑のあとに大根や白菜をまかなければならないからである。とくに大根は、盆前にまくと大きすぎるし、盆がすぎると育たないというむずかしい作物である。むらの人にとって大根や白菜はつけ物にして、冬の保存食として欠かせない食べものであるから、この時期にどんどんイモを掘り出さなければならないのである。

山里の秋は急ぎ足ですぎていく

七月下旬から八月上旬にかけての十数日間「暑いなぁ」という日が続く。しかしお盆が過ぎると、みのりの秋は駆け足でやってくる。八月も末になると毛布一枚では寝られないほど涼しくなっていく。

お盆、秋まつり、すもう大会など、むらの大きな行事が終り秋の彼岸から二、三日すぎたころに、秋のヤマノクチがあく。稲刈りの前である。このときは長い冬の間、馬に食わせる草や馬小屋に敷く草を刈る。共有の草刈り場は小松沢周辺、駒止《こまど》峠へ行く途中の一の橋、二の橋付近、小峠の下にあった。しかし馬はハギを好んで食べるから、このときはハギの多い山が選ばれた。コヒカゲ沢と本沢の間がハギ刈り場になっていた。

ハギ刈りは一日で終るが、馬の踏み草は一頭につき五〇〇駄必要であった。草のたくさんある条件のいい場所で、女の人が一人で一生懸命刈って一〇日かかることになる。

ハギはコガヤ場といわれるコガヤの多い山にもよく生える。しかしこのときはコガヤは刈ってはならなかった。この草を刈る日はまた別に決っていた。コガヤは冬囲い用に使う草で、ヒクサともいう。炭、杓子、ヘラなどを入れるコモを作るときも利用した。稲こきが終り冬仕度にとりかかるころ、コガヤ場のヤマノクチがあく。刈った草は山に立てかけておいて、いつでも暇になったときに持ってきて、家の前に積んでおいた。冬囲い用に使うコガヤは一軒につき、約一五〇駄必要であった。

このほかに屋根葺き用の大カヤを刈るヤマノクチがあく。とくに近年屋根の葺き替えを予定している家は、人を頼んで大量に刈っておかなければならない。ふつう一度に一五〇駄ずつ刈って、屋根葺きにそなえて貯えておくことにしている。

大ガヤはほかの草とちがって、冬期間すぐ必要になる草ではない。だから刈ったあとまるめておいて、そのまま冬山に放置することが多かった。たいていの家は春先

時期を見計らって大根の種を蒔く。

の固雪のころ、ソリで曳いて出す。ほかの草を運ぶより楽であった。

草刈りは男の人で一日五〇〇タバ、女の人で三〇〇タバ刈った。刈った草は山にたてかけておいて半月ぐらい干す。そして農作業のあい間を見ては、むらまでおろしてくる。一タバは両手で握れる位の大きさで、一〇タバまとめて一束、六束まとめると一駄とよぶ。

話は前後するが、稲刈り前に刈り出してハギは稲ハデにかけて乾燥させる。このころは稲刈りの時期が近づいているので、ハギ刈りの前に稲ハデ作りをしておく。そしてハギが干し終ると稲刈りが始まるのである。

稲刈りは十月はじめから中旬にかけて本格的に行なわれる。ハデに干して乾燥させる期間はその年の天候によって異なるが、大体二週間から三週間である。それから十月末から十一月のはじめにかけて、稲こきをする。

この稲こきの時期にぼくたちは、むらの全体配置図の実測とお墓の調査に行っていた。針生に通うようになっ

稲刈りの日、囲炉裏《いろり》のまわりでとる昼食

て半年あまりたった昭和四十八年（一九七三）のことである。むらの人びととはすでに仲よくなり、なにげない親切な心づかいに感激していた時期でもあった。調査をしていても、むら中が騒々しくて、ぼくたちもおちつかない。そこで二日ほど稲こきを手伝うことになった。

脱穀機がはいる前までは、田から家の中に干した稲を運び込み、家で稲こきをした。人力による作業だから時間がかかる。三人でかかって三俵のモミをこくのがやっとであった。約一反分である。まごまごしていると雪にやられてしまうのである。現在はみな自動脱穀機を使っているからすがすがしい田んぼのまん中でやる。五、六人でかかれば八反分の稲は一日でこくことができる。

ぼくたちは何もできないから、ハデからおろした稲を脱穀機のそばまで運ぶ役目をした。機械の速度一定して動き、しかも速い。どんどん運ばなければ間に合わない。まるで機械に働かされているようであった。一日中動き廻ってくたくたに疲れ、そこで得たものはどっしりとした手ごたえのある稲の重みであった。まさに黄金の粒であった。

山を仕事場とした生業には、山中に小屋をかけて、そこに寝泊りしながら仕事に従事することが多かった。豊富なブナ林を利用した杓子ぶちの仕事もその一つである。汁ものをすくう杓子を作るこの仕事は、明治二十五年ころからはじまり、明治の末から昭和のはじめにわたっては、全村あげて営まれた。七〇歳以上の男の人なら、ほとんど杓子ぶちにたずさわった経験をもっている。また、夫婦そろって仕事をする場合もあったので、女の人の中にもその経験者が何人かいる。仕事をする季節は冬が多かったが、年間とおして行なう人もいた。

杓子ぶちは、まず山に作業場兼寝泊りする場としての杓子小屋をかけることからはじまった。小屋がけする場所は、針生の山ならどこでもよかったそうで、それは多く秋になされたという。刈りあげ九日と呼ぶ旧暦九月二十九日をすぎた頃か、ニワじまい（秋じまいともいう）をおえた晩秋の頃である。その年の百姓仕事が一段落したところで、五、六人が組を作り、小屋がけにとりかかったのである。

杓子小屋はブナが多く繁り、水の便のよいところを選んで建てた。小屋の標準は間口四間半、奥行二間半で、それが三部屋に仕切られる。一部屋には一人から二人が入居した。間仕切りは、ムシロをさげた程度の簡単なものであったから、おのずと、隣の人の仕事ぶりを見ながら、競争で杓子を作っていくような雰囲気になった。

小屋の外には、共同で使用するナガシと便所が設けられた。ナガシはニワのすぐ外側に作り、炊事場と風呂場を兼ね備えた。便所は小屋から少し離れたところに穴を掘り、たまったら埋めて、また別の場所に位置をかえた。さらに、年間とおして杓子ぶちをする人の中には、半坪ほどの野菜畑を作る人もいたという。

小屋がけの際は、まず山腹の斜面を切り崩して平地をこしらえる。そして、切り崩した山肌に接するように、三尺おきに側柱を立てていく。柱はすべて掘立てで、雪の重圧に耐えられるように、桁をのせる部分は又木が利用された。

骨組ができあがると、笹で屋根と壁を葺いていく。笹は秋笹がよいという。秋笹、つまり秋の笹は、枯れても葉が落ちないからである。杓子小屋にはおよそ四〇駄ほどの笹を必要とした。ユルイの上は危険なので、笹を葺かず、屋根に丸太をならべただけですませた。簡単な笹屋根ではあるが、意外に雨漏りはしない。もし雨が漏ったときは、あらたに笹を差しこめば、たいていは止まる。それに、中で絶え間なく火をたくので、ススが黒々と天井をおおって、いよいよ笹を丈夫にする。ススけてまっ黒になった笹屋敷なら、小屋がつぶれないかぎり、七、八年はもったという。

山国の秋は急ぎ足で過ぎてゆく。小屋がけが一週間ほどでおわると、道具や食糧、ふとんなどを運びあげ、人びとはいよいよ山にはいっていった。そして、山が深い雪におおわれる頃、杓子小屋からは、杓子をぶつ音が絶え間なく響きわたるのであった。人びとは気力と体力にものいわせ、一心に働いた。ことに売り値のよかったときには、わずかな睡眠時間と流しこむような食事のとき以外は、ひたすら杓子ぶちに専念したのである。

杓子はおよそ十七ほどの工程を経て作られる。伐採からはじまって、タマギリ、スミカケ、オオワリ、コワリ、カタヒキ、コハジオトシ、イエケズリ、ツラキリ、デコマワシ（デコカキ）、アラキリ、セナカキリ、メントリ（メンツキ）、イエツキ、ナカッポリ、ツラガンナ、そしてイエツキでできあがる。村はすべて小屋付近のブナを利用するが、伐りつくしてしまうと、しだいに小屋から離れたところで伐採するようになる。そうなると、伐り倒

復元した木地小屋。屋根と壁は笹竹

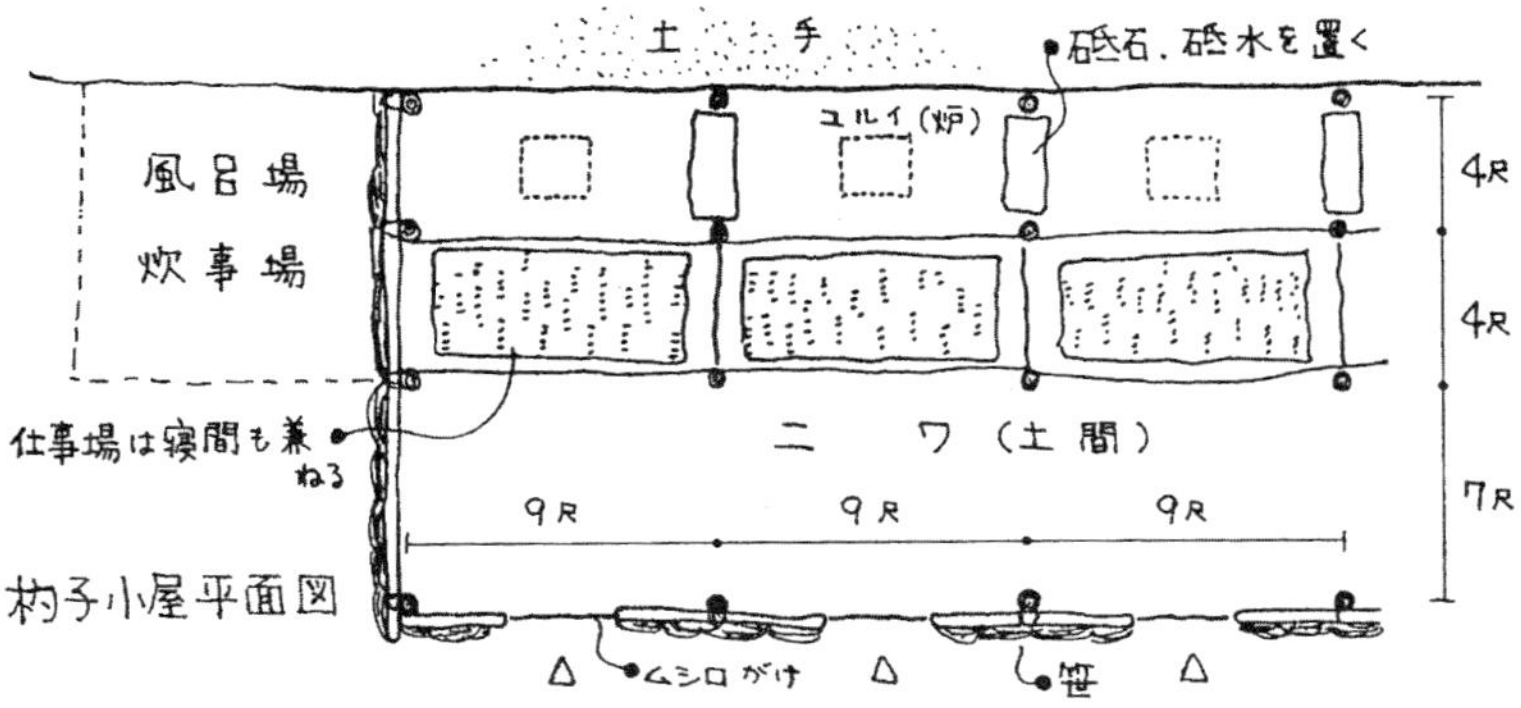

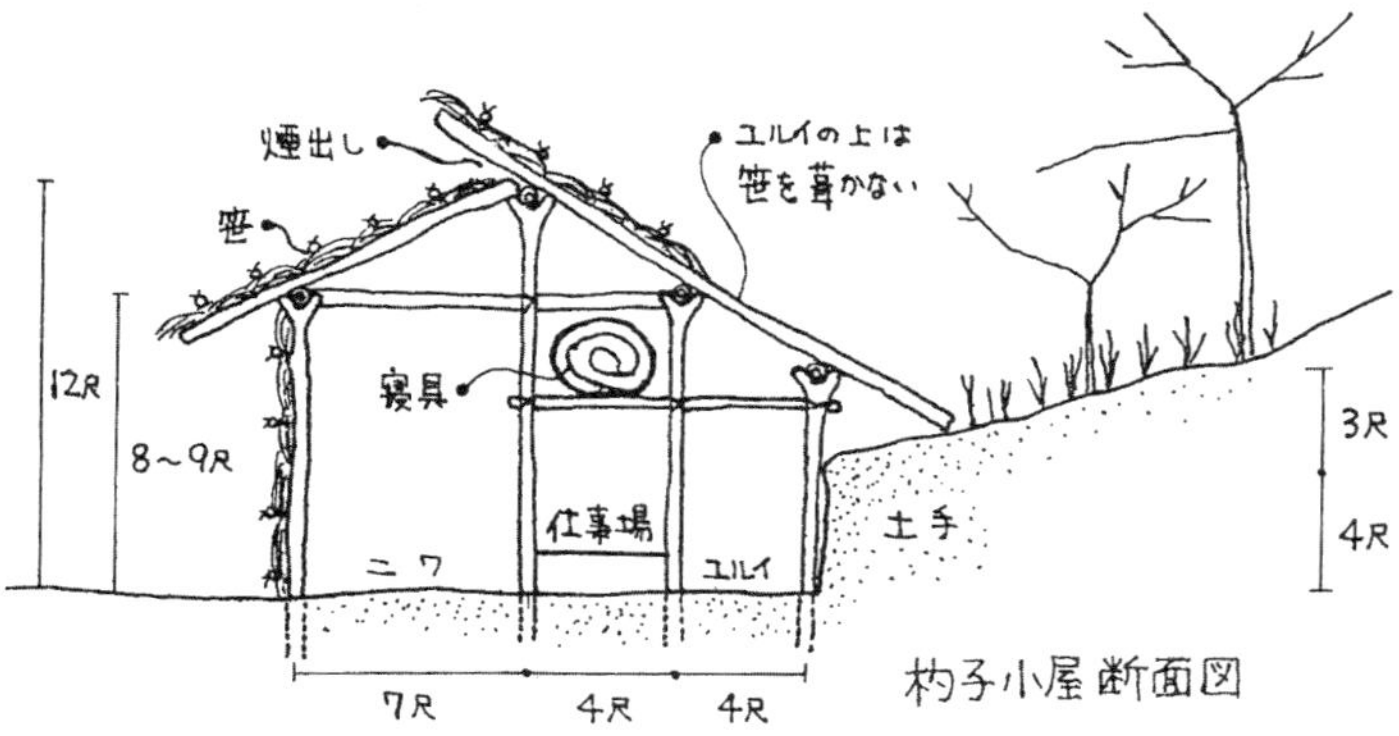

したその場でアラドリ（コハジオトシまで）をやってしまう。そして、カマスに入れて小屋まで運んでくる。冬は雪深いのでアラドリはできない。そこで、タマギリした木をヨツヤマソリ（手ゾリ）で小屋まで運ぶ。スミカケ以下の仕事は、小屋の中で行なったのである。

ブナは乾燥すると固くなり、刃がたちにくくなるので、できるだけ生のうちに手を加える。乾燥して固くなった木は、川の水にうるかす（つける）か、ユルイにかけた大鍋でぐつぐつ煮てやわらかくした。

「まあたいていは一日七、八〇本だが、いっちょうめえの杓子ぶちは、一尺の長さの杓子を一日一〇〇本こせえるだ。杓子は五〇〇本を一俵として数えるだが、そうすっと五日で一俵できる勘定になるべ。値のいいときなんど、四日で一俵こせえたりした。そんなときは、朝の三時から夜の九時っころまで杓子をぶっただ。オラ一日一七〇本こせえたのが最高だったな」

「オラは十五の秋、はじめて小屋かけて杓子をぶっただ。それまでは馬車ひきをしてただが、ほだなあ、結局杓子ぶちのほうが金になったな。そんなとき、杓子が一俵四円になったからやんべっていいうことになっただ。

大正五年（一九一六）が一俵二円五〇銭、大正六年が三円で、オラはじめた大正七年の十一月が一俵八円だっけな。十二月になってだんだんあがって一一円、年越すときは一三円になっちまった。大正八年の春には二〇円になって、米一俵と杓子一俵とだいたい交換できただが、杓子の値がよかったのは短期間だったな。二〇円まであがって、秋になって七円にさがっちまった」

木地椀のアラガタ作り

針生は峠を越えて外界とつながっていた

針生の人びとはまた、交易の仲立ちにたずさわることも多かった。周囲に四つの峠をもった峠下集落であることから、多くの物資が針生を経由して行き来した。人びとは、それらを馬車で、馬ゾリで、あるいはみずからの背に乗せて運んでいったのである。

駒止《こまど》、戸板、保城、古桧《こび》という四つの峠、そのうちでも駒止と保城の二つの峠には、ことに人びとの足あとが濃く残っている。

駒止峠を越えると、南郷村入小屋（現東）に会社があった。会社というのは運搬物資の荷受け、なかつぎをするところで、針生でも二軒ほど会社をした家がある。針生近辺ではそのほかに、舘岩村八総、田島町高野、今泉、滝ノ原などに会社があった。明治の初めから昭和十年ころまでは、物資はふつうこれらの会社を経由して運ばれていったのである。

針生から駒止峠を越して入小屋に運ばれる荷は、多く会津若松から来たものであった。米、味噌、醤油、酒、塩、砂糖、ニシン、茶、菓子、衣類などがおもなものである。それらを、雪のないうちは馬車で運びあげた。馬車ひきは男の仕事である。雪の降る前に、大量に荷を運びあげる「秋あげ」の頃は、ことに忙しかったという。また、その頃は百姓仕事も一段落していたから、馬車をもたない人も、多く「秋あげ」に参加した。馬の荷グラに荷をつけて、ぞろぞろと長い列をつくって運んでいったのである。

入小屋から運びおろす荷は、南会津郡西部地方の特産物がほとんどであった。南郷村、伊南《いな》村は養殖や機織りの盛んなところであるから、絹糸や織物類が多く、檜枝《ひのえ》岐《また》村は檜の曲げ物の特産地であるから、メッパ、ホケ、トオシ（フルイ）、ヒシャクなどの曲げ物細工が多かった。また、大沼郡昭和村玉川の付近では、木地師がロクロをまわしていたので、木地椀、盆、鉢などのロクロ細工もよく運びおろしたものだという。

冬は、峠も里も深い雪におおわれてしまう。馬ゾリは雪深くなると使えなくなるから、そうなると、運搬は人力だけに頼ることになった。荷しょいである。荷しょいは、たとえば「荷しょいの親方」などと呼ばれている人は、一度に三二貫八〇〇匁（約一二三キロ）の荷を背中にしょって駒止を越えたなどという伝説をもっている

木地椀の轆轤《ろくろ》挽《ひ》き。右の人が芯棒に巻いた紐縄を交互に引いて轆轤をまわす。

が、ふつうは、一〇貫（約三七・五キロ）から一五貫（約五六キロ）の荷をしょって、入小屋まで運びあげた。男の人にかぎらず、女の人も多くこの仕事にたずさわった。

「冬になれば荷しょいやって、はァ、三里の道を入小屋までなあ。雪の中さ酒樽しょってなあ。荷しょいなんどは一〇年位やったべか。

むかしは、酒樽っていえばみんな二斗入りだっただ。酒樽はやっぱりいちばんしょいいいだ。歩くときドッポンドッポンして調子がついてな。味噌樽だと、はァ、どっくりして重てえだ。同じ二斗でもなあ。

酒樽でもなんでもしょったとき肩が痛くなんねえように、ワラでワッカこせえて、それさ肩にあてて運んだだ。そして、暗くなっとせ、ガスランプつけて運んだだ。たぜいなときは二〇人もその上もいただ。会社にあまり荷あがってこねえときは、こぜえでな。雪の道を、前になったりうしろになったりして、みんなで運んだだ。

荷物をしょってっと、なかなか休めなかっただ。平らなところもあんまりねえし、雪は深いしな。じょうずな人は、下が三本枝に分かれた杖をカンジキの上について、荷物のところにつっかえ棒して立って休むだ。オラなんか、慣れないときは、それまねしようとして雪の上にべったりすわっちまってなあ。

おなごでも、からだのきく人は毎日のように荷しょいやっただ。一日四〇銭になったか、いくらもなんねえだよ。酒樽か、酒樽なんど、はァ、もういくら運んだか忘れたよ」

もう四〇年も五〇年も前のことになるという、ばあちゃんの荷しょいの話だ。荷しょいをしていた頃は、こんなに弱々しいからだではなかったと、あとでばあちゃんは小さく笑っていた。

杓子ができるまで

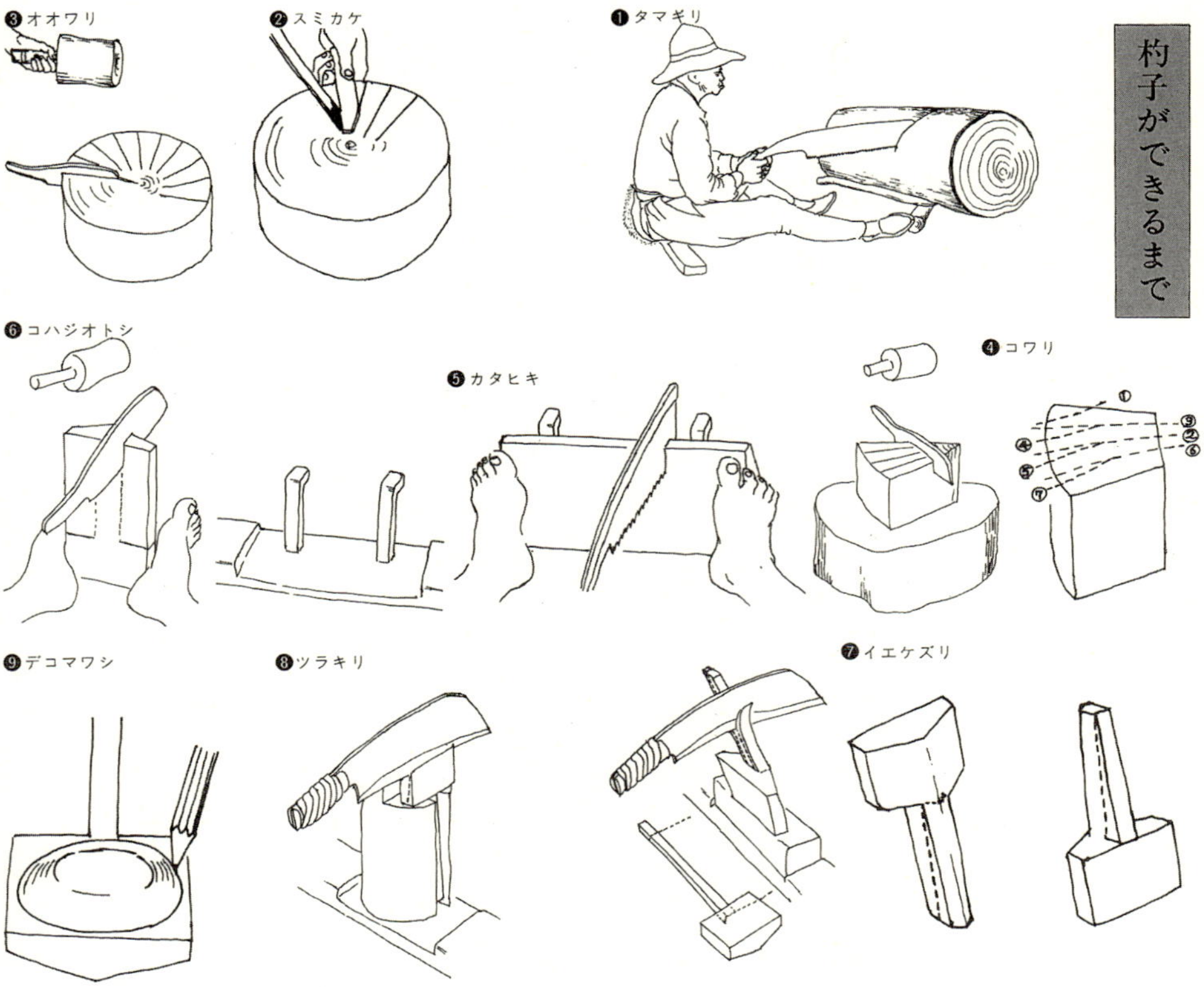

荷しょいはまた、保城峠を越えて、舘岩村保城へも行き来した。保城には二三軒ほどの木地師の部落があった。いまはもう木地師としての生活を営んではいないが、昭和二十三年（一九四八）ころまでは、ロクロをまわして木地を挽いていた。針生の人びとは、ここに米、味噌などの食糧品をしょいあげ、木地椀をしょいおろすのを仕事とした。これを仕切りという。多くそれは女の人がたずさわった。四、五人で仲間を組み、朝八時に針生を発つ。そして、針生に帰ってくるのは、その夜の八時頃だったという。たまに、木地師のほうで人出が足りないときなど、木地椀のアラガタ作りを手伝うことなどもあったそうで、そんなことから、「オラ木地師でねえが、アラガタぐれえなら作れんだ」というばあちゃんに出会うこともある。

一八〇枚の木地椀を、三〇枚ずつ六本にまとめたものをヒトヒキ、またはヒトマルキという。保城からもどるときは、ヒトヒキを背中にしょった。重さは、よく乾燥したもので七貫、あまり乾燥してないもので一〇貫くらいあったそうである。また、雪のないうちは多く馬の荷グラにつけて運びおろしたが、馬を使うとふつうフタコウリ運ぶことができた。ヒトヒキ一八〇枚を六つあわせて六ヒキとしたのをヒトコウリという。フタコウリはその二倍であるから、馬が一度に運びおろす木地椀の数は、二一六〇枚になった。

そうして運びおろした木地椀は、針生で産出した杓子、ヘラ、炭などといっしょに馬車やバゾリに積まれて、会津若松に運ばれていった。

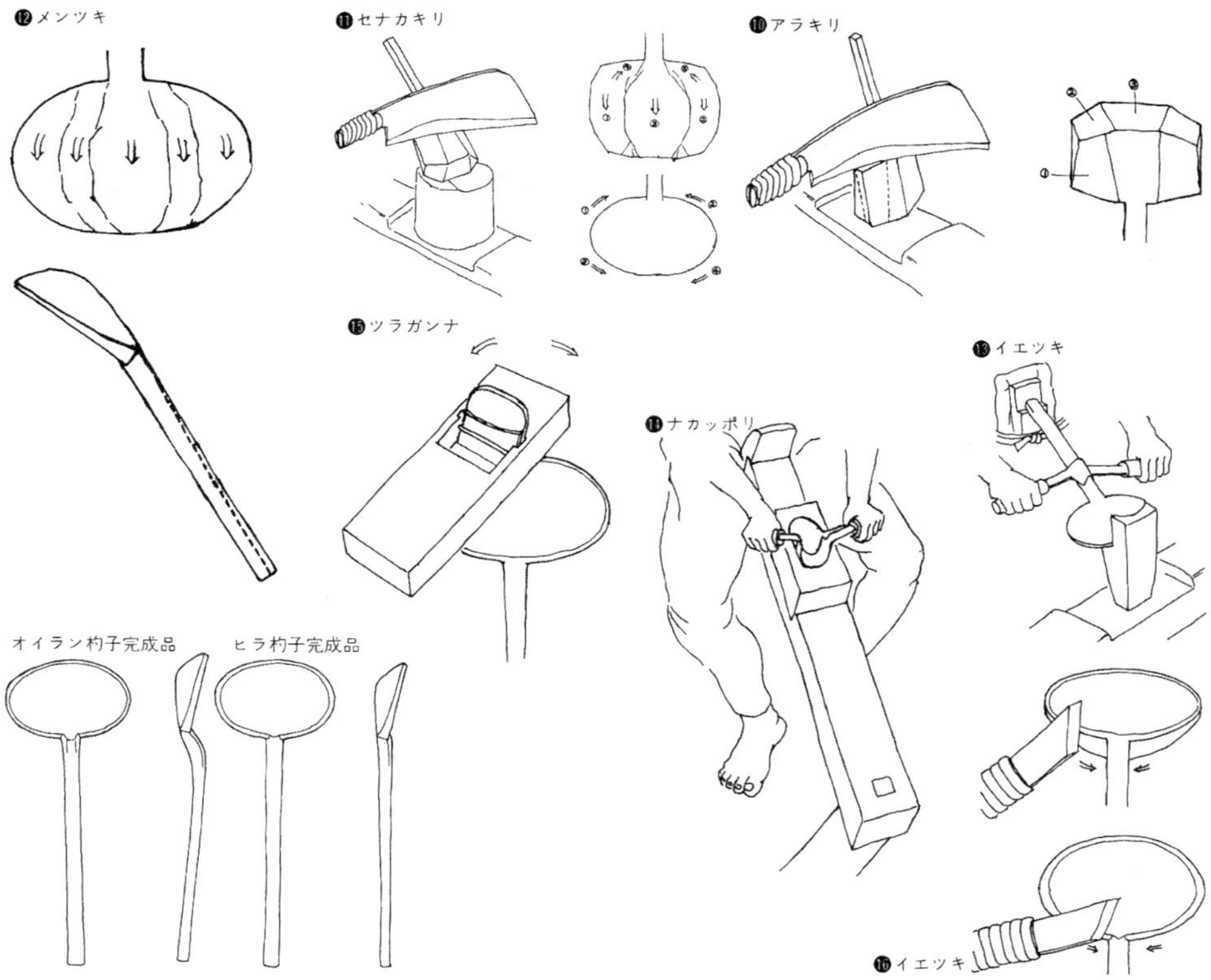

この仕送りを一手に引き受けて、営業していた人をモトジメという。針生にはモトジメが三軒ほどあって、山にいる木地師だけでなくむらの人びとにも生活用品を供給していた。会社とともに、山里のむらに商品をもたらす役目を果していた。

●

ぼくたちがはじめて針生を訪れてから、三年あまりたった。その間針生はずい分変ったと思う。現在「青少年旅行村」が開村され、健全なレジャー、教育施設が整いつつある。そして野や山が別な意味で見直されようとしている。

今年（昭和五十年）の前半は、針生に多くの人びとが訪れた。四月に田島町町誌編さんに関する縄文遺跡の発掘があり五月に都立高校の修学旅行、六月には日本観光文化研究所とグループ現代による「奥会津の木地師」という記録映画を撮った。そしてぼくたちもこれらに関係しつつ、何度も針生に足を運んだ。地元にとってさぞ迷惑なことであったろうが、よくこれに協力してくれてありがたかった。とくに記録映画撮影班が針生でお世話になっている期間中に「針生の明日を考える」というテーマで、地元の人たちとの話し合いの場がもたれ、意見の交換をすることができた。

この調査はこれで終ったのではなく、今後も色々な話を聞いたり、話し合いの場をもちたいと思っている。

冬

生活ごよみ

現在行なわれなくなった年中行事、仕事

月	日	年月行事
12	1	カワビタリついたち
	8	師走八日・厄神去来
	11	㊗・ヤゴロウデンの年とり
	15	㊗・大黒様の年とり
	20	エビス様の年とり
	28	大祓い・カド松迎え・正月用餅つき
	30	お棚飾り
	31	大みそか
1	1	元旦詣り・若水汲み・若アメ売り
	2	仕事始め・山入り・サイノカミとなるブナを伐採
	4	サイノカミ曳き
	5	初寄合
	7	七草ごはん
		＊これ以前若正月・これ以後餅正月
	13	小正月・お棚の飾り換え・団子さし
	14	ツチンボのお通り・サイノカミを燃やす・田の神
	20	二十日正月・年神様のお発ち
2	3	節分・豆まき・天気占い
		初午
	8	厄神が外を通る・トウシカゴ下げ
	10	㊗・下り地神・琴平様お参り
	12	㊗・山の神・天神講

月	12	1	2
田仕事			

日			
畑仕事	良い麻を残しておきヤマッパカマ織る		

日		下	
山仕事		春木切り・シバ切り 二十正月までは全く仕事せず	堅雪の頃マキ狩りをした

カド松迎え

大祓い

サイノカミひき

山入り

「なっか、なんねえか」
「なります、なります」

ツチンボのお通り

団子さし

サイノカミを燃す

サイノカミ

田の神

ユウドリ・アサドリ

春

年中行事

月	日	年中行事
3	3	(旧)・天神さま飾る
		彼岸
		＊この頃・ツバメの訪ずれ
4	1	寺のぼり
	8	薬師様のお祭り
		＊この頃、出稼ぎから帰ってくる
	17	(旧)・馬頭観音お参り
5	2	八十八夜・古峰原神社お祭り
	5	菖蒲さし
	10	琴平様お祭り
	17	(旧)・馬頭観音お祭り
		＊この頃、お花見

田仕事

月	日	田仕事
3		
4	中	堆肥積み
	下	種モミこしらえ・種モミうるかし
5	上	苗作り・苗代かき・苗代床上げ
	中	苗代の種蒔き
	下	道普請・作場普請・（共同作業）
		田おこし
		田うない・肥料散布

畑仕事

月	日	畑仕事
3	下	ゴボウ・ニンジンの種蒔き
		ナス苗作り
4	上	麻畑をうない種を蒔く
	下	アスパラ・ホウキギ・ジュウネン
		カボチャ・インゲンの種蒔き
		ジャガイモ植つけ
5	上	麻の草取り
	中	トマト・ササギの種蒔き
		タマネギ収穫

山仕事

月	日	山仕事
3	下	屋根フキ用大茅運びをした
		山のクチあけ・カッチキ
		＊この頃、雪が消え味噌を煮る
4	上	(旧)・マギ結いをした
	下	植林のオッタテ始まる
		＊この頃より山菜採れ始める
		ミズナ・アサズキ・フウキノトット
5		コゴミ・エラ・スカッチョ・セリ
		タラノモエ・ウド・ユリワサビ
		ゼンマイ・ウクギ・フキ・ワラビ

寺のぼり

コンピラ様のお祭り

菖蒲さし

畑うない

堆肥運び

大豆の苗とり

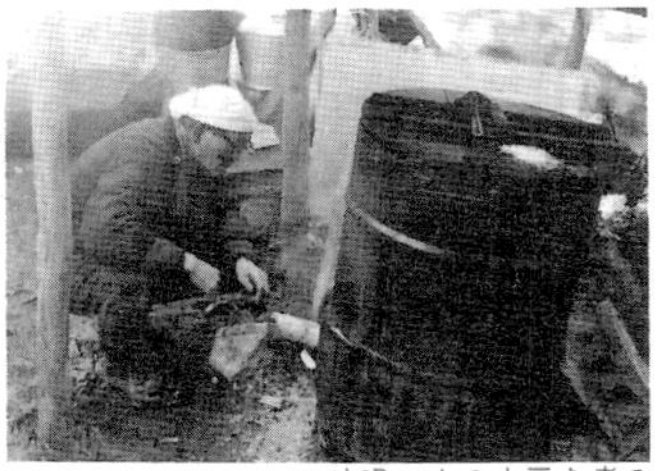
味噌にする大豆を煮る

アサズキ

ウド

ユリワサビ

ゼンマイ

フキ

セリ

夏

月	日	年中行事
6	1	ムケのついたち、笹巻きを食べる
	2	サナブリ・田植え後、田の神に苗をお供え
	16	七ッ岳山開き
7	2	半夏、(旧)・虫送り
	17	稲荷様の縁日
	20	土用
		＊この頃、イモ煮会
8	7	墓掃除
	11	愛宕神社お祭り
	13	宵盆・盆棚作り
	14	カド火焚き・墓参り
	15	(旧)・厄除けワラジをかける・十五夜相撲
	16	送り盆・盆踊り

月	日	田仕事
6		堰上げ・堰普請・(共同作業)
		水かけ・しろかき
	中	田植え
7	中	一番ゴ・田の草取り
		水かけ
		水ぎわ刈り・追肥
8	上	二番ゴ・田の草取り
	中	ヨセ刈り
		出穂

月	日	畑仕事
6	上	夏ソバを蒔く
	下	サツマイモ種蒔き
7		トマト収穫
	下	麻干し場の草刈り
		ジャガイモ収穫・タバコ
8	上	麻刈り・夏蚕を永田飼育場より運ぶ
		白菜・ナッパの種蒔き・夏大根収穫
	中	ササギ類・カボチャ・夏ソバの収穫
		ほうれん草・早生豆を蒔く
	下	水を張ってつけ田、麻をゆがき干す
		インゲン収穫・夏蚕上蔟・出荷

月	日	山仕事
6		＊この頃、奥山の雪も消える
		植林の幼苗の刈り払い
	中	トリモチ作りをやっていた
7	上	キクラゲ・アカザ・シオデ
		ワカイ・シナッカワ
		山タケノコ・フキ
	下	焼畑をしていた
		ボタンキュウ・ウメ
8	上	ブドウの皮
	中	イワスゲ

村はずれの厄除けワラジ

イモ煮会

送り盆

墓そうじ

田の草とり

農薬散布

盆棚

タバコの葉を縄にかけて干す

盆踊りの囃子連

ワラビの塩づけ

出荷まぢかの夏蚕

秋

月	日	年中行事
9	3	二百十日 熊野神社お祭り
		＊ この頃、運動会
	9	㊐・刈り上げさま・刈り上げくんち(19・29日含む)
	23	彼岸
		＊ この頃、紅葉が始まる
10	10	㊐・のぼり地神・大根の年取り
	20	㊐・エビス講
		＊ この頃、漬け物をつける
11	13	㊐・ダイシコさま訪問、二十四日にお発ち
		＊ この頃、ダイシコ荒れで雪が降る

月	日	田仕事
9	中	落水 ヒエ抜き ヨセ刈り はて結い準備・細木出し はて結い 作場普請・(共同作業)
10	上	稲刈り
	中	はて掛け、乾燥
	下	稲コキ
11	上	はてかたし・供出・縄結い用ワラ運び ヌカ焼き・堆肥用ワラこぎり ニワじまい、シンゴロウを食べる

月	日	畑仕事
9	上	つけ田に浸した麻の皮をむく 麻ハギ ナス・ネギの収穫
	下	麻買い商人馬で関東へ往来 麻の種刈る
10	中	オカボ・ゴボウ・ニンジンの収穫
	下	タマネギを蒔く
11	上	サトイモ収穫
	中	ジュウネン収穫
	下	白菜・大根・秋ソバの収穫

月	日	山仕事
9	上	クルミ・ヒロロ・ガバ・シバ 山のクチあけ・馬の飼料・踏み草
	中	＊ 彼岸すぎよりキノコ採れ出す ヒラタケ・モダシ・ササダケ ヤマブドウ・カノシタサンボタケ アキグミ・コクワ・ナメコ・ワカイ
10		マエタケ・ツキヨダケ・トビタケ マツタケ・アワダケマツカサ ホウキモダシ・シメジ
11	上	マルメロ・ムキダケ・アワダケ カノシタ・マツカサ 山のクチあけ 冬囲い用小茅・屋根フキ用大茅

針生小学校運動会

熊野神社のお祭り

堆肥積み

稲こき

ニワじまいにシンゴロウを作る

縄結い用ワラをしまいこむ

ヌカ焼き　苗床に使うモミを焼く

豆たたき

ガバとヒロロを干す

雪囲い用のコガヤを用意する

ヒラタケ

マエタケ

ササダケ

ホンシメジ

ナメコ

マツタケ

葬式の野辺送り。男たちは全員ではないが白の羽織を着けている。うしろにつづく子どもと女の人は白布を頭から巻いている。現在の葬式では黒の衣服が常識だが、もとは白の衣服を着けた。その名残りとどめている。むつ市

宮本常一が撮った 写真は語る

青森県・下北半島

宮本常一は昭和一五年（一九四〇）一二月を最初に、昭和四一年（一九六六）八月まで九回、下北半島を旅している。それぞれ目的を持った旅だが、大きくは、列島の端々に住む人々の生活が未開でも、その地が秘境でもないことを自分の目と耳で確かめるためだった。

掲載の写真は、九学会連合の下北半島綜合学術調査に民俗学会から参加した、昭和三八年（一九六三）六月、八月と翌三九年八月に撮影した。

宮本常一が撮った写真を見て強く感じるのは、都市から遠い近いとは関係なく、地域はもとより、そこに住む人々にもそれぞれ個性があったということである。しかしその個性を、都市に住む人は遅れと見て、それを未開とか秘境とかいう言葉につなげたりする。

昭和三八年ころにはテレビがかなり普及し、どこにいてもたいてい都市の情報がほぼ同時に流れていたはずである。それでもなお個性を持っていたのは、ひとつには、開発という名の資金が、地域にまだ十分に導入されていなかったことがあったろう。開発は言葉を変えると都市を移す、画一化ということでもある。

個人の場合は、明治生まれの人が健在だったというこ

橋脚も丸太の長い木造橋である。欄干の造りが他の橋と少し違うが、その欄干が橋を美しく引き立てているように見える。ただこうした木造橋は洪水に弱く、わずかの増水で流失することもある。橋の下にいる人は洗濯物のすすぎをしているようである。むつ市

8月13日の夕方近く、おばあさんが迎え盆の墓参りに行くところを撮った。手にする墓前を飾る花は紫陽花《あじさい》、左手に提げた風呂敷包みは重箱で、墓前に作った棚に供える料理がはいっている（85頁参照）。東通村尻労《しっかり》

とが、個性を保ちつづけさせたように思われる。それは西洋かぶれではない、郷土の文化をきちっと守り伝えるという明治の人の気概が、都市で流行していることを簡単には受入れさせなかったということである。

宮本常一は訪れた土地で、かならずだれかに会って話を聞いている。話は夜中までつづいたりする。それは宮本常一の聞き上手による面もあるかもしれないが、会った多くの人が明治生まれというのも無関係ではなかったように思われる。宮本常一が撮った写真は、単なる旅の記憶ではなく、そうして聞いた話の裏づけに重ねて、地域を読むためでもあった。

現在の日本人は個性を失いつつある。それは流行とはみんなと同じことをする、と意味を違えていることにあるのではないか、と宮本常一ならいいそうである。

尻労行きのバスが、対向車があってちょうど店の前で速度を落とした。そのときバスのなかから撮った。停留所でないのは、三人ともバスに乗る気配のないことから推測される。男も娘も仕事にいく、その迎えの車を待っているようである。

海岸からだと畑集落も奥だが、森林軌道はさらに奥地へ行く。その畑集落で機関士に何か伝言を頼んでいる。奥地で木を伐採している夫への伝言だろうか。むつ市川内町

木材を橋桁ぎりぎりに積んだ森林軌道が、橋の下をくぐる。土地の人はいつも見ている光景なのだろう。むつ市川内町

戦後に開拓された野平集落で飼育する牛。やせた牛から、宮本常一は開拓地の生活の苦労と大変なことを推測している。佐井村

寄りコンブを拾い浜に干す。六ヶ所村泊

下北の海

文・写真　森本　孝

ウニ漁の磯船。六ヶ所村泊

泊《とまり》の磯で

この夏二度下北半島にいった。六月と八月、舟と海を見たくて、上北から下北にかけての、外側の海岸を歩いてみた。歩くのは六ヶ所村の泊からにした。前の年、冬のさなかに訪れ、吹雪で海も見られずに追い返されたからである。

泊には丸木舟が残っている。そして今も冬の間アワビ漁に使われている。丸木舟はもちろんもっとも古いタイプの舟の一つである。だがそれが日本各地の海や川や湖沼から姿を消したのはそう古いことではない。撲自身、この一、二年の間に、トカラで、種子島で、あるいは男《お》鹿《が》や諏訪湖で、今も使われているのを見てきた。下北だってかつてはどこにでもあったのだ。さらに丸木がもう少し発展して、船底材として使われているタイプの舟なら、沖縄から北海道まで、ずいぶんいろんなところで見ている。

しかしいつのまにか丸木舟は姿を消した。丸木を船底材とした舟だってあぶない。海が荒れて磯漁がおとろえ、材料も舟大工も少なくなった。そこへＦＲＰ（強化ガラス繊維）の出現である。一挙に和船そのものがなくなろうとしている。ぐずぐずしているわけにはいかない。

ウニ漁から帰る。
東通村尻屋

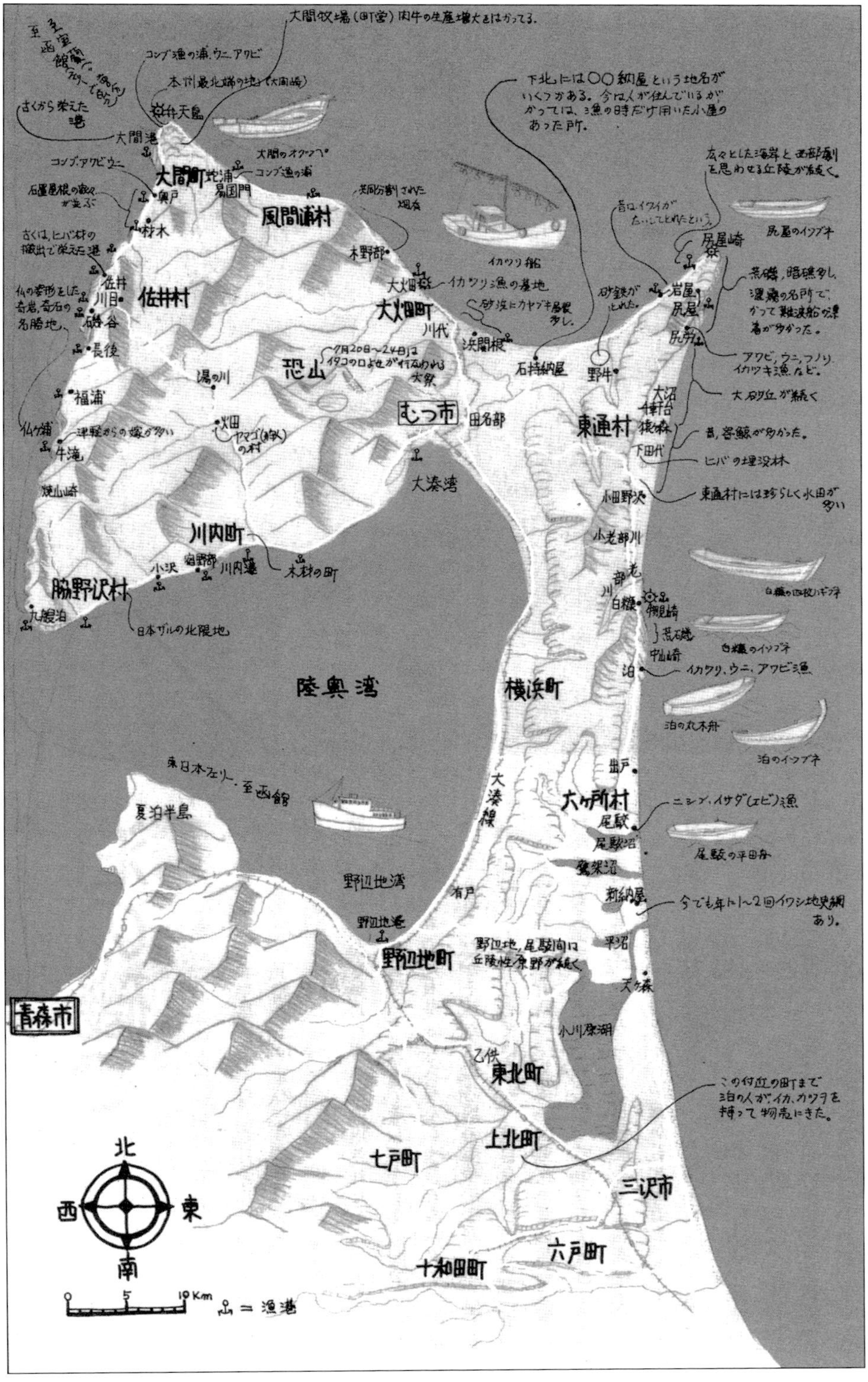

段丘の上と下

野辺地《のへじ》から日に四便しかないバスに乗って泊まで一時間半（八戸《はちのへ》から海岸沿いの急行バスも日に一便ある）。低くさびしい丘陵のつづく六ヶ所の村々を通過してくると、泊はさながら〝町〟に見える。海辺の道の両側には家々がひしめくように軒をならべ、商店が目立つ。銀行、酒屋、呉服屋、雑貨屋、散髪屋、となんでもそろっている。八戸から大畑《おおはた》までの間の海沿いの村の中ではもっともにぎやかなところであろう。

バスの終点車庫前で降りる。前に諏訪神社がある。泊の鎮守様であろうか。諏訪というから信州の諏訪神社と

六ヶ所村泊の家並

関係があるのだろう、などと思いながら前を過ぎる。

小さな川がある。かつては春になると手づかみで獲れるほどサケが大量にのぼってきたと聞いたのはこの川のことだ。

川を過ぎると商店街である。海側の家並の裏はすぐ浜、そして山側の家並の裏はすぐに二〇メートルほどの段丘崖である。

段丘の上に登る道がある。登るとそこにも集落がある。崖下と違っていずれも漁家であり、こちらの方が家々が古い。古いといってもただ古ぼけているということでなく、そこに昔から人々が営々と生きつづけてきた歴史を感じさせる古さだ。そして崖下の家並みがびっしりと軒をつけあって並んでいるのに対し、丘上の家々はそれぞれに庭を持ち、海からの強い風のためであろう、古い妻入りの家々は全部海に対して横向きに建てられている。厳しい自然と対峙《たいじ》しながらもたくましく生きてきた人々の営みが感じられて楽しい。

それにしても崖の上の家々のほとんどが漁家であり、崖の下の海際に漁家以外の家が多いというのはおもしろい。以前は崖の下には家はなかったと聞いた。だから幕府巡検使としてこの地を訪れた松浦武四郎が『東奥沿海日誌』に嘉永三年（一八五一）当時、泊の〝人家八十軒余、小商人二、三軒、問屋一軒〟と書いているのはこの段丘上の集落なのであろう。おそらく津波を避けたのだなと思った。

集落のうしろには畑があった。山際《ぎわ》までウツギの生垣に囲まれてトウモロコシやバレイショが植えてある。下

イカを干す。東通村野牛

漁港に詰めたイカ釣りのチャッカ船。大畑町

北では夏場にヤマセという海からの東風が吹く。そして冷たい霧のような雨が降る。そのため三年に一度は凶作になるのだという。畑は風からまず家並みで守られ、さらに生垣で守られているのである。

集落の一番奥には貴宝山神社の下宮がある。本宮はその裏にそびえる四〇〇メートルほどの月山の上にあって、毎年六月二十日の祭りには八戸の方の漁師も参拝にくるという。

段丘下に続く階段をくだって浜に出る。漁協から南は砂浜、北は磯だ。そろそろイカ漁の準備なのだろう。冬には雪に埋もれて舟置場に引上げられていたイカツキ（釣）船は、みんな集落の北、中山崎の裏側にある新しい漁港に移されていた。三トンから五トンくらいのチャッカ船（動力船）である。

カツオ漁のころ

夏というのに、海の上を渡ってくる風は冷たい。長く立っていると寒いくらいだ。若い人ならともかく、年寄りには半袖を着る季節はない、と宿のおばさんはいう。それでも夏はまだいい。冬には目の前の海も見えぬような吹雪であった。その中で納屋にしまわれた古い丸木舟を見せてもらいながら、どうしてこのような厳しい土地に人々は住んでいるのであろうかと僕は思った。

それなのにとまた僕は思う。どうして泊はこれほどにぎやかなのだろう。六ヶ所の他の村々と違い、ここには〝町〟の雰囲気がある。戸数八〇〇、人口四三〇〇人。六ヶ所村の全人口の三分の一はここに住む。

いろいろな人に出会って話を聞くうちに、きっかけはカツオ漁だったのだなと分かってくる。たまたま泊まった宿の加藤さんという六〇すぎの女主も、こんな話をしてくれた。ふと舟のことをきいてみたときである。

「はあ、昔は帆前船のカツオ船があったそうですよ。私が覚えてからはもうみんな動力船になっとりましたから、その前のことですねえ。カイリョウ船といってたようです。父の話では房州や宮城の方から来た船だそうです。その方面からもカツオを獲りにきておりました。一七、八人乗り組んで、櫓と帆を使って走ったそうです」

いま泊の主要な水揚げはイカであるが、そのイカツキ（釣）漁が盛んになる前は、泊はカツオが本業だったというのである。

加藤さんのお父さんは照井英助といって八戸からきた人だという。そして米や味噌の商売のかたわら、舟を持ってカツオ漁をやっていた。泊の沖はカツオの好漁場であった。そこで加藤さんの父さんもカツオ漁をしに泊に移ってきたのである。貴宝山神社に加藤さんの父さんが大正九年（一九二〇）に奉納した額がある。それを見ると船頭他二三人の乗組員の名前が記されている。いずれも泊の人たちであるが、機関士だけが八戸の人であるのは、泊にまだ機関をこなす人がいなかったからであろうか。その頃泊にカツオ船は一〇艘近くあったというから、仮に単純な掛け算をすれば、乗組員だけでも二百数十人がカツオ漁に従事していたことになる。

カツオ船が入ってくると浜はカツオで溢れるほどになったという。夏から秋にかけての漁であったから獲ったカツオはすぐにカツオ節にした。舟が一〇杯あれば、一〇のカツオ節工場が浜に建っていた。獲ったカツオは木の箱に入れて、加工場まで人夫をやとって背負ってもらった。一箱で約一〇尾、背負賃は一〇銭ぐらいだったという。カツオは船主が四分取り、残りを釣り子が分ける。生のまま分けて各自が加工した。船主は取り分が多いから、舟の数だけ大きな加工場ができたのである。

カツオ節をつくるにはまず身を三枚にひらき、それをさらに四等分する。それを釜で食べられるくらいまで煮上げ、針金を張ったすの上に並べて下から炭火で乾燥し、さらに天気の日にカチカチになるまで干すのである。できたカツオ節は樽詰めにしておくと、八戸から船がきて持っていった。そして頭や内臓は塩辛にして自分の家で食べた。

「カツオのトンブというのですが、まあ心臓みたいなもので、それを船乗りたちは炉端で焼いて、酒をやってましたね。たいそううまいもので、私もトンブ欲しさに加工場にいくと、若衆がよく放ってくれたものでした」と加藤さんは目を細めて話してくれた。

春を待つイカ釣りのチャッカ船。六ヶ所村泊

その後もカツオ漁の話はたびたび聞いた。しかし、それがいつ頃から、どのようにして始まったのかとなるとほとんど分からない。先にふれた『東奥沿海日誌』には〈土産　鮑《あわび》　海参《するめ》　ささめ昆布　鰯《いわし》　鮹《たこ》　檜柾　その他雑魚《ざっこ》多しと聞けり〉とあるだけで、カツオ漁のことは書かれていない。カツオ釣りのエサとなるイワシはでている。が、この地でイワシ網が始まるのはそれより七、八〇年前、藩が房州から持ってきてからのことである。してみると武四郎の記述の正確さには定評があるようであるから、おそらくまだ始まっていなかったと見ていいのだろう。

一方隣村のことではあるが、笹沢魯羊（善八）氏の『東《ひがし》通《どおり》村誌』を見ると、すぐ北隣りの白糠《しらぬか》で、明治十五年（一八八二）すでに一八人乗りのカツオ釣船が三隻あって、カツオ節を二五〇〇本製造したとある。

おそらく、泊のカツオ漁は幕末から明治初期にかけて始められたのだろうと僕は思った。そして房州や宮城から舟がきていたということや、泊の舟もその船型をまねたということから、泊のカツオ漁はおそらくそういう人たちがもたらしたのだろうとも思った。イワシにしろ、イサダという小エビにしろ、外の人たちが開発し、漁法をもたらした例が下北にはいくつかあるからである。

ともあれ、泊を湧かせたカツオ漁も大正末から昭和初期にかけてすたれたようで、加藤さんのお父さんも大正十四年（一九二五）に船を座礁させて以来カツオ漁をやめている。カツオがこなくなったからだという。泊は以後イカに頼ることになる。

冬は浜に引きあげた磯船。六ヶ所村泊

イカとカワサキ

「カツオ釣ってる頃はイカは余るほどいても釣らなかったもんせ。銭っこなんねえんだもの。だから始めはイカツキ（釣）を本業にしてたのは佐渡、越中富山方面の人だったな。カワサキ舟（越前・加賀以北の日本海岸で広く使われた帆走手漕ぎの比較的大型の漁船の一型）に乗って、函館《はこだて》をまわってくるのせ。泊にくるのは九月か十月だったな。まあ、くるといっても年に三杯か四杯くらいなもんだども。越前からくるといっても日数がかかろう、帆前船だもの。それに七人乗りであれば七丁、八人乗りであれば八丁の櫓で漕ぐのせ」

明治四十二年（一九〇九）生まれの樋口市太郎さんの話である。

カワサキ舟と一口にいっても、土地によって型は少しずつ違い、見ればどこからきたのか分かったという。大きさはだいたい一丈（三メートル）巾で三丈五尺（一〇・五メートル）の長さであったが、たとえば水押《みおし》（船首材）が少し違う。庄内の舟は内切りといって、水押の鼻先の切口が内側に傾斜していたし、越前の舟なら逆に外を向いていた。そして加賀のはカラスの口ばしみたいに先が細くなっていたという。

「獲ったのはマイカだったのせ。その頃だば海の虫というぐらいにいたもんだ。ほとんど大漁して帰ってたな。スルメにしたのせ。漁のあいだは泊の人の番屋に寝泊まりして漁に出て、顔見知りになれば家にも泊まったものせ。娘っ子ひっかけて泊にいついた人もあったな。及川

初夏の浜の磯船。六ヶ所村泊

とか渡辺、赤石とかいう名前は日本海からきた人の子供が多いんでねえか」

その頃泊では四人乗りの磯舟でイカツキをしていたという。もちろん、昔ながらにそれでワカメやコンブも採っていたのである。巾三尺三、四寸（約一メートル）長さ二丈五尺（七メートル半）くらいの、シキ（船底材）にムダマ（オモキともいう。丸木舟の下半分のような形に丸木からくりぬいた部材）を使った細身の舟だ。しかし泊の人たちもイカツキを盛んにやるようになると、泊でもカワサキ舟を持ったという。加賀の型の舟であった。かつてカツオが房州や宮城や八戸から新しい舟と漁法と人を泊に招いたように、今度はイカが日本海から新しい舟や漁法や人を泊に運ぶのである。

「その頃は泊の人は四人乗りの磯舟に乗って一本竿で釣っていたもんせ。かがりはもうカーバイトたいてたように思うんだが。竿はヒバの木の細いとこをとった四尺くれえのもので、手で握るところが一寸くらいの太さだったな。それに竿と同じ長さの麻糸をつけていたわけだ。針だば割りばしぐらいの太さの鹿の角の下に一階針をつけたもんだった。

それが佐渡の人はハネゴでイカツキをしてるのせ。ハネゴというのはな、三尺三、四寸（一メートル）の桐の木の柄に同じ長さの竹を二本さして、それと同じくらいの長さの麻糸を二本つけたもんだ。一本竿とハネゴではたいして漁が違ったもんだ。ハネゴは針は二本だべ。それ両手にもってやるとまた二倍違うだべ。夜中前には舟一杯になってもどってきて一晩に二度も三度も釣ってく

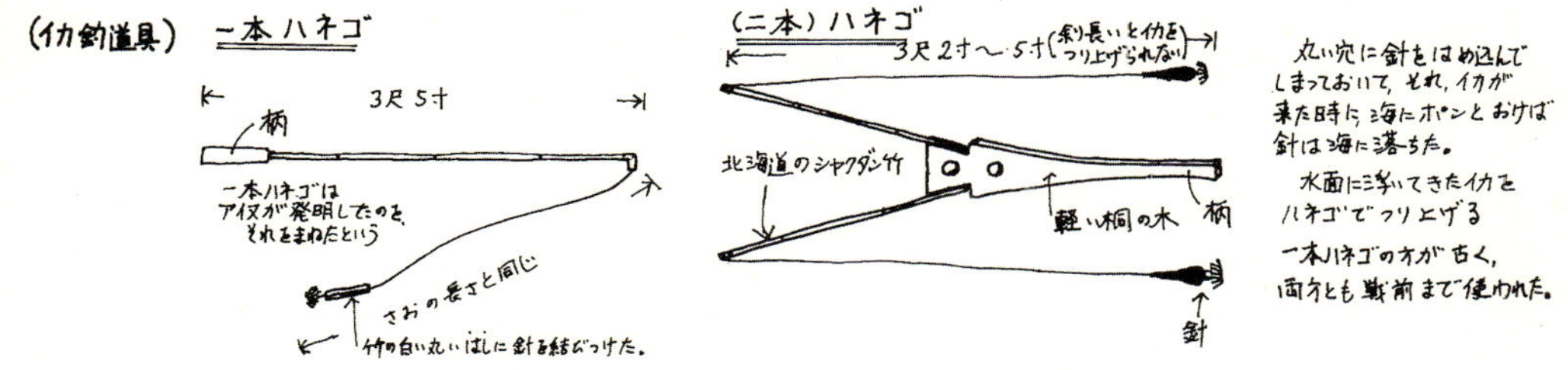

るんだ。イカが盛んになってくると泊の人もハネゴ使ったのせ。まあ、一本竿は子供用になったな。

そりゃあ子供も盛んに出たもんだ。漁がある時はよく学校休ませたのせ。十三なれば早や一人前だもの」

そのハネゴも三〇年前までであったという。一つの糸に針を五本ずつ、計一〇本連らねた二本マッカ、計一五本連らねた三本マッカ、延縄式のイカツリ器、さらにそれの動力化と釣具はどんどん改良され、かがりもカーバイト、石油ランプから現在の強力な集魚灯にまですすんだ。しかし泊のイカが一番獲れたのは昭和三十五年（一九六〇）前後の三本マッカの時代、一度に一五枚ずつ釣っていた頃のことだったと樋口さんはいった。

八月の夜、泊の沖には美しい漁火《いさりび》があったが、その数はいかにもわずかだった。人の工夫には終わりがなくても、海には限界があったのである。これまで長いあいだコンブやアワビを荒らす害虫のように思われ、見つけ次第つぶされてきたウニが急に商品価値を持ちはじめ、古来の磯漁がまた泊を支えはじめる。

スルメを背負って

「で、そんなにたくさんつくったカツオ節やスルメはどうしたんですか」

僕は山国の生まれである。だから山の中でなら人々がどのようにして食糧を得、どのようにして食べ、くらしていくのかはある程度分かる。だが海のこととなるとどうにも見当がつきにくい。泊にも畑があるといってもたかの知れたものだった。カツオやイカばかり食っていたというのだろうか。それだってカツオ節やスルメにしたというではないか。

〝ブッコ〟という言葉を聞いたのは吉田重五郎さんにイカツキの話を聞いていたときだった。

「昔は二五、六になったらみん〝ブッコ〟に歩いたもんせ。男でも女でもみんな行ったのせ。いつということはねえ、もの持てば出たもんだ。まあ物々交換だな。スルメやなんかを農村に持っていって、稗《ひえ》やら粟《あわ》と換えるわけだ。米も食わねばなんねえし。泊の人は主にブッコで食ってたようなもんせ。おれの親だば八八になるんだども、おもにケズリブシで歩いたな。おれの頃はスルメやイカせ。野辺地から七戸、三本木（十和田市）。遠くだば花巻の方まで歩いたこともあるな。

楽でねえよ。ケズリブシだば二〇〇は入るガンガン背負って歩くんだもん。冬だば泣く泣くせ。イモ食って、わらで作ったツマゴはいて歩くんだ。野辺地だば七時間だろ。泊まりがけせ。百姓の家にいっても俺たちゃ遠慮してこたつに泊まる。ままもらって朝もどったもんだ」

カツオがなくなってからはスルメが主になった。夏のスルメは小さいので商人も買わず、もっぱら物交《ブッコ》に使われた。雪が降ってからは生で売った。在の方では正月用のサシミイカを欲しがったからである。戦前小さいイカ三枚で米一升、大きいのなら二枚で一升になったという。米一升五〇銭の頃であった。イカのブッコは昭和三十年代半ばまで続いたという。

　武四郎の記録を見ても分かるように、泊は古くから磯に頼って生きてきた村だった。そして干したアワビやコンブは古来重要な保存食であった。だから泊のブッコも、おそらく古い伝統を持つものなのだろうなと僕は思った。

丸木と磯舟

　ではカツオ以前の泊はどうであったのか。それはやはり磯漁であったようだ。

　八戸から尻屋崎の南尻労《しつかり》までほとんどまっすぐに延びた下北半島の東側の海岸の中で、この泊から白糠《しらぬか》にかけての海だけが他と違う。磯に恵まれているのである。他は延々と砂浜が続き、磯があっても沖合で、深い。

子を背負ってコンブ拾い。六ヶ所村泊

　磯ではアワビがとれ、コンブ（今はやっていないが）がとれ、ノリがとれ、また雑魚が寄りつく。この海岸線の古い人口を見ても、磯のあるところに人家が集まっていることに気づく。それは泊だけではない。たとえば享保六年（一七二一）の東通村で見ても、個数数一〇戸に達しているのは、白糠、尻屋、尻労、蒲野沢《がまのさわ》などであり、内陸の蒲野沢を除いて、他はいずれも磯漁に頼れる村であった。

　磯を持つ村はまた背後に山をひかえている。そこはヒバ（アスナロヒノキ）と船材にする広葉樹の宝庫であった。それらは一七〇〇年代の半ばまでは、ほとんど自由に伐ることができたのである。

　寒冷の地下北では今でも稲は育てにくい。かわりに川には定期的にサケやマスがのぼってき、磯では安定した漁ができた。下北は磯からひらけたといってもいいのではないかなと僕は思った。そして、だから下北では丸木舟がよく残ったのだとも思った。

　トカラでも、種子島でも、男鹿でも、丸木舟は磯に強いと聞いている。

　年配の人たちの話によると、泊の丸木舟は主に冬のアワビ漁に用いたという。大正の頃までは盛んに作られ、どの家にも必ず丸木舟があった。そしてそれとは別に、多くはなかったが大型のムダマ造りの磯舟があった。ところが大正の頃から丸木舟に代わって、小形の磯舟が作られるようになった。やがてほとんどこの舟になり、現在にいたるわけである。それでも昭和のはじめは、まだ

ウニ漁からの帰りを家族で迎える。六ヶ所村泊

丸木の方が多かったらしい。

だが、丸木舟が最後まで残った泊でも、今はもうほとんど使われていないから、夏、浜でその姿を見ることはできない。誰それが持っているからと聞いてたずね歩いてみるのだが、いずれも納屋の中に材木などと一緒に押しこまれ、出すのさえ容易ではない。結局泊中学校に保存されているものをたんねんに見せてもらうことにした(小川原湖博物館にも子供用の丸木舟がある)。泊の丸木舟は大体長さ一四尺五寸(四メートル半弱)、最大巾二尺三、四寸(七〇センチ)というから、これはほぼ標準のものであった。

次にはなんとか丸木舟を作ったことのある人に会いたい。必ず泊にまだ覚えている人がいるはずである。そう思って探してみたが、短い旅の間にはついに探しだすことはできなかった。幸いイカの話をしてくれた樋口さんは、大昔に誰かの丸木舟を作る手伝いにいったことがあるとかで、その時の話をしてくれた。

丸木舟を作る工程は、大きく山取りと仕上げに分けられる。山取りというのは立木を倒し、丸木舟の荒型を作り、くりぬいて里まで引いてくることで、それに舟大工がケエゴ(タナ板)をつけて仕上げをしたものだという。

「山取りは専門の人がいたんですか」

と聞くと、そうではなく、泊の漁師の中に何人か慣れた人がいて、そういう人を頼んでやったという。主にソリが使える冬の間の仕事であった。

泊の丸木舟の材料は主にブナの木、カツラの木、センの木などを用いた。ブナの木は重い。それが漁には具合がよいのだという。舟が水中深く入るので風に流されないからである。大きな木が無くなってからは、トチ、クリなども使ったという。泊の山で足りなくなると尾駮《おぶち》の方から十和田の山にまでいった。

木を見つけると営林署から払い下げてもらう。木は真っすぐなものより反りぎみの方がよいという。その形によってどういう具合に舟型をとるかを決め、その上でハツロマサカリを使って倒した。下手に伐ると木をさいてしまう。

倒すとまず枝を払った。そしてノコで舟の長さにタマギリにした。一四尺の舟なら一四尺五寸、一五尺の舟なら一五尺五寸と、五寸だけ長く切るのである。それを両側からバギをやって動かぬようにし、きざみはじめる。丸木舟のオモテ(前部)には根の方を使い、木の反りの内側を上にする。年輪のかたよりは特に考慮しなかったという。

まず上部をマサカリで平にならす。ノコ目を七寸間隔でいれていき、それをマサカリで削り取っていくわけであるが、これはもともとは横木取りの木地の荒型を切り出すときと同じように、ノコのかわりにV字型のきざみを入れたものであろ

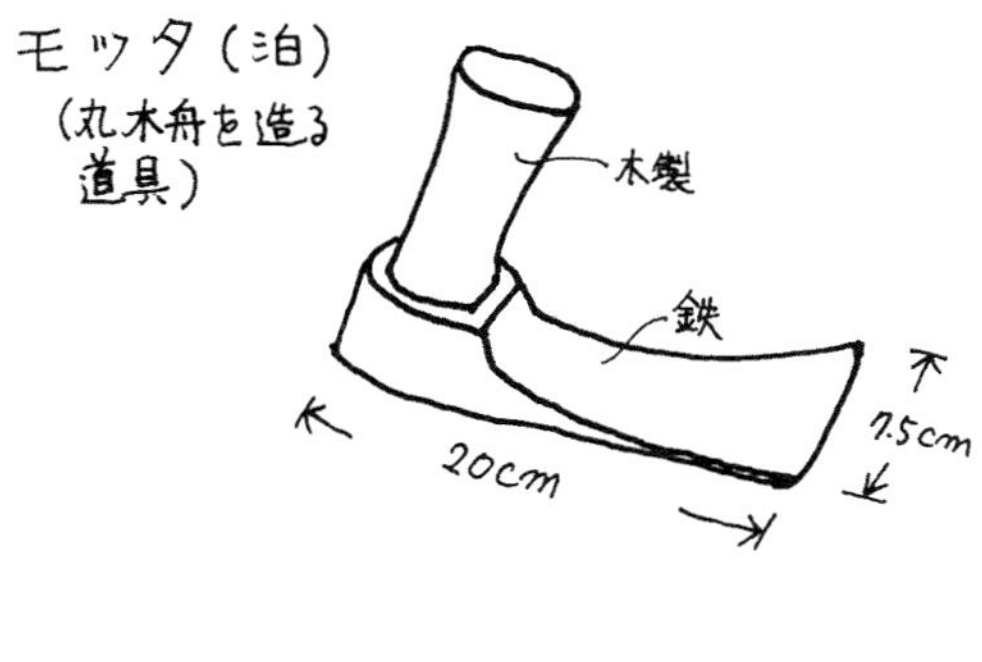

う。それから船型を整え、くっていくのだが、これ以上は市太郎さんは経験していない。

残念だけれども仕方がない。それにどうしても話で聞くだけでは限界がある。木を倒す、削ると一口にいっても、数えきれない小さな技術や配慮があるはずである。本当はそれを知りたい。やはり見ながら聞く他ないのである。だが現実にはもうそのチャンスは期待できず、やってもらう力もない。いやそれどころか、現に残っている舟でさえ、朽ちるか、飾りものなどに買われて姿を消し、その舟の生きていた世界をともに忘れられていくのが目に見えている。保存するためにもらいうけても、今のところ信頼してそれを託せる場所さえないのだ。市太郎さんと別れて一人歩きながら、僕は自分の非力にすっかり気がめいってしまった。

むりに気をとりなおして、僕は磯舟の方を見ることにした。

この地方で磯舟と呼んでいるのは、シキ（船底材）に浅くくりぬいた丸木舟のような材を用いた舟のことである。いわば丸木舟と板をはぎ合わせた舟の合いのこのような作りの舟で、形も丸木舟のように細く長い。普通その丸木の部材をオモキといい、構造をオモキ作りといっているが、この地方ではオモキをムダマと呼んでいる。

前には四人乗りの大きい磯舟があってイカツキに使われていたことには前にも書いた。しかし今ある磯舟は一人乗りで形も小さく（長さ五・五メートル、巾八十数センチ）夏のウニ漁と冬のアワビ漁に使われている。

泊の家を何軒かたずねるうちに、ムダマがどこの家にもしまってあることに気づいた。薄暗い土間などに古材と一緒に置いてあったりするので最初はそれと気づかなかったが、吉田重五郎さんの家にも二つムダマが置いてあった。一つはブナ、もう一つはセンの木のムダマである。ブナの方が半分ずつに割ってあるのは、木が小さくて一枚ではとれなかったからだという。いずれも一〇年ほど前に山取りしてきたもので、今使っている舟がだめになると新しいムダマを大工に持っていき、それにケエゴ（タナ）をつけてもらって作るのである。

ムダマの切り方を聞いてみたが、これも実のところよくわからなかった。だが、材料の選択もくり方も基本的なところは丸木舟と同じであるらしく思えた。また現在の一人乗りの磯舟は各家には働ける男の人数分だけあるという。これも丸木と同じように、小学校を終わるとすぐ親が作ってやったものであるという。

泊漁船史略

いろんな人に会って話を聞くうちに詳しい舟の作り方はわからないまでも、おおよその泊の舟の変化はおぼろげながらみえてきた気がした。

まず、カツオ漁の前の泊は磯漁に依存してくらしをたてていた。その頃、用いられていた舟はムダマ作りで四人も乗れる〝四人乗り〟と泊の人が呼ぶ磯舟と、一人乗りの丸木舟である。四人乗りの磯舟がかってどれほどあったのかは分からないが、大正中期までは泊に三、四杯はあったという。ともあれその四人乗りでイカツキ他の雑魚の釣り漁や、コンブ、ワカメなどを採っていたら

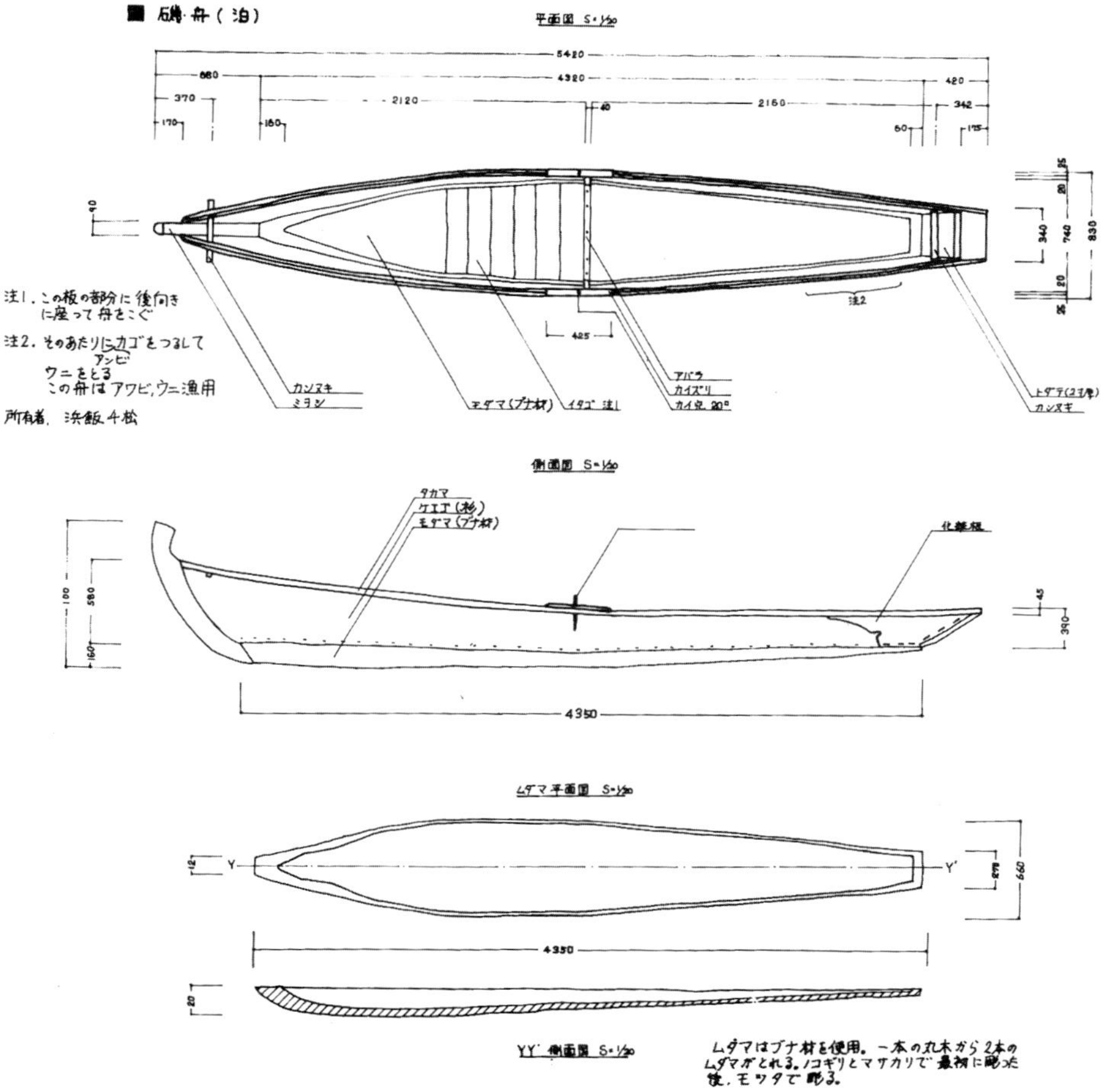

しい。また丸木舟の方は、主にアワビ漁に用いられていた。

　そして、明治頃に房州方面からカツオ漁が入ってくる。房州の人が乗ってきた舟は前述したように、カイリョウ船と呼ばれ、帆と櫓《ろ》で走るはぎ舟であった。泊でもカツオ漁が主な漁になってくると、カイリョウ船が用いられるようになる。そのカイリョウ船の姿型も、今の僕には知ることはできない。

　やがて、カツオ漁にかわって、日本海からイカ釣の新しい漁法が伝えられイカの漁が中心になってくると、泊にも日本海のカワサキ舟が用いられるようになる。すでにカツオ漁のころから、コンブなどは目でなくなっているし、また細々としたイカツキにも用いていた四人乗りの磯舟は、カワサキ舟の出現で全く姿を消してしまう。

　しかし、カツオの時代もイカの時代も泊の伝統的なアワビ漁は続けられている。そのためそれに用いられた丸木舟は相変わらずあった。が、大正の中期頃から、その丸木舟が作られなくなってくる。これは一つには、丸木をくりぬくだけの大木がなくなってきたことが大きいらしい。

　そしてそれに変わって、一人乗りの磯舟が作られるようになる。これなら丸木舟ほど大きな木は必要としない。木が小さければ二本の木から半分ずつとっても作れる。そこで、大正以後はこの一人乗りの磯舟が主流になり、現在にいたっているわけである。若い人はもう丸木にはうまく乗れない。

　一方新しく入ったカイリョウ船もカワサキ舟も動力が導入され大きな船が求められ

海に出ない日の漁師たち。六ヶ所村泊

るようになってくると、次第に姿を消してゆき、最初から動力をつけるために作られた新しい船にとってかわられてくる。

だいたいこのような経過ではないかと一応の見当をつけて先を急ぐことにした。そして念のため泊の南の尾駮も一目見ておくことにした。

尾駮沼《おぶちぬま》のほとり

潟湖《せきこ》にくらす

尾駮までの道はアスファルトで舗装されている。道の両側は松林と原野がつづくだけで、荒涼として田も畑も家も見えない。

尾駮までの間に石川と出戸《でど》という二つの集落があるが、いずれの村も海には関係のない村である。浜から遠いことにもよろうが、それよりも山形や会津からきた人たちが拓いた村だからであろう。

尾駮に着くとすぐ尾駮沼にいった。沼は村の南西部にひろがっていて、周囲が低い丘陵のためか、思いの外広い。空が沼に映って美しい。

尾駮沼は砂丘にとじこめられた潟湖《せきこ》である。その潟湖が砂丘を割って外海にそそぐところに尾駮橋がかかっている。そしてその少し上流に朽ちた橋桁がまだ水面の上に出ている。この川に橋がかかったのは明治の末のことで、それまでは徒歩《かち》で渉《わた》っていたという。川の中央は深い溝になっていて、昔他村からきた嫁が馬と共に流され

尾駮沼。六ヶ所村尾駮

たという話が残っている。

古い橋のたもと付近に舟置場があった。三隻ばかりの舟が浮かんでいる。いずれも杉板をはぎあわせた平底の舟である。平田舟といって沼や川に多いタイプの舟である。

ちょうどいあわせた明治三十七年（一九〇四）生まれの木村羊七さんという人に聞いてみた。木村さんはいま沼の西北岸にある上尾駮から平田舟で帰ってきたところであった。木村さんの覚えている限りでは、丸木舟もムダマを用いた舟もなかったという。テントと呼ぶ舟はあったが、それはイワシ網やイカ漁の外海用の舟であって、板をはぎ合わせた舟であった。

なぜ泊以北にはあるというムダマ作りの舟がすぐ隣りの尾駮にはないのだろう。話は後のことになるが、その後誰に聞いてもないという。やっとその理由が分かったのは、村からかなりの距離にある浜に出てみたときである。浜は砂浜であった。砂浜ならコンブやアワビなどはとれず、ムダマ作りのがんじょうな磯舟も必要なかったのである。それは漁の話を聞いても裏付けられた。同じ上北の隣りあった村といっても、泊と尾駮ではまったく別種の漁業が基礎となっていたのである。

木村さんはいろんな話をしてくれた。

戦前は尾駮には稲田はほとんどなく、田稗《たびえ》が主であったという。稗は非常に古くから日本の重要な穀物の一つで、寒冷地には強く、保存もしやすいが、米のような商品性は持たなかった。だから漁と出稼ぎで食ったという。

昔は十一月を過ぎるとニシンが大漁に沼に上ってきた。木村さんの子供のころ、つまり、大正の初期ころまでは沼のほとりにマデ小屋が立っていて、そこでニシンを獲ったという。四すみに二本の棒を交差して張った網を水面に沈めておき、ニシンがはいるのを待って一気にすくい上げる。その後は袋状の胴網という仕掛け網やサシ網を使うようになった。

イワシ曳き網は最近まであった。これは地曳きで、昔は見張役が浜でマネキをいう合図の棒を振るのを見つけると、畑にいても二キロも三キロも走って浜にかけつけたものだという。女も子供も網を曳いた。網にこぼれたイワシを子供がタモで拾うと、それはその子のものになった。イワシはゆでて油をしぼり、干して魚カスにしておいた。すると肥料用に野辺地の業者が買いにきたという。油は灯油として、これも売れた。

三沢や天ヶ森からも曳き子がきていたという。そしてそのまま浜に住みついた。そのうち一軒、二軒と今の村役場のあたりに移ってきて、尾駮浜の集落をつくった。

しかしそれら季節の限られた漁だけでは食うには足らず、多くの人が出稼ぎの旅に出たという。尾駮のニシンの漁が終わると、長男も次男も北海道以北のニシンやサケの漁に出たのである。といっても自分たちの舟でいくのではなく、雇われた乗組みとしてである。二十円の前借りの中から旅費とタバコ銭を引いて、あとを家族に残していく。木村さんも戦争前にはエトロフやカムチャッカの方を、三年ばかり歩いたという。

カムチャッカでは日魯漁業のマス漁の船に乗った。乗った船は日支事変で中国から奪った八〇〇〇トンの船で、乗員も七、八〇〇人はいたという。獲ったサケやベニマスは缶詰にした。

「おもしろいことはねえなあ。船頭にはバラス投げられるし、朝は三時には沖に出るんだ。飯食って寝ればもう夜の十二時だべ。泣く泣くいったもんせ。子供がなければ、つらいんだもん、いかねえよ」

いまでもまだ実感のこもった言葉だった。

無に帰した開拓

「ああ、上尾駮のことか。尾駮の出村だったのせ。去年までな」

木村さんは開拓の話をしてくれた。

「入植したのは戦後の二十一年だったな。尾駮の次男三男がはいったのせ。なんたってワラビの根掘って食う生活だったたんだもん」

入植したのは一四軒であった。六〇町歩(六〇ヘクタール)の国有地を村から願って借りうけ、一軒あたり三町歩ずつ割り当てた。残りは共同の防風林にして、県のくれた松苗を植えた。

「木の根を掘るのは楽ではねえな。子供も泣く泣く拓いたもんせ。それからバレイショを植え、粟や小豆を播いたのせ。米も少しは作った。だどもまあ稗が主だな。売るんでないの、自分で食うもんせ……。畑のものを食っておれば大丈夫になったのは三、四年あとだったなあ。拓いた土地はあとで県が買っておれたちに四円で売ってくれた」

そうして拓いた上尾駮であったが、ここ一〇年前から一軒、二軒と去ってゆき、昨年尾駮に帰ってきた木村さんを最後に今は完全に無人になったという。全員むつ小《お》川原湖《がらこ》開発公社に土地を売ったのである。

昭和四十四年（一九六九）に決定されたむつ小川原湖開発計画によると、この尾駮沼および鷹架《たかほこ》沼の周辺には月産五〇万バーレルの石油精製工場をはじめとする石油化学工業地帯を建設するという。鷹架沼は掘り下げて二〇万トンタンカーが接岸できる港になる。

そうなるとこの付近もまったく別の世界になるのだろう。いや変るのはこの付近だけではない。上北の人も下北の人も、誰もが無縁ではいられないだろう。必ず良いことがあり、必ず悪いことがある。必ず利益を受け、新しく生きる場のできる人たちがおり、必ずかけがえのないものを失う人たちがでる。おそらく全体としては利益がはるかに大きいのかもしれない。ただ、何かを失う人がいるとすれば、それは必ず土地の人だ。そして代りに新しく何かを得る人たちが移り住んでくる。——僕にはどちらがいいのか分からない。

「そういう工場で百姓や漁師が働けるかどうかだよ。おれら力仕事なら得意だども……」

とある人がいった。そうだろうな、と僕も思う。でも、それだけでは足りない。子孫もそこで生きていけるかじゃないかな。なにしろ引きかえにこれまでの生活が変わるだけでなく、この半島の海や山や将来に対する主導権を、結局は他所の人たちに渡そうという話だからなあ、他の先発地でのように……とも僕は思った。

来るものと失うもの

木村さんと別れて沼の北岸を歩いてみた。北岸はかなり広い段丘面で、畑にはトウモロコシが実をつけている。しばらくして沼に網があるのに気づいた。岸から沖に向かって二ヒロほどの垣網がたくさん張ってある。何の網だろう。尾駮橋の付近に住んでいる中村正一さんが教えてくれた。イサダというエビの胴網だったのである。

中村さんが子供の頃から使っている網で、岸にそって回遊するエビが、垣網に導かれてひとりでに胴の中に入るのである。エビはカマボコにして食べたという。しかし今は金になるので、漁協が集めて秋田方面に出荷している。エビ漁は七月から九月にかけてだという。九月から三月まではエビの産卵生育期で、禁漁になっている。

ふいに中村さんはエビ胴網を上げにいこうと僕を誘った。日曜日なのを思い出し、今日は出荷できないんでしょうといったが、かまわん、エビ食っていけ、という。奥さんはさっさと腰までの長靴や、タオル、ジャンバーまで用意してくれている。お言葉に甘えて平田舟に乗って出かけた。

波はない。だが舟のオモテのタナ（側板）に当たった水を被る。風も冷たい。ジャンバーがありがたかった。

「尾駮の田はあの方にあるんだよ」

と、中村さんは西岸の方を指した。そういえば村の周囲で水田は見なかった。中村さんは戦前は水田をあまり持っていなかったこと、ようやく最近二町以上の田が持てたこと、そしてこの平田舟で稲や肥料を運ぶことなど

尾駮沼の小エビ漁。六ヶ所村尾駮

を話してくれた。

エビはあまりかかっていなかった。でも五つの網を上げるとバケツに三分目ほどはたまった。エビ網は村の規定で一人五枚までしか持てない。帰ると奥さんがすぐに油で揚げて出してくれた。その新鮮なエビを食べ、熱いお茶を飲みながら、中村さんもいろんな話をしてくれる。

中村さんは肉牛を五頭飼っているという。馬はいまは飼っていないが、戦前は軍馬として売れたので、どの家でも一、二頭はいたらしい。

もともとこの地方は古くからの駿馬《しゅんめ》の産地であった。菅江真澄《すがえますみ》の紀行文にも尾駮の牧《まき》の名が出ており、尾駮の地名も、尾のまだらな駿馬を産したことによると記されている。『南部邦内郷村誌』によって幕末のころのようすを見ても尾駮の馬七七匹とあるが牛はでていず、当時の戸数二五軒とあるから、一戸三頭余平均の馬を飼っていたことになる。それが明治の頃から牛が多くなり。戦前には

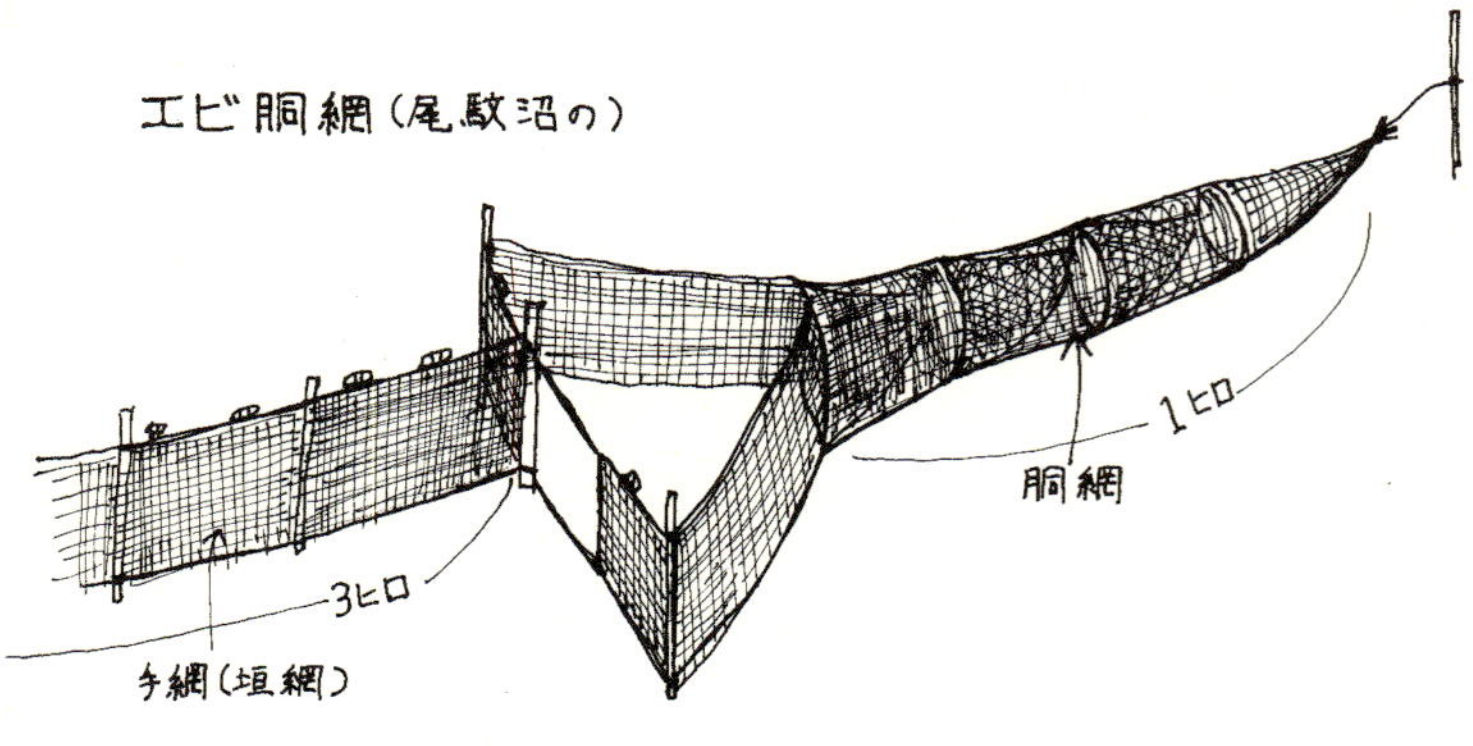

二頭から三頭くらいも飼うようになっている。

すべて肉牛であったという。冬は家の中の馬屋《まや》で飼い、春から秋の間は放牧していた。牧《まき》は尾駮沼から鷹架沼までの間であったが、九月末になると高牧に移す。高牧には柴が多く、柴をくぐってきた牛は手入れしたようにきれいになるからであった。尾駮の牛は七戸の市でも高い値がついたという。昭和三十四年（一九五九）、牧が自衛隊の基地になるまでの話である。

話はまたひとりでに開発のことになった。中村さんは四町五反（四・五ヘクタール）の田畑のうち一町二反を公社に売ったといった。そしてその金で代替地を買った。漁が振わなくなって以来、少しずつ田や畑を拓き増してきた中村さんには、代替地を買わずにいられなかったのであろう。そういう中村さんでも、

「クロ（畔《あぜ》）一本売ってもいくらだ、という気持になってしまった。土地を耕して子供を育ててやるのだ！　そういう気持、働きぬく気持がなくなったのが痛い」

という。公害よりももっと恐いのは、まさにそれなんだなと僕も思った。

エビは中村さんの心がこもっているようで美味であった。が、もう一つ愉快な気持になれなかった。

菅江真澄の『をふちのまき』挿図の尾駮沼。所蔵・辻家
複写・須藤　功

霧雨の中の白糠《しらぬか》

白糠の舟

白糠は六月には通りすごした。そこで八月の時には二、三日腰をおちつけてみようと思った。

泊から白糠までの道路は海岸沿いの山の中を通っている。バスの通る道なので広い。白糠の人が泊街道と呼ぶこの道路が昭和の初期につけられるまでは、泊と白糠の間に車の通る道はなく、磯を伝い、山に登り、また磯に下りてという大変険しい道であった。寛政五年（一七九四）ここを通った菅江真澄も、波が引いている間に越える磯辺の道のことや、雲を踏むように高い山際にかけられた柴の橋を越えてゆく様を書いている。

峠から歩いて四十分もいった頃、前方に視界がひらけた。右手の方にぐっとせり出した尾根の上に白い灯台が見える。真正面は長い海岸線に白い波が次々と寄せ、海岸段丘の上に白糠と老部《おいっぺ》の家並みも見えた。ずっと向こうの方に海にせりだしている山は尻屋《しっかり》、尻労の方の山であろう。

途中でバス道を離れ、草の尾根の道をたどって灯台に立ち寄ってみた。ここもまた眺めはいい。足元は海に切れこみ、そこに落差の激しい波がぶつかってくる。

泊の漁業区はこの白糠灯台までである。焼山からこの灯台までずっと荒磯であるから、泊は実にいい磯物の漁場を持っていることになる。それにくらべて灯台の北、

白糠漁港。東通村

白糠の方の海には磯らしいものは見えない。ずっと砂浜が続いている。ウニ漁やアワビ漁は白糠ではさほどやられていないのだろう。

座って休んでいると動力漁船が灯台のそばに近づいてきた。先程からその舟は沖の方で行きつもどりつしている。多分舟で釣り糸を引きまわし、カレイやヒラメを釣っているのであろう。近くなってくると一人でやっているのだと分かる。舟のスピーカーから風に乗って、聞きなれた演歌がボリューム一杯に聞こえてきた。

白糠に着くと港にいった。コンクリートで築かれた舟置場には数隻のチャッカ船（動力船）が上げてあり、そこから四、五〇メートルほどの崖の下にも四、五杯の舟が上がっている。いずれも集魚灯用の電線が張ってあるところを見るとイカツキ舟のはずである。が、一向に沖に出ているようには見えない。八月といえばイカの漁期である。これは後で分かったことだが、今年はイカは不漁の年で、白糠ではほとんどの人がイカ漁を控えていたのである。

市場のところで小さなチャッカ船が網を陸に上げていた。いってみるとカレイとヒラメの刺し網を揚げてきたのだという。陸に上げつつ網についた藻を落している。藻はかなりびっしりついている。海がシケた時に網を張っても、藻が網にかかってしまって魚は全然かからないと沖縄の漁師から聞いたことがある。しかもそうしてひっかかってしまった藻は手でとっていくよりしかたがない。小さな女の子二人も根気よく手伝っていた。僕はかつての田の草とりを思い出した。

図面をとっておこうと舟置場の方にもどると、小学生くらいの子供が三人で磯舟をおろしているところであった。普通の磯舟にくらべるとかなり小さい。まさに子供用の磯舟なのだろう。見ていると巧みに車ガイを漕いでいる。車ガイというのは要するにオール式に漕ぐのである。このように小さな時から、海に親しんでいなければだめなんだろうなと思いながら舟のスケッチにとりかかった。

チャッカ船を除くと、白糠の浜には二通りの舟がある。一つは泊と同じほどの大きさの磯舟であり、もう一つは

白糠漁港で遊ぶ子どもたち。東通村

船敷にムダマを用いず、杉板をあわせた船敷の舟である。後者は白糠では四枚パギと呼んでいる。

白糠の磯舟と泊の磯舟は大きさや形はよく似たものであった。ただし水押《みおし》（船首材）とその立ち具合は明らかに異なっている。泊の磯舟にはかなり大きな水押がついているのに、白糠の磯舟には泊のような水押はなく、水押は小さく薄いものになって内側にひっこみ、それをはさんだタナ（側板）同士がへさきのところで直接合わさったような作りである。そしてその立ち具合も、泊の磯舟が丸味を帯びながらも立っているのに対し、白糠の磯舟の方はずっと水押が前に寝ていて、角度でいえば四〇度ほどである。

この船首の違いはどういうことだろう。各々の海に適した形といえばそれまでなのであろうが、こういう問題はいろいろな所でぶつかっている。それがいまだにすっきり分からないでいるのだが、実のところその海にいる漁師に聞いてもよくは分からないのである。しかし、この場合はこんなことはいえるかと思う。

この地方の磯舟は主にアワビ漁に用いられている。そして泊の漁区は白糠灯台から南であり、海には多くの露出した岩がある。泊の太く丈夫な水押は多分そういう岩に当っても安心して漁ができるのであろう。それに水押が立っているので、見通しもよく、多少なりともへさきの上下動が少なくて、隠れた暗礁にも乗り上げにくいのではないかと思う。

では白糠の磯舟はなぜそうなっていないのだろう。通りがかった伊勢田寛美さんという漁師が、「白糠のアワ

ビの漁場は遠い」と教えてくれたことがヒントになった。

舳先《へさき》の寝ている舟は一般に水によく乗り、波に強い。それだけ早いわけである。白糠の磯漁の漁場はずっと北の小田野沢の沖合、つまり白糠、老部《おいっぺ》、小田野沢の入会《いりあい》漁業区である。距離でいえば一〇キロ近い。しかも泊の磯とくらべて、そこはかなり深い水中である。そういう条件の違いが白糠の舟にがんじょうさよりも航海性能の良さを求めているのであろう。

伊勢田さんの話では昔の白糠の磯舟のムダマは泊のムダマより二尺は長かったということである。泊のムダマは平均一四尺から一五尺（四・五メートル）だが白糠のは一七尺（五メートル強）はあったという。一つには磯が深くて六間（一一メートル）ものアワビ竿を積む必要があったことにもよるのであろうが、やはり何よりも海のしける南風が吹いてきた時に、大きければそれだけ安全で早く帰れたからである。

「白糠の漁は細く長い」

磯舟の図面をとり終わらないうちに雨になった。しばらくの間は傘を図面の上にかぶせてがんばってみたが、ぬれた体に風が吹きつけて、とても寒くてたまらない。もう薄暗くなっていたが、とうとう伊勢田さんの家に逃げこんだ。仕事が終われば一服しにこいよ、という言葉に甘えたのである。

「今までやってたの」

と伊勢田さんはびっくりした様子であったが、それでも快く迎えてくれた。八月というのにストーブの火が何よりありがたい。

伊勢田さんは小学生になる子供さんと奥さんとの三人暮らし。高校生になる娘さんは田名部《たなぶ》の高校にはいり、田名部で下宿しているという。奥さんのすすめてくれるお茶を飲み、ストーブにあたっていると、ようやく体もあったまり、かじかんだ指先ももとにもどった。その間も伊勢田さんは舟のことや漁の話をしてくれた。

「白糠は米のまったくとれない村だよ。老部にいけば山は遠いけど、白糠はすぐ後は山だし。明治時代には老部の向こうの赤川や小田野沢の方までいって作っていた人たちもあったとは聞いているが。まあ、稗は作っていたけれども、それも多くはなかったのせ。だから漁が専門だったな。

昔はどこの家でも四枚パギを持ってたもんせ。それでコンブとったもんだ。いまでもコンブ専門にたいていの家で持ってるよ。年に何回か使うだけで、あとは舟小屋にしまってるな。コンブは巾の狭い磯舟じゃあ積みきれないから、大きい四枚パギでなければだめだからな。四枚パギで夏イカを獲っていた時もあったが、すぐ機械船にかわってしまった」

白糠のコンブは天然物である。実入りがよく、肉が厚くて、東京の佃煮加工のコンブはここのものを持っていくという。だが、毎年採れるわけではない。主に二年コンブをとるという。二年になると長さ五ヒロくらいのものも珍しくないそうだ。大間《おおま》の方のコンブはことはかなり質が違って、巾が広く、肉が薄いが、かわりに味がたいそう良くて、値段もいい。

伊勢田さんの話では、白糠の漁業は細く長くやってきたという。つまりあまり大きな漁業に手を出さない訳である。大きい漁は当たれば利益も大きいが、はずれれば痛手も大きい。だから今でも白糠の舟は小さい。エンジンの付いた舟をこの地方ではチャッカ船と呼んでいるが、現在白糠の四五〇戸ほどのうち、チャッカ船を持っているのは七、八〇戸で、そのいずれもが二トンから五トンまでの小型の漁船だ。主にイカツキ（釣）に使われているという。その傾向は港ができてからも変わらず、イカ釣のもっともよかった頃でも、八戸や大畑の大きな船に押されて、地元の舟は片隅で漁をしているようなものであった。それでも春になればコス釣りやコオナゴ、スズキといった小魚を釣り、夏以後はスルメ一本やりで漁をしていれば、細く長く食っていけるというのである。

「チャッカ船のない人はどうやってやるんですか」と聞くと、「まあ、チャッカ船のない人だば漁師のうちには入らないから、年の収入の八割までは出稼ぎに頼っているな。今年のようにイカも不漁だば釣り子にもいけねえし。正月して出ていったら、たいていは十一月から十二月まで働いてくるのせ。主に関東方面だな。昔は出稼ぎといえば北海道のニシン場せ。明治の頃から昭和三十年（一九五五）頃まではあった。誰かれのない、正月すぎるとみんな三ヶ月ぐらいはいってきたもんせ」

野辺地まで歩いて出て北海道への船に乗ったという。結婚した翌日出た若者がいた。尋常小学校を出たばかりの子供もいた。人々の越えた冷水峠は見返り峠とも呼ばれている。

そういう話を聞いているうちにいつしか時間がすぎてしまい、結局その夜は伊勢田さんの家にやっかいになった。外は冷たい雨が降っている。まだ九時ぐらいだったが伊勢田さんは早々と床についた。翌朝は三時に起きてヒラメ釣りに出るという。僕も早々と床につき、借りてきた笹沢魯羊氏の『東通村誌』を読んでいるうちに眠ってしまった。

『東通村誌』の中にはいくつか気になることが書かれて

家族で網の手入れ。東通村白糠

あった。例えば白糠の戸数や人口の変遷である。江戸時代末期まではわずか三〇数軒ほどの家しかなかったものが、明治中頃には五六軒と増えはじめ、さっきは現在四五〇軒だと聞かされた。泊では一〇倍だったが、白糠では十数倍の増加である。この期間の日本全体の人口増加のさらに数倍近い。水田もなく、出稼ぎに頼りつづけねばならなかったという北辺の村がである。

一方村誌には明治十五年（一八八二）にはすでに一八人乗りのカツオ舟が三隻あったとあり、それが房州型の七丁櫓の舟であったことや、神奈川県三崎の九丁櫓の舟がきていたこと、また明治三十四年（一九〇一）には静岡県田子ノ浦から人を招いてカツオブシの伝習場をひらき、四十四年（一九一一）には房州から動力船がカツオを釣りにきて、大正三年（一九一四）には早くも白糠の人も動力船を入手していることなどが書かれているから、白糠も泊と同じように関東の漁師たちによってもたらされたカツオ漁でにぎわったのであろう。また明治二十九年（一八九六）にはカワサキ舟がやはり新しいイカ釣の技術をもってきている。

しかし、それにしてもである。伊勢田さんは白糠の漁は細く長くやってきたといった。そして泊ほど磯にも恵まれていない。僕にはまだつかみきれないエネルギーが、下北の海と人にはあるようだ。

シケと遭難

翌日目をさますと七時であった。茶の間に出ていくと伊勢田さんはヒラメ釣り用の潜行板の手入れをしていた。三時に起きたものの朝からの雨で、漁は休みとのことであった。外に出てみると霧雨のような雨である。伊勢田さんの家の裏はすぐ山であるが、そこに霧のようにこまかい雨が降っている。いわゆる〝ヤマセ〟であろう。高山の雨のように冷たい。

伊勢田さんの家では東北日報をとっている。朝食前にその新聞を読んでいると、ここ数日の寒気で陸奥《むつ》湾のホタテ貝が息を吹きかえしたという記事があった。陸奥湾は近年ホタテ貝の養殖でよみがえったところである。冷水でないと育たない貝で、水温が二三度を超えると危ない。ちょうど八月三日の青森のネブタ祭の頃に読んだ新聞では、陸奥湾の表面水温が二三度を超えて、養殖業者を心配させていた。しかし今度は水稲栽培への影響が心配されていると書いてある。両者成り立たずで、下北のような寒冷地で生きていくことは、実に大変なことだと思えてきた。

昨日のとり残しの磯舟の図面が気になった。四枚パギの図面にいたってはまるでとっていない。が、外は雨である。伊勢田さんの家でノートの整理をしながら、雨が止むのを待たせてもらうことにした。磯舟の図面をひろげていると伊勢田さんがのぞきこんで、

「ほう化粧板までうまく描《か》いてるな」

とほめてくれた。そして白糠では化粧板や戸立てにはカブやボタンの花を描くと教えてくれた。カブは千両カブといって縁起がよいのだという。

それから白糠、老部、小田野沢の四枚パギはいずれも同じ型だと教えてくれた。それは作る大工も同じであれ

用意した冬の薪。六ヶ所村老部川付近

ば、漁も同じだからだという。ただし、磯舟も四枚パギも、老部の舟はトモの方が白糠のものより多少上がっているという。白糠には港がある。が、老部は砂浜である。浜では舟を引き上げるために、トモから陸につけねばならない。その時にトモの低い舟であれば、水が入りやすくなるかららしい。

伊勢田さんはいろんな話をしてくれる。四枚パギのシキの曲げ方も、潮や風の話もしてくれた。

ここの漁師が一番嫌っているのは北東から吹いてくる風で、北ヤマセとかアイの風とかいう風だ。また北北西から吹いてくるアイタンバも共に波をもたらすので、アイの風が吹けば少々の漁があっても、みんな逃げだしたものだという。

シケのくる前兆も雲を見ていれば分かるという。春は朝焼けすればシケる。また乱雲が東からどんどん山の方に上がってきてもシケになる。尻屋崎にブタをつければ、これもシケる前兆となる。ブタをつけるというのは、要するに黒い雲がかぶさることで、これは三日間ぐらいシケが続くことになる。

風の話から自然話題は遭難の話になった。昭和二十二年（一九四七）に白糠灯台で二〇人乗りのイカツキ舟が遭難し、内一一人が死んだという話であった。伊勢田さんはその晩九死に一生を得た一人である。

「その夜は無風状態で、漁場は泊の沖だった。一人で五、六〇〇枚は釣ってたのせ。その時陸から火をたいて波がくるから帰港せよと合図があったので、すぐ漁を止めて帰ってたのよ。それが途中まできたら焼玉エンジンがプスッと止まったのせ。それが三〇分もかからなかったのせ。だんだん波がきて船がゆれはじめた。子供たちも乗っていたので、警戒して波に浮かされんように子供は全部船倉に入れていたわけだ。そしたらエンジンがポンとかかった。そこで白糠灯台の沖合四〇〇メートルにきた時に、とんでもねえ大波に乗せられた。船は走って走って、灯台の三〇メートル沖まで走ってしまった。あげくカジが南に切れて船は横を向いてしまったのせ。そこへ返ってきた波をがっぷりかぶって、九トンの船がけえってしまったのせ。二〇人全部落された。そこはちょうど灯台の下で、キシリという潮が北に通るとこで、波の出るとこだった。雪は降って、水は冷たい。これはもうだめだなと思って竹竿一本もってけえった船のシキを離れて泳いでいたら、灯台の裏手の陸に切れこんだとこについた。もう無我夢中でその崖を登ったな。うまく大きい波で上の方に上がっていたから助かったのせ。

助かってみるとズボンもズボン下も切れてたな。手にはハチマキにしていたフロシキをしっかりと握っているんだ。それをもって泳いでいたんだ。本当にワラをもつかむ思いだったんだな。だどもそのフロシキで、もう一人後から波に乗ってきた人につかまらせて助けることができたんだから」

昼からは少し雨が止んだのでまた舟置場にいった。そして磯舟の図面をとり終え、四枚パギを途中までとったあたりで日が暮れた。ふたたび伊勢田さんの家にいって、その夜も泊めていただくことにした。見ず知らずの者を泊めてくれ、飯も食わせてくれる。こういう人情が白糠ではまだある。それが無性にうれしく思えた。

村・板倉・正月前後

翌日起きてみると伊勢田さんはすでに漁に出たあとだった。あまり長居して迷惑はかけられない。そこで朝食をいただいて、奥さんに厚く礼をいい、浜に出て残りの図面をとり終えた。その後すぐに出発するつもりであったが、考えてみるとまだ少しも村を見ていない。少しブラブラ歩いてみることにした。

伊勢田さんに聞いた話では、白糠で古いのは下馬坂のあたりだという。下馬坂は漁協のすぐ裏である。急な坂道が段丘の上に続いている。ここでも人々は泊と同じように潮をさけて段丘の上に住んだのであろう。道の両側は切妻の家が並んでいる。そして海側の家の裏からは海が見渡せる。見おろすと今はずっと左手の海岸に防潮堤があり、そこにも家々が並んでいる。後に分家してできた家々だろう。下馬坂を反対に下りて田名部に抜ける道も両側に家が並んでいる。伊勢田さんの子供の頃には、そこらにも家はなかったという。こういう村を何か所も詳しく見ていけば、おのずとその村の成分も分かってくるはずだ。見るだけでおおよその村の歴史が分かるように、せいぜい歩かねばならないなと思う。

そういう家並から少し離れて、山側のあちこちに小さな板倉が散らばっている。伊勢田さんがまあ物置きだといって話してくれたものらしい。家が火事になっても安全なように、村から離して建ててある。そして掛軸であれ背広であれ、大切なものは全部板倉に納めておいたも

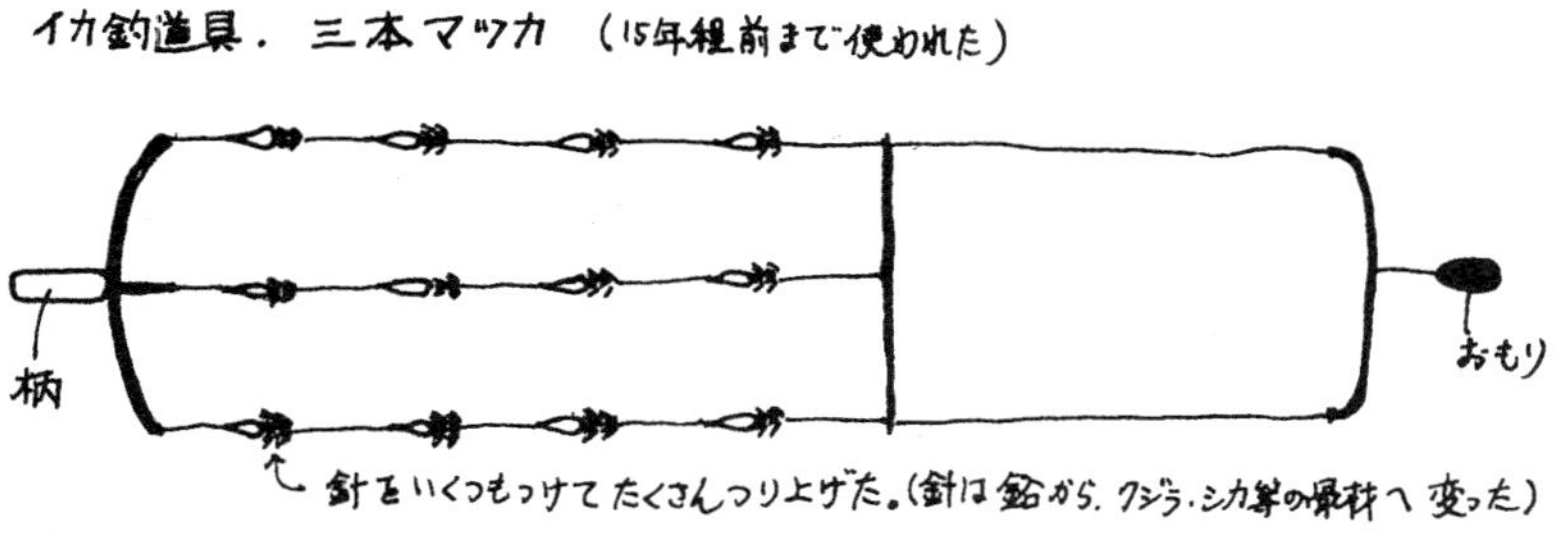

のだという。今でこそどこの家もタタミが敷いてあるが、昔はタタミも倉にしまってあって、正月とか祝いごとの日にだけ出して敷いた。だから嫁の仕事といえば、朝起きてまず板の間をみがくことであった。また倉の中には、稗と味噌は必ず入れたものだという。稗は皮さえかぶっていれば何十年でも保存できるし、それに味噌があれば食うことだけはできたからである。伊勢田さんの倉にも、八斗入りの味噌樽があるということであった。

それから僕は高倉神社にいってみることにした。下馬坂から西の山に二〇分ほど歩いた沢沿いにあるらしい。舟に関する年中行事の話に興味を持ったからである。

白糠は長らく旧正月を守っていたという。いまでも旧正月の方がにぎわう。新正月のころはイカ釣りで忙しかったからである。その旧正月の十一日には船祝いの行事がある。朝からどの家でも船や家に大漁旗を立て、高倉神社におまいりする。その時に船頭や船主たちはそれぞれ一升ずつさげて、高倉神社や港にある赤岩神社をめぐって酒を飲むという。夕方になると船頭は家におりてきて、集まってくる釣り子たちにふるまう習わしだとの話であった。

また十二月の宵待ちの話にも興味があった。その時高倉神社で権現さまの能舞いがあるというからである。権現さまというのは熊野権現のことではないか。そして紀州は古来有数の漁業地であった。だとすると房州だけでなく、さらに古く紀州とも下北半島はつながりがあったのではないか。それ以上に考えをすすめる知識はなかったが、そんな気がしたのである。後で宮本先生からそのとおりだと教えられた。

小正月の話も気になった。小正月というのは正月十五日の行事のことだが、白糠ではシゴロ（カヤ）を持って田植をする。冬なれば雪が降っている。その雪を田んぼに見立ててシゴロをさし、五穀豊穣を祈るのである。それが終わると子供たちは外にお膳を出して正月料理を食べたという。

もともと西日本では田植の儀礼であったものが、東北地方にひろがるにつれて早くなり、小正月の行事になったのだと後で教えられたが、稲のまるでない白糠の漁家で、田を植える行事というのが大変おもしろいことに思えた。背後にどんな歴史があるのだろうか。

高倉神社は思ったよりも遠かった。後方にそそり立った岩の下に、半ば埋めこむように作られている。拝殿にはカギがかかって入れない。僕の目には普通の神社としか映らなかった。漁の神様ならこんな山の奥でなく、海岸にあってもいいのにと思いながらまた道を引きかえした。

神社の木に納めた正月飾り。東通村白糠

東通《ひがしどおり》の浜と磯

シカバマの村

かつてイワシの曳網をやっていたという老部《おいっぺ》には小一時間もいなかった。イワシのこなくなった今、浜には一隻の舟も見えなかったからである。アイヌ語のオイ（群れ居る）ペチ（川）からきたという老部川を渡って、僕はまた北に向かった。道の両側は赤平といって、小老部川まで原野が続く。ところどころに小さな水の流れがあり、そのまわりに湿原があった。

赤平は戦争が終わるまで白糠と老部の共有放牧地であった。その頃は白糠でも各戸二、三頭の馬を持っていたのである。

戦争が終わり、軍馬の需要がなくなって、それを戦後拓くことになる。まず白糠と老部で二つに分け、白糠ではそれを権利を持つ約八〇軒にくじで分けた。水利のよい土地に当たった人の中には水田にする人もいたが、多くの人はバレイショを植えた。しばらくは三食のうち一食をイモで過ごす時代が続いたと伊勢田さんはいっていた。

だが今はただ原野が続いている。その原野を守るような海岸の松林が、かすかに過去を告げるだけである。そして小老部川のバス停の近くの「立入禁止」と書いた東北電力原子力発電所用地の立看板がその理由を語っている過ぎない。そばに、崩れるにまかせた廃屋があった。

小田野沢にも長くは足をとめなかった。バスの中からかなりの水田が見え、その青々とした風景が心をなごませた。いずれも大正以前は稗田であったものだという。

小田野沢の海岸は砂浜ばかりで、磯はまるで見当たらない。土地の人々がシカバマと呼ぶ浜である。小田野沢の今の集落は珍しく海に近いが、シカバマの村の多くは海から遠い。そしてそういう村はたいてい海岸に納屋をもっていた。舟や漁具を置き、漁をするための小屋である。そして納屋のある村にはイワシ網があった。

小田野沢でも今は砂浜の稲ハザばかりが目を奪うが、昭和の初めまでは盛んにイワシの曳き網が曳かれた。『東通村誌』はその起源を、〈宝暦十年（一七六〇）に田名部通りの桧山はすべて藩有とされ、村人が自由に山に入り、樹々を切ることが禁止された。生活の糧をなくした失業者の救済のために、房州の老練な漁師をやとって、海岸の村々へ漁業を指導した〉と記している。そしてサンパ船という一六人乗りの舟を使って、八月の夏イワシ、九月と十月の秋イワシ、十一月から十二月のアブライワシと、盛んに網が曳かれたという。わずかに舟小屋が三つだけ数えられた。

田代から猿ヶ森までは車で一〇分も走れば着く。その道を、砂を運ぶ大型ダンプが、すごいほこりを立てて走っている。猿ヶ森の松林の砂をとって運んでいるのだ。

その砂の採掘場の脇をすり抜けて松林に入ると、有名なヒバの埋没林があった。数百年前にこの付近には樹齢数百年のヒバ林があった。それがいつのまにか吹き寄せ

道路に面した家の前を整地する。東通村猿ヶ森

る砂に埋もれて、立ち枯れてしまったという。砂の上に顔を出したヒバの朽木が周囲の松林と相まって、一種不思議な景観をかもしだしていた。

ヒバ林をも埋めてしまうほどの砂であるから、猿ヶ森では畑をつくってもすぐに埋もれてしまった。そこで昭和五年ごろ県の援助で松の植林を始めた。近在のものが五〇〇人近くで植えても、吹きよせる砂を相手に何年もかかったという。砂でどうしようもないところは山の土を取ってきて、その上に松の苗木を植えた。それが今はみごとな松林に育っているのである。

大きく育った松に混って、地を這うように枝を伸した枝ぶりのいい松も多い。ところがその松を狙ってくる不心得者がでてきた。自家用車で一、二本持っていく者は、最初のうち村の人も見逃していたという。が、そのうち堂々とトラックで盗んでいく者が増えてきた。ついに村人たちもがまんがならず、見つけしだい警察に連絡して捕らえてもらうようになったという。

猿ヶ森は現在二十数戸の集落である。その中で七軒が古くからの家である。いずれも草葺きの家で、村の中心部に集まっている。

その日はちょうどお盆であった。その古い草葺きの家の一つで赤飯を蒸しているのを見かけた。蒸籠《せいろ》はワッパでできたもので、猿ヶ森ではクルワと呼んでいる。その家の主人は石田照道さんという人であったが、クルワの話がきっかけで、まあ赤飯を食べてからいきなさいということになり、ついつい長居となってしまった。山ブドウの葉にくるんだ赤飯を奥さんがごちそうしてくれた。

クルワと呼ぶ蒸籠《せいろ》で赤飯を蒸す。東通村猿ヶ森

そして中学生の息子さんに誘われるままに、墓参りにもついていった。

墓は村から五分も歩いたところで、木の卒塔婆が立っている。二、三基真新しい御影《みかげ》石の墓標もある。墓の入口には六地蔵がまつってあった。自分の家のご先祖様に供物をささげた後は、帰りぎわにこの地蔵さまにも手を合わせる。墓に供えられた供物は子供たちの楽しみであるらしく、待ちかねたようにとっていく。

供物にまじって、真赤なハマナスの実の数珠《じゅず》が供えられている墓がある。六地蔵の首にもかけてある。ハマナスの実はたいそううまいものだという。とくに茎についたまま真赤に染まる秋ハマナスはヨメやムコには食わせるなというほどだという。昔はどの家の墓にもハマナスは飾られていた。それが、砂丘が防衛庁の弾道試験場になってとることができなくなったという。

砂丘が弾道試験場になったためできなくなったものには漁業もある。かつてはここでもイワシの地曳網があった。四枚パギを共同で作り、共同で網を曳いたという。船頭衆が少し多めにもらうだけで、あとの魚は平等に分けた。

イワシ網に使った四枚パギは古野牛《ふるのうし》の大工がきて作ったもので、イワシ網を積むため、小田野沢の四枚パギより何割か大きめであったという。

磯舟は各自のもので、タコ縄とかマス釣りに用いた。やはりムダマ作りで、ムダマは蒲野沢《がまのさわ》や上田代の木挽《こび》きが作っていた。それを、同じ古野牛の大工が仕上げた。磯舟ならばここでもアワビ漁をやっていたのですかと聞

墓前に供えものをして盆の墓参り。東通村猿ヶ森

くと違うという。猿ヶ森のアワビの根（漁場）はずっと沖合いで深いため、舟の上からアワビカギや棒を使って獲ることができない。それで青森のミタニという店に権利を売り、ミタニから潜りの専門家がきて獲っているだけである。

石田さんのおばあさんがおもしろい話をしてくれた。

猿ヶ森は古くは去ヶ森と書いたのだという。猿ヶ森から尻労《しっかり》に抜ける途中に千軒台《せんげんだい》というところがある。久しく猿ヶ森の牛馬の放牧地であったが、今は杉の植林がなされている。ずっと以前は猿ヶ森の人はそこに住んでいたというのである。そして大沼は外海に通じた港であって、船が出入りしてにぎやかなところであった。ところがある時津波が襲った。村人たちは難をのがれて今の尻労と猿ヶ森に移ってきた。それで去ヶ森と呼ばれたという話である。

地名の問題はさておくとしても、事実あった話と思われる。草戸千軒（広島県福山市の中世の集落遺跡）の話を思い出す。今でも千軒台を掘ると茶碗の破片が出てくるし、大鳥居も残っているとのことであった。その鳥居が古くなって倒れ、また新しく立て替える。するときまって鯨が上がったという話もしてくれた。

石田さんの息子と一緒に、その千軒台の鳥居を見にいった。大沼に下る砂利道の付近にあるということだったが、杉木立の中に埋もれて、いくら探しても分からなかった。それで大沼に下ってみた。大沼という名だが、そう大きくはない。沼の北岸に砂丘のうねりが見える。その砂丘は南は小田野沢から、北は尻労まで約一三キロも続き、長いだけでなく高さは四〇メートル、巾も一キロは陸に入っている。規模、雄大さともに鳥取の砂丘に劣らぬように思う。

防衛庁の弾道試験場ができたために、今この砂丘には日曜日以外は入ることができない。それが砂丘の観光化を妨げている。ヒバの埋没林、千軒台の話。ハマナスの実。それらを知れば人はくるだろう。尻労から猿ヶ森の間なら家族連れでも半日で楽に歩ける。かつて協力してイワシ網を持ったように、尻労にも猿ヶ森にもそういう行楽客のための施設を協力してつくる。そしてそれが新しいイワシになる。報われることの薄かったこの土地に、いつかそういう時代がこないものであろうかなどと僕は思った。

下北の知恵

尻屋《しりや》には田名部《たなぶ》から日に七本のバスが通っている。ふだんは沿線の人々しか利用しない路線であるが、夏になると灯台を訪れる若者の姿も目立つようになる。尻屋崎灯台は明治九年（一八七六）に最初の灯《ひ》がともされ、翌々年にはわが国最初の霧鐘《むしょう》が設置された。昔は遭難し漂着する船が多かったところである。

灯台から尻屋までは南に約四キロの道のりである。松林を抜け、海岸に出るのを幾度かくりかえすと、尻屋の家並が見える。たかだか四キロの道が意外に遠い。

尻屋はかつて原始共産部落として話題になった村である。アワビ、コンブなどの漁を共同で行ない、得た利益を平等に分ける。何とかみんなが生きぬくために、村人

下北半島北東部の先端近くにある尻屋集落。東通村

村のために青壮年が集い話し合う三余館。東通村尻屋

が平等を守り、力を合わせるしきたりが強かったということなのだが、戦争中は共産主義者の村と間違われ、当惑したこともあったという。

尻屋では寺の経営になるユースホステルに泊まった。夜ともなるとその二階の窓から灯台の光やイカ釣舟の漁火が眺められて美しかった。

尻屋では南谷三之丞というお年寄りに漁や舟の話を教えてもらった。なかでも三余会という、今でも続いている組織の話がおもしろかった。三余会というのは、一年の余りの冬、晴天の余りの雨の日、昼の余りの夜という

ウニ漁は集落総出で行なわれる。東通村尻屋

泊のウニ漁の磯船は杉材製。六ヶ所村

獲ってきたウニの身を取る。六ヶ所村泊

三つの余りを利用して、村の共同事業の育成、研究に励もうというもので、当時の下北部長林武造の命名によるという。村の一六歳から四二歳までの男子が加入し、造林事業や漁業などのリーダーシップを握っている。いま尻屋の海岸には見事な松林が育っているが、それも三余会の仕事だという。また、村有の杉山の造林も手がけ、いまでもアワビ、ウニ漁の口アケの日の決定など、村の重要な決定は三余会にゆだねられているという。

三余会は村の青壮年層だけで構成された一つの年齢集団である。全国各地、とくに西日本に共通して見られた若者組などの組織原理や役割などを一層強くはっきりさせたものなのだろうが、下北では女の年齢集団も生きてる。尻屋にもメラシ（一五歳から嫁にいくまで）連中、アネ（結婚してから息子の嫁をとるまで、ないし五〇歳まで）連中、バア（五〇歳以上の女性）連中などがあり、それぞれ月に何度か定まった日に寺に集まる。合図の鐘がなると、何をおいてもいかねばならない。おくれると、これに限ってケンケンガクガクの非難を浴びるという。一つには骨休みであろう。と同時に嫁は姑から、姑は嫁から解放されて、互いに羽根をのばし、うっぷんをはらすのである。昔は大きな箱に食物や針道具を入れておき、鐘が鳴ればヨイショとかついで寺にいく。そして終日刺子をしながらおしゃべりをし、飲み食いを楽しんで過したという。

こういう年齢層による組織とか、平等を重んじる生産活動とかいう伝統は、別に下北だけのことではない。むしろ西日本を中心にした海岸や漁村に強い特色だと聞いている。それが下北に色濃く残っているというのがおもしろい。頼りなげな小舟でつながれた海の道は、僕が想像していたよりも、はるかに太いものであったのだろうか。

尻屋もまた磯によって生きてきた村である。そしてかつての下北の多くの村々と同じように、林業もやり、農業もやり、畜産もやってきた。それでもなお他よりも条件は厳しく、貧しかったという。江戸時代の末期から現在まで戸数は二倍にも増えていない。しかしいま、村をあげての努力が実って、漁も山も田畑も畜産も他の村のように失うことがなく、いずれも着実にのびている。海が荒れれば田畑にいく。田畑が悪ければ牛や杉が助ける。一年中仕事の切れ目がなく忙しいという。村の中に若者を多く見かけるのも、仕事があり、経済的に余裕があるから、出稼ぎの必要がないためである。

出稼ぎのない理由のひとつには、村の入口に日鉄という石灰工場があることもある。村の次男三男で、工場に働きに行く者も多い。

日鉄は桑畑山《くわはたやま》の石灰を採集している。桑畑山には七〇〇町歩の尻屋の土地があり、そのうち二一〇町歩の権利を日鉄に貸している。おもしろいのは、この七〇〇町歩の土地が村の三四軒の共有地だということである。日鉄に貸した土地の保証金も、この三四軒で分配される。現在、尻屋には四七、八戸あるが、幕末から明治にかけては村内では分家を出さず、本家株三三戸を増やさなかった。そうしなければ平等を維持することが難しく、また

桑畑山の牧場と南海岸。東通村尻屋

それくらいの戸数しか生きてゆく余地がなかったからであろう。そういう村は下北には多い。隣の岩屋もそうである。その本家株つまり当時の全戸数の平等な共有の権利が、明治の土地法によって固定されてしまい、山の権利、杉の権利として伝えられているわけである。

とはいえ、今でも尻屋の基盤は漁業である。一月から三月は岩ノリ、四月から六月はフノリ、七月から八月はコンブ、九月から十二月はタコ、イカ、スズキ、アワビ等と漁が続く。

かつてはフノリ採りは村の重要な収入であったという。月二回の大潮を利用してフノリをつんだ。一人一〇〇足のワラジをはきつぶしたほど忙しい仕事であったという。子供も小さいうちからカゴに入れて磯に連れて行き、フノリの採り方を自然に覚えさせた。子供のためのフジヅルで編んだコダシ（採集籠）も作ってあったという。もちろん各戸の生活のために採るのであるが、バア連中、アッパ（母親）連中など年齢集団によるフノリつみもあった。採ったフノリは例えばバア連中のフノリとして区別され、それがホンマチといってバア連中の小遣いになったわけである。

アワビも昔はたいそう獲れたものらしい。磯がアワビで歩けないほどだったという話だと南谷さんはいう。昔は潜ってヤスで突いて獲ったが、それでは値が安くなるのでアワビカギではいで獲るようになった。そして干して支那に出していた。今は漁協が尻屋と北海道から潜水夫を雇って計画的に獲っている。無差別に獲ると絶えてしまうからである。そうした工夫の結果今年は一万キロ

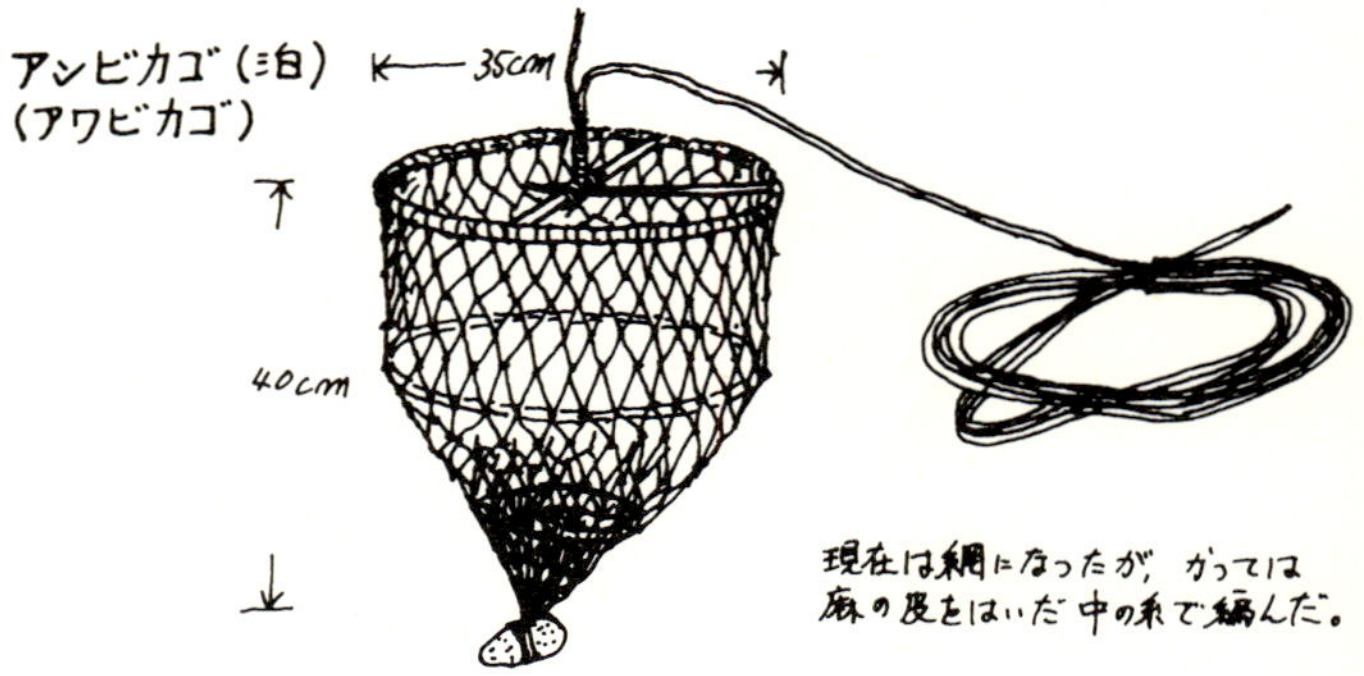

アンビカゴ（泊）
（アワビカゴ）
35cm
40cm
現在は綱になったが、かつては
麻の皮をはいだ中の糸で編んだ。

グラムの水揚げがあり、さらに毎年二〇万個の稚貝を他の浦に出すまでになった。近くは泊から、遠くは房州勝浦にまで出しているという。三余会をはじめ、村をあげての努力と研究が、この貧しかった村を豊かな村に変えたのである。

　南谷さんにはずいぶんいろんな話を聞いた。年齢集団のことも、林業のことも、牛馬の話も漁の話も聞いた。そして本当のアワビのうまさも南谷さんの家で味わった。誘われてウニ漁を見にもいった。磯で食うウニの味もまたかくべつであった。

　ウニ漁にも磯舟が使われる。形は白糠のものと大差ないがムダマが違った。尻屋の磯舟のムダマはブナやセンの木ではなくて杉材なのである。この村にブナ林はないが、杉ならば裏の山に植林したものを使えるから、他のところから買うこともない。ただし以前はカツラの木を使っていたという。尻屋は磯が悪く、漁の終わった磯舟は海岸より一段高い舟小屋まで運んで納めねばならない。そういうときに重いブナ材ではたまらない。だから軽い杉を使うのだとも聞いた。

　尻屋の人は木は自分たちで伐って出したが、ムダマには作れないという。伐るのは冬の間である。冬になると杉の葉が落ち、木の成長が止まり、固まって丈夫になるからである。

　木は目通りで周囲五尺五寸（一・六メートル強）、直径一尺五寸（四五センチ）あればよかった。木はノコで挽いて倒し、村までソリで引いてきた。それから田名部の木挽きを頼んで二つに割ってもらい、その後を野牛《のうし》や古野牛《ふるのうし》の舟大工に頼んだという。

　帰る日の朝は裏の桑畑山に登った。尻屋の村はすぐ目の下に見えた。広大な松林の中に水田も拓かれている。よく晴れた日であった。灯台の向こうには青い海が広がっていた。そしてその向こうに北海道が見えた。尻屋にもずっと以前には丸木舟があった。天明五年（一七八五）その丸木舟で漁に出て函館に流され、ふたたびその海を車ガイで漕ぎ帰ってきたという尻屋の孫四郎の話を思い出した。

夏の尻屋の納屋

大間《おおま》の海

尻屋から大間へ

尻屋からは先を急いだ。岩屋、浜関根、川代《かわだい》、大畑、木野部《きのっぷ》などには立ち寄ったが、詳しくは聞いていない。大畑まではシカバマの村々であった。そしてその後にはもう砂浜はない。山と海のせまった磯の村々である。

岩屋では浜に座ってポツンと日を浴びていた白浜七之丞という八二歳のおじいさんに会った。そしてクジラに追われてイワシが海が真っ赤になるほどきた頃の話を聞いた。

それから野牛と古野牛の舟大工の家に立ち寄ったが、いずれも客があって忙しく、舟の話は聞けなかった。

しかし、浜関根では松橋亀蔵さんという明治二十二年（一八八九）生まれのおじいさんが、心に残る話をしてくれた。六歳のとき八戸の農家の四男坊であった父とともに、番屋しかなかった浜関根にやってきて、この地に根をおろし、ふるさととするまでの長い人生の話である。誰も獲るもののなかったイサダ（小エビ）の漁を開発し、コンブ採りの手伝いをし、やがて漁業権を得、家を建て、土地を拓いた。そして大謀網をやり製材所を営むようになる。その話はまたいつかしてみたい。下北を歩いているとずいぶん多くの人がこの地に新天地を求めて移り住んできたのを知って驚く。

幸い次の川代では舟大工の堀川万太郎さんに会うことができた。明治四十三年の生まれで、大畑の造船所で修業し、二十一歳で弟子を上がってから、カワサキ舟をはじめ、主に和船を作ってきた人である。弟子上がりをした頃から作られるようになった和船と洋船のアイノコ舟の話や、老部から尻屋、岩屋と易国間《いこくま》までの北通りの浦々を、磯舟や四枚パギ作りに歩いた話、そして土地によるムダマの違いの話など僕にはヨダレの出るような話であったが、詳しいことは聞けなかった。久しく病床に臥しておられたからである。

大畑の造船所も旧盆の来客で忙しく、電話をかけただけで終わった。しかたなく木野部で磯舟の図面をとって、そのまま大間にいって泊まった。

大間の磯舟

この頃は、どこに着いてもまず港にいくのが僕の習慣になっている。大間でもすぐ港にいった。函館通いのフェリーが着いていた。積みこまれる車には、他府県ナンバーが多い。北海道までは一〇〇分。いつも目の前に浮かんでいる土地である。大間の人々は買物には、青森よりも函館に出るという。昔から下北の人たちにとっては何かにつけて青森より北海道の方が縁が深かったようである。

フェリーの着く同じ埠頭にコンブが干してあった。コンクリートとコンブの取り合わせはどうもしっくりしない。それも今年は保護のために、それまで二回とっただけだという。しかし、明治から昭和の前半までの間、大間を支えてきたのはコンブだといってもいいようだ。実

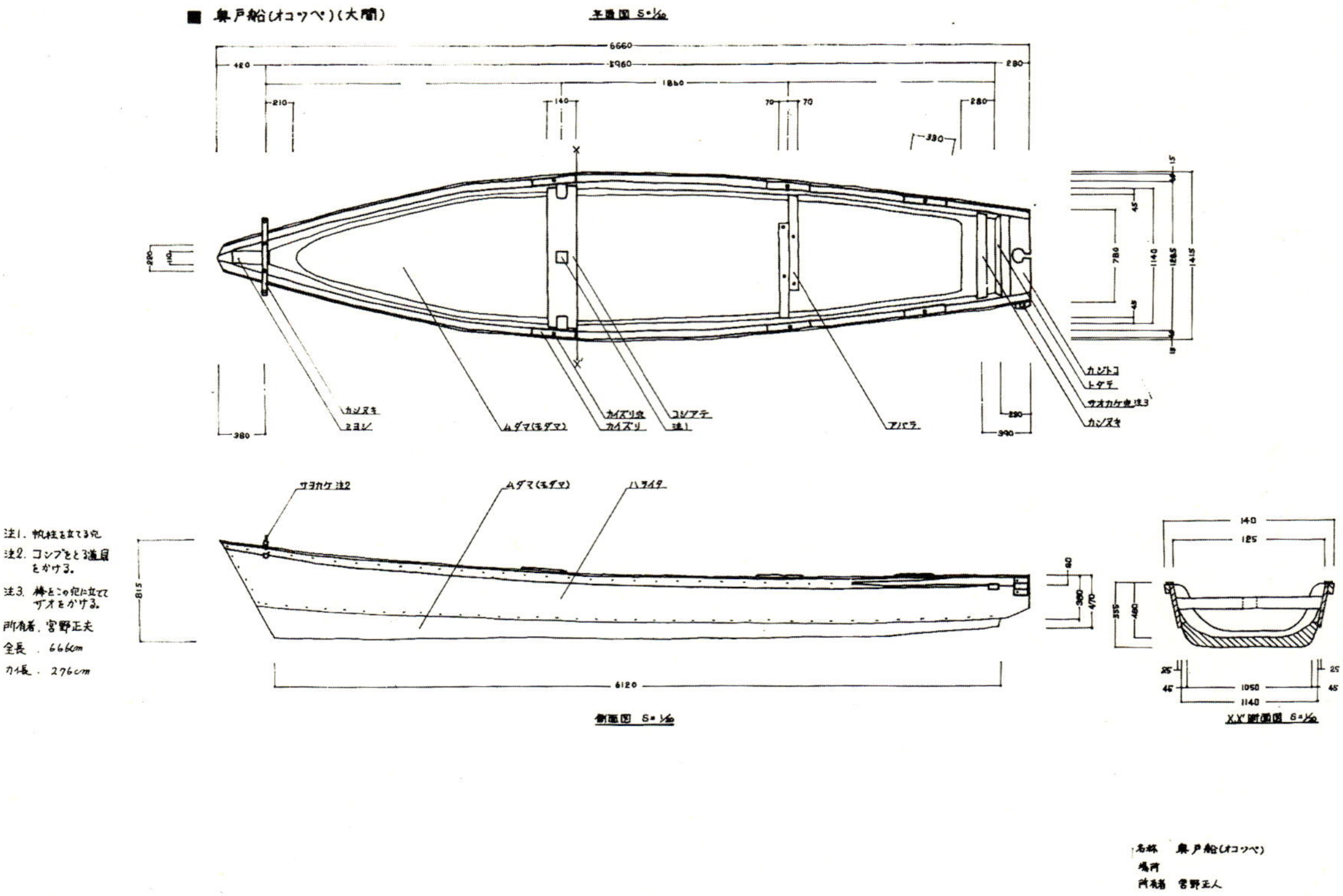

にたくさんとれたという。昭和五年（一九三〇）から九年までの漁獲高の統計をみても、コンブはアワビと並んで収量収入共に最高の価を示している。

大間のコンブは白糠などと違って、一人乗りの磯舟で採った。一人乗りといってもずっと大きい。今はほとんどの磯舟が機械を付けているが、昔は車ガイで漕いだもので、風があればコベリの上にワレ板をつけ、木綿の帆をまいて走った。『大間町町勢要覧』の大正初期の大間港の写真を見ると、三角帆をつけた磯舟の写真がのっている。今ではそういう磯舟はごく少ないが浜をたんねんにさがすといくつか残っている。

大間港の北寄りの浜で古い型に近いと思われる磯舟を見た。ずい分大きい磯舟で長さは約二〇尺（六メートル）、巾約四尺（一・二メートル）もある。白糠のものよりさらに一メートル長い。舟の付近にいた人に聞いてみるとそれでもそう大きい方ではなく、もっと古い磯舟は長さ二一尺五寸（六・五メートル）から二二尺五寸（六・八メートル）、巾四尺五寸（一・四メートル）の磯舟が普通であったという。そして風速一〇メートルを超えても耐えられるようにしてあったという。コンブ漁の村の磯舟はいずれも大きい。そういう大きな舟でなければコンブは積みきれなかったからである。

さて大間の磯舟も、もちろんムダマを用いている。それは機械船でも同じであるが、ただ舟が大きいのでムダマは一枚ではなく、左右別々に作って、蝶型の木のクサビでつないで用いている。ムダマは大間では作られず、全て易国間《いこくま》、奥戸《おこっぺ》、佐井《さい》、川内といった浦々から買ったものだという。いずれも海べりの村であるが、佐井、川内の場合はむしろその奥の山中に川目《かわめ》と畑《はた》という杣《そま》仕事に達者な二つの村があり、そこで作られたムダマを川に流して川内、佐井におろし、そこから船に積んで大間に運んだもののことらしい。

漁師が同時に杣であり、舟を作る。これは東海岸でも聞いていたことであったが、急に興味が湧いてきた。海と山、両方の技術と資源があって、はじめて漁村が成り立っていたらしい。その山の方の条件が欠けると、山の村と結びついてやっていく。そんな仕組みが見えてきたからである。僕はもう一度、ムダマを追って易国間にもどることにした。易国間は大間の東の海岸まで山の追った小さな村だ。そして、坂本さんという舟大工に会って話を聞いた。

坂本さんは他所から来た人である。だから来た当時、ムダマの切り方は知らなかった。そこで易国間の人から習ったという。易国間の人々は漁師でもあるが、ほとんどの人が山子としても生活をたてていたのだという。

舟大工が船のシキの作り方を山子から習うというのはおもしろい話である。この話からふと尻屋のことを思いだした。尻屋では野牛や古野牛の船大工にムダマを作ってもらっている。しかし、尻屋の人々も以前はムダマを自分で切っていたのではないか。尻屋だけでなく、おそらく他の下北の浦々でも同じであったろう。それが一方では、磯ものやイカなどが金になるようになり、一方では藩令で山からしめ出されて、多くの村では山子をやめ、ムダマを作る技術も失ったのではないか。そしてかろうじて、下北西岸では見覚えた舟大工にその技術が伝えられているのではないだろうか。

坂本さんの話によると易国間から西は磯舟もぐんと大きいという。東海岸ではコンブ漁には、大きな船の作りやすい四枚パギを使うようになったのに対し、西通りでは磯舟を使うためである。かつては、易国間にも大きな船があったのだが、コンブ漁が下火になるにつれ、船が小さくなったという。そしてそういう大きな磯舟のムダマは、一本木でとれないことが多い。そういう時は、真中にナカチョウという他の材をいれ、蝶合わせして大きくつくるわけである。

また、北通りでは杉のムダマを使うのに対し、易国間ではブナが最上であるという。それは海に入った時、重みがあるので帆をかけて走っても船の安定がいいからだという。ここの海が、特にそういう走航性能を要求したのである。大間の沖は潮の流れが激しく、大間の船がよく易国間あたりまで流されてきたという。

さて、かんじんのムダマの切り方はやはりいくら聞いてもよく分からない。とうとう小さな大根を大木に見たてて説明してもらったが、木挽き仕事や木地仕事の経験のない僕には、細部までは分らなかった。やはり現場で確かめる他はないようだ。

アワビと山子《やまご》

大間から西海岸を南に向かってバスで一〇分も走れば奥戸《おこっぺ》である。奥戸までの浜には屋根に石をのせた番屋が点々と見える。

奥戸は今は大間町字奥戸であるが、明治二十三年（一八九〇）に大間、奥戸が合併してできた大奥村の時代には、村役場は大間ではなくて奥戸にあった。奥戸の方が大間より古いと、村勢要覧にある。下北半島史で明治十三年（一八八〇）の奥戸と大間の戸数を見ると、大間七九軒に対し奥戸一六九軒で奥戸の方が多い。

さて奥戸もアワビ・コンブなどの磯漁とイカ漁を主にいとなんできた村であった。望月王五郎さんという明治四十二年（一九〇九）生れの人と、望月さんの大の親友だというもう少し年上の金沢市太郎さんに出会って話を聞くことができた。とくにおもしろかったのは以前アワビを網で獲ったという話である。

アワビ網がはじまったのは明治十九年（一八八六）で、発明者は奥戸の小林唯という人である。アワビ漁はタラ網を改良したもので、アバ（ウキ）を小さくして海の底に敷く。そしてアバだけを少し立てる。そうすると夜アワビが這ってその網にかかり、朝揚げにいけば獲れたものだそうである。突くよりはよく獲れるし、値段もよかったから大間にも佐井にも普及していった。しかし、アワビ網が使えるのは四月と七月の夏場が主で、冬場は寒くて網が揚げられない。それで冬の十一月から三月いっぱいまでは従来通りホコで突いて獲ったという。

望月さんは七歳の時からアワビ漁に出たという。父親は山梨から奥戸にきて学校の先生をしていた人であったから漁は知らない。そこで金沢市太郎さんの家に寝泊まりして漁を習ったのである。当時金沢さんの家には、五人乗りのアワビ網舟が六、七杯あった。舟ばかりでなく家族も多くて、金沢さんが三十代までは二二人もいたという。単に大家族というだけでなく、その中に同じ部落内や津軽の方からもらってきた子供も何人かいたからである。そういう子供たちは金沢の姓を名乗り、独立するまでは子守りをしたり漁にも出たわけである。

アワビの網入れは三人で組んだが、子供はアシマキといって重りのついた方の網を入れるだけの役で、大人はアバのついた方を海に入れ、網を揚げる役をもつ。アバマキといって、それはたいして力のいる仕事であったという。アワビが糸を食ってしまうため、糸の太い重い網を使ったからである。網を入れるのは夕方の飯の前、そして揚げるのは朝飯前の仕事であった。沖で獲ったばかりのアワビを海水で洗って食うのは「たいしてうめえ」ものであったとのことである。

奥戸はアワビが命の網であったと、望月さんは言う。

そして昔は、コンブをマンキで引くとそのコンブにアワビが一〇も二〇も付いてきたぐらい獲れた。マンキというのは、いわばクマデの刃を上に向けたようなもので、綱をつけて海底を舟で引く。昔はヒバの木のツメに材木石を重りにして、帆を打たせて引いたが、舟が機械をつけるようになると鉄でできたマンキが使われはじめた。船が馬力をあ

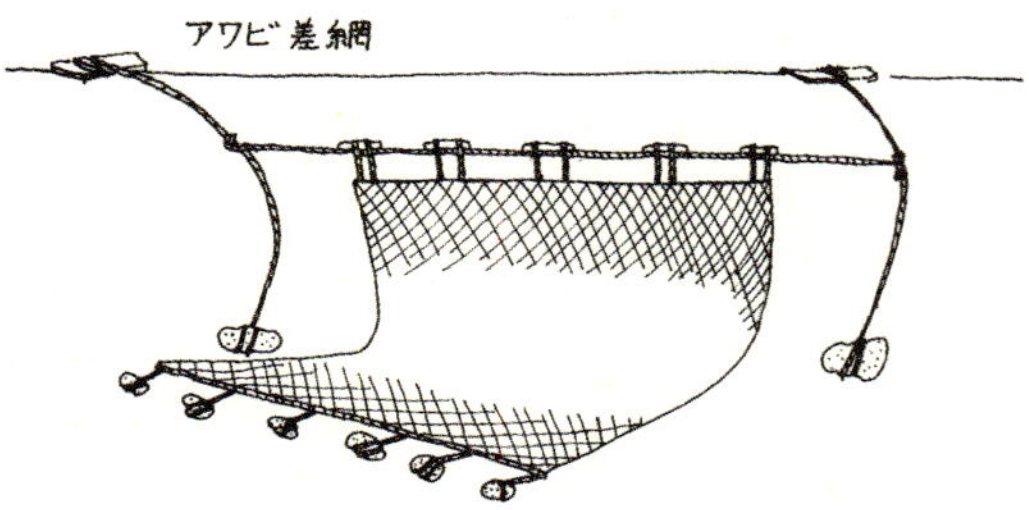

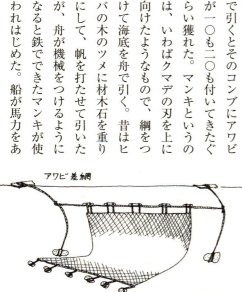

げて海底をひきまわすと大きな石でさえひきずりまわされる。つまり、アワビのスミカをくずしていくのである。アワビはすっかり減ってしまった。

「われわれ人間でいえば、大地震のようなものだもの。アワビも逃げていきますよ。自分一人大切で他の人のこ

夏の奥戸《おこっぺ》の浜。大間町

となど考えない漁師が多くなったからですかね」と望月さんはいった。

望月さんは今はやめているが、もと舟大工をしていた。しかし金沢さんの家を一七歳で出てからすぐに大工になったわけではない。独立のあとは漁をやめ、大間崎灯台をつくる人夫をやった。その工事が終わると今度は船乗りになった。最初は大奥村と佐井村の共同出資の奥佐運輸の船に乗って青森や函館に通っていたが、二年ほどして、ニシンの生買いの船に乗り北海道の西岸を廻った。そして召集を受けた。終戦で帰ってから奥戸の舟大工について修業し、以後舟大工をやっていたのである。

望月さんの話ではここの船もムダマを用いているが、ずっと以前は畑《はた》から買っていたという。畑で作られたムダマはほとんどブナ材で、川内川を利用して川内までおろし、川内からは船に乗せたりひっぱったりして奥戸までもってきた。それを奥戸の船大工がケェゴ(杉材の棚)をつけ仕上げしたのである。が、畑からくるムダマは運賃を含んでいるから高く、ムダマ一つで米が二〜三俵は買える値段であったという。そのため望月さんが二十七、八歳の頃からムダマは地元で作るようになり、畑からはこなくなったという。

山中の村である畑と海辺の村奥戸はこのようにムダマでつながっていた。が、それだけではない。石油やプロパンが普及するようになるまで、奥戸では毎年十一月になると一年分の薪を取りにいかなければならなかった。そのことを春木とりといった。ところが十一月から春にかけてはアワビ漁で忙しく人手が足りない。そこで奥戸

干しコンブで埋まった材木集落の浜。大間町

の人々がお金をだしあって、他所から春木とりの人を頼んだ。畑、脇野沢、川内などの山子をたくさん雇っていたという。そしてその薪取りにいく仲間の指揮をとる人を山頭と呼んだが、いつも畑の長太郎さんという人がなっていたという。長太郎さんは後に奥戸に住みつく。

十一月の半ばに山に入ると山子達は正月に二、三日村におりてくるだけで直ぐまた山にこもり、伐った木は四月の雪解け水を利用してだした。こうして海の村と山の村が結びつくことで互いの生活がなりたっていたのである。

奥戸からは、西海岸の浦々をたんねんに歩き、畑にも寄ってみたいと思っていたが、とうとう日数が尽きてしまった。今回はこのへんにしておこうと僕は思った。そしてのんびりと南に向かった。

いいナギの日であった。空も海もすばらしく青い。おりしも大間町最後のコンブ採りの日であった。午後になり、次々とコンブを満載した船が帰ってくるのを、僕は材木町の浜で見ていた。採ったばかりのコンブというのは実にみずみずしいものだなと思った。そのコンブが一〇〇メートル以上も続いている石ころの浜にひろげられていく。「コンブ干しには具合のいい浜ですね」と、干していた年寄りに話しかけると「いや、これは私たちが石を拾ってきて敷いたのですよ」といわれた。てっきり自然のままの浜だと思っていたのである。頭が下がった。自然は実は人間が作ってゆくものだ、と教えられたように思った。

わら人形を訪ねて

―人形道祖神論への試み―

文・写真　神野善治

大雄村藤巻のカシマ様。昭和58年（1983）5月　撮影・須藤　功

何と巨きな人形だろう

わたしがはじめて、巨大なわら製の人形に出会ったのは、昭和四十六年（一九七一）の夏、青森県三沢市の小《お》川《が》原《ら》湖《こ》民俗博物館でのことだった。広い展示室の奥に、天井に頭がつかえるようにして四メートルちかくもあろうかと思われる男女一対の人形が立てられていた。ちょうど「とおせんぼ」をするような格好に両手をひらいて、頭にはマゲを結い、ひょうきんな顔が墨で描かれ、胴長で、腰には木刀を差し、なんとなく、ただヌーッと立ちはだかっていたのである。

この旅では陸中海岸でたまたま泊めてもらった家で、以前から話に聞いていたおしら様にも出会った。この神様にまつわる話をいろいろ聞かせてもらい、あらためて東北地方にはおもしろい神様がまつられているものだと思ったところ、その数日後には巨大な人形をまつる習慣があることを知って、大いに驚き、興味をそそられたというわけである。

しかしその後特に調べもせず一年ほどたって、岩手県にこのようなわら人形をまつる行事が現存しているらしいことを知った。たまたま見ていた『岡山民俗』という岡山県の雑誌に、なぜか千葉県の人が岩手県のわら人形のことを書いているのに目がとまったのである。岩手県の湯田町白木野《しらきの》という所では現在でも毎年人形作りをしているという。見られるならばその行事を訪ねてみたいと思い、筆者の浅野明氏へ問い合わせの手紙を書いた。

すると驚いたことに、浅野氏は翌日には手紙をうけとり、その日のうちに件《くだん》のわら人形を肩車にして、わたしの仕事場に訪ねてこられたのである。当時、わたしは千葉県松戸市にある、日本観光文化研究所の民族資料収蔵庫で民具の収集整理を手伝っていた。浅野氏の家は、そこから一〇〇メートルばかりの所だったのだ。

浅野氏がかついできたのは、一メートルほどの大きさで、立派なマゲにわら製の裃《かみしも》と腰蓑《みの》、大小の刀を持つ堂々とした人形だった。そして体に不釣りあいなほど大きな男根をつけているのが何より気になってしまう、おかしなわら人形だった。

浅野氏は修験道の調査で岩手の山村を歩いているうちにこの人形に出会い、もうその行事には三年も通いつづけたそうで、人形をわれわれの収蔵庫に寄贈して下さりこの人形の故里を訪ねる旅に誘って下さった。

白木野へ

昭和四十八年（一九七三）、わたしは浅野氏に同行して岩手へ向った。盛岡の町には大粒のぼたん雪がゆっくりと、とめどもなく降りつづけていた。それでもこの年は雪が少ないので、雫石《しずくいし》から山伏峠ごえのバスで沢内の谷に入ることができると聞いて、あえて遠まわりのコースをとることにした。岩手県でも秋田県境に近いこのあたりが最も雪の多い地帯である。湯本温泉で一泊し、翌一月十九日、いよいよ目的の白木野部落を訪ねることになった。

白木野は純農家十五戸の部落。まだ大きなカヤ葺屋根も残っている。しかしそれらもすっかり雪に覆われて白

カシマ様の大わら人形。秋田県湯沢市岩崎

一色の世界だ。黒い棒杭《ぼうくい》ばかりが不規則に並んでいる雪道をたどって、人形作りの行なわれる村の集会所を訪ねた。わら束を持って村の人が集ってくると、集会所の板の間で、誰が指揮するわけでもなく思い思いに縄をないはじめ、そのうち人形の頭や手足、袢、腰蓑、わら苞《つと》、男根などを作っていく。自然に分担がきまっていくらしく、作業は実に手際がよい。わら細工が農村の人びとの生活に密着した技術だということが、その手さばきを見ているとよくわかる。そしてわら細工のさまざまな技術が人形作りの中にいろいろと生かされているのを、目を見はってながめた。

小一時間の後、完成した人形は集会所の正面に立てられ、ローソクを灯し御神酒《おみき》をあげ、一同で拍手を打って拝礼したのち、いよいよ人形送りだ。人形を肩車にした人が先頭になり、「ドドドン、ドドドン」と打ちならす太鼓がつづき、十数人の村人が雪道を村境まで行列する。十五分ばかりで村境に到着すると、大木の幹に高く人形をくくりつけ、もう一度この木の下で拝礼し御神酒をいただいて行事は一応終わる。

こうして村人は村に侵入してくる悪病をこの人形に防いでもらうことを祈るのだという。人形を送りおえて、雪の中でかわす御神酒のつめたい味が忘れられない。そのためばかりではないが、その後も白木野を何回も訪ねた。人形送りのあと集会所で行なわれる会食も楽しい。すっかりいい気分になって雪道を帰る時には、たびたび足を深みに踏みこんで、雪ダルマのようになって駅にたどりついた年もあった。

なぜわら人形を祀るのか

わら人形を作って、これを村境へ送っていくという行事は、現代では大変珍しい特異な習慣のように思えるが、実はかつての日本では広く全国的に行なわれていたのである。そのことは、柳田國男の『神送りと人形』という論文を読むことで、およそ理解することができた。

　この論文の引用例や、各地の民俗誌からわら人形の行事や信仰をひろってみると、一年を通じてさまざまの時期に人形送りが行なわれてきたこともわかってきた。

　なかでも疫病送りや虫送りのために人形送りをする所は多かったようだ。虫送りというのは、稲などの農作物につく病害虫を追い払うための行事である。農薬が発達する前には、病害虫による被害は今日のわれわれの想像を絶するほど、すさまじいものだったらしい。江戸時代の三大飢饉のひとつとされる享保十七年（一七三二）の大飢饉も、虫害がひきがねになったといわれている。

虫送りの実盛人形。愛知県祖父江町島本新田。
昭和55年（1980）7月　撮影・須藤　功

　大蔵永常が油による実質的な防除法を普及させるまで、人びとは虫送りと称して太鼓や鉦《かね》をたたいたり、松《たい》明《まつ》をかざして田のまわりを巡ったり、念仏を唱えるなどの方法以外手だてを持たなかった。そのような虫送りの方法のひとつとして、虫霊の姿を模したわら人形を作って村境へ送り出すものがあった。西日本ではこの人形をサネモリさんと称し、源平期の武将斎藤実盛《さねもり》の伝説とむすびつけて伝えている所が多い。実盛の浮かばれぬ死霊が虫霊と化して、稲田をおそうのだと考えられたからだ。

　また疫病の大流行も恐れられた。特に飢饉のあとなどに伝染病がまん延するようなことはたびたび起り、当時の人びとにはそれが悪霊のしわざに思えた。そこで悪霊を追払い、鎮《しず》めるためにさまざまな呪術的な手立てを講じた。祈禱や念仏の他に、やはり人形送りを行なうことも少なくなかった。人形は送りだされるべき悪霊の姿を模す場合もあったし、人びとが自分の身代りに病いや災いを托す形代《かたしろ》の場合もあった。今日でも盛んな三月節供の雛人形なども、その源流は流され送られる人形《ひとがた》だった。

　ここまでは従来の人形に関する文献から理解できたが、三沢や白木野で見た村境のわら人形の性格については、もうひとつわからない。その存在自体は柳田國男監修の『民俗学辞典』などでもとりあげられているが、具体的な実態については不明確な点が多い。東北地方に多いというが、どんな範囲に、どんな信仰として広がっているのか、現存する例はどれほどあるのかという疑問に答えてくれる書物は見あたらなかった。

　実は白木野を訪ねる以前に、民俗誌や報告書からの情報をもとにして、何回かわら人形を訪ねる旅に出ていた。

そのひとつは新潟県へ「ショウキ様」とよばれる人形を、またひとつは北茨城に「オオスケ人形」を訪ねたものだった。どちらもその後二年間に四、五回にわたって出かけた。執ようにこれらの土地を訪ねたのは、三沢で見たような巨大なわら人形の実態がつかめるように思えたこともあるが、人形を調べることを手がかりに、それらの土地に生きる人びとのさまざまな生活にふれられることが、何より楽しく興味深くなってきたからだった。

北茨城の大人形は幻だった

（さし絵・神野善治）

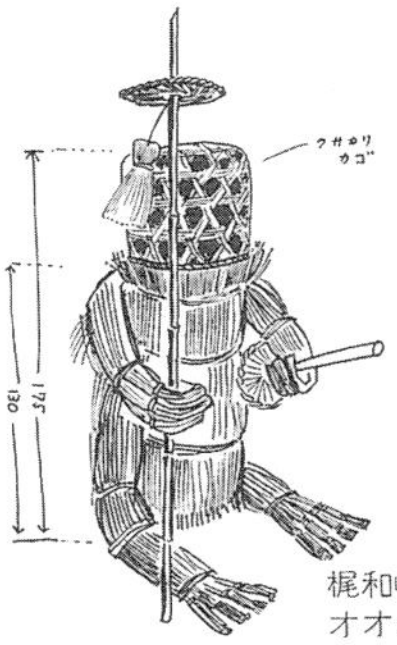

梶和崎部落のオオニンギョウ骨組

天下野《けがの》の洞《ほら》のオオスケ人形

茨城県北部に最近まで広い範囲にわたって「オオスケ人形」とよばれる人形送りの行事が残っていたことを知った。とにかくわら人形をつくる行事ならば、何でも見ておきたいという気持になっていたわたしは、昭和四十七年（一九七二）十月、水戸へ向った。車中で同席した女性が、自分も子どものころオオスケ人形の行事をしたことがあるという話をしてくれて、意を強くした。

水戸から常陸《ひたち》太田に出、さらにバスを乗りついで天下野（現・水府《すいふ》村）へ向った。久慈《くじ》川の支流、山田川に沿って南北に細長く続いている谷あいの村である。ここをめざした特別な理由はなく、ただ地図を見てその地名に魅かれただけである。谷は南北に約二十キロ。まるでウナギの寝床のようだ。土地の人はこの谷間を「天下野《けがの》の洞《ほら》」とよんでいるという。北へ月居《つきおり》峠を越せば、有名な袋田《ふくろだ》の滝をへて大子《だいご》の町へ、道は福島県の棚倉《たなくら》へ通じている。

南から天下野の谷に入った所からあるきだした。松平という部落で、庭先にムシロをひろげて大きな槌で大豆の殻おとしをしているおばさんに、オオスケ人形のことを尋ねると、知ってはいるが、すでにやめて久しいという。しばらく行った国安《くにやす》では、昨年の夏には作った家があるという。人形は村はずれの「サンヤ様（二十三夜様）の塚」に送るということで、さっそくその塚を探してみると人形の残骸があった。下半分は腐りかけていたが、長さ八十センチばかりの麦わらの束は、それが確かに人形だったことがわかる形をとどめていた。

行事は毎年八月十日、もとは旧暦の七月十日の鹿島《かしま》様の祭りの日に行なわれ、この人形も「オオスケ（大助）」とよばれるほかに「鹿島様の人形」とか「鹿島様のお使い」ともいい、鹿島大明神が戦《いくさ》に出る時のお供にと作った人形だという伝承が残っている。この谷の村を順にあるいてみて、ほぼどこの部落でもやっていた行事だったことがわかったが、現在ではやめてしまった所が多い。しかし家ごとに行なわれる行事なので、今でもまもり続けている家が残っていることも確められた。

翌年の夏、再びこの地を訪ね、小田部《こたべ》と中染《なかぞめ》の両部落で行事を見ることができた。小田部では子どもたちと一緒に人形作りをしてみたり、中染では古くからの人形作りの手順をていねいに教えてもらえた。人形は八月九日の午後に作り、腹に兵糧のダンゴをつめこみ、笹竹の先に差して一晩庭先に立て、翌日子どもたちが各家から持ち出して、村はずれへ送るのである。

この種の人形作りは、千葉県香取《かとり》郡一帯でも行なわれているのを後に見ることができたが、そこでもほぼ同様に行なわれていた。ただ北茨城と異なるのは、素材に河原のマコモを用い、二体作って一方を鹿島、もう一方を香取の神の姿としている点である。

西日本に多い虫送りの人形行事と同様に村外へ送り出される人形であるが、家ごとに作られることや、鹿島信仰の影響をうけていることなどに、茨城から千葉にかけての特色があることがわかった。

大人形は存在していたらしいが

天下野の谷には、わたしの興味をひくものがいろいろとあった。大きなカヤ屋根のふき替え作業を見たり、こんにゃく作りや煙草《たばこ》の栽培や、有名な西ノ内和紙のこと、街道ぞいに多い馬頭観音や商人宿のことなど、人形の話を発端に、この狭い谷間の村のいろいろな生活のたてかたに教わることが多かった。

宿の御主人の話も心に残るものだった。昔この谷はこんにゃくや煙草や和紙を扱う商人や馬方が往来し、天下野宿には楮《こうぞ》市も立ったという。往来する人びとを相手にした茶屋などもあり、この宿にも昔は五、六人の酌とり女がいた。彼女らは文字を知らなかった。御主人が小学生のころ、その女たちのひとりから熱心に頼まれて字を教えたことがあった。身をのりだすように教科書を見ていた女の顔を今でも思い出すという。昭和はじめごろの話である。

またここには、東西の山の上に東金砂《かなさ》、西金砂という二つの古い神社があり、なんと祭礼は七三年に一回行なわれるという。五〇〇余人の大行列をくんで、一週間がかりで水木《みずき》浜（日立市）まで往復する磯出祭が行事の中心になるそうだ。この大祭礼とは別に、七年ごとに小祭礼があり、来年（昭和四十八年）がそれにあたるという。そこで、また三月の祭礼を目的に天下野を訪ねた。

いろいろな興味にひかれて何度かこの谷に足を運んでいるうちに、わたしにはひとつの期待があった。それは最初の目的のオオスケ人形とは別に、この谷での村境に巨大なわら人形を立てていたという話があったからだ。祭礼には天下野のすべての部落から大勢の人びとが集

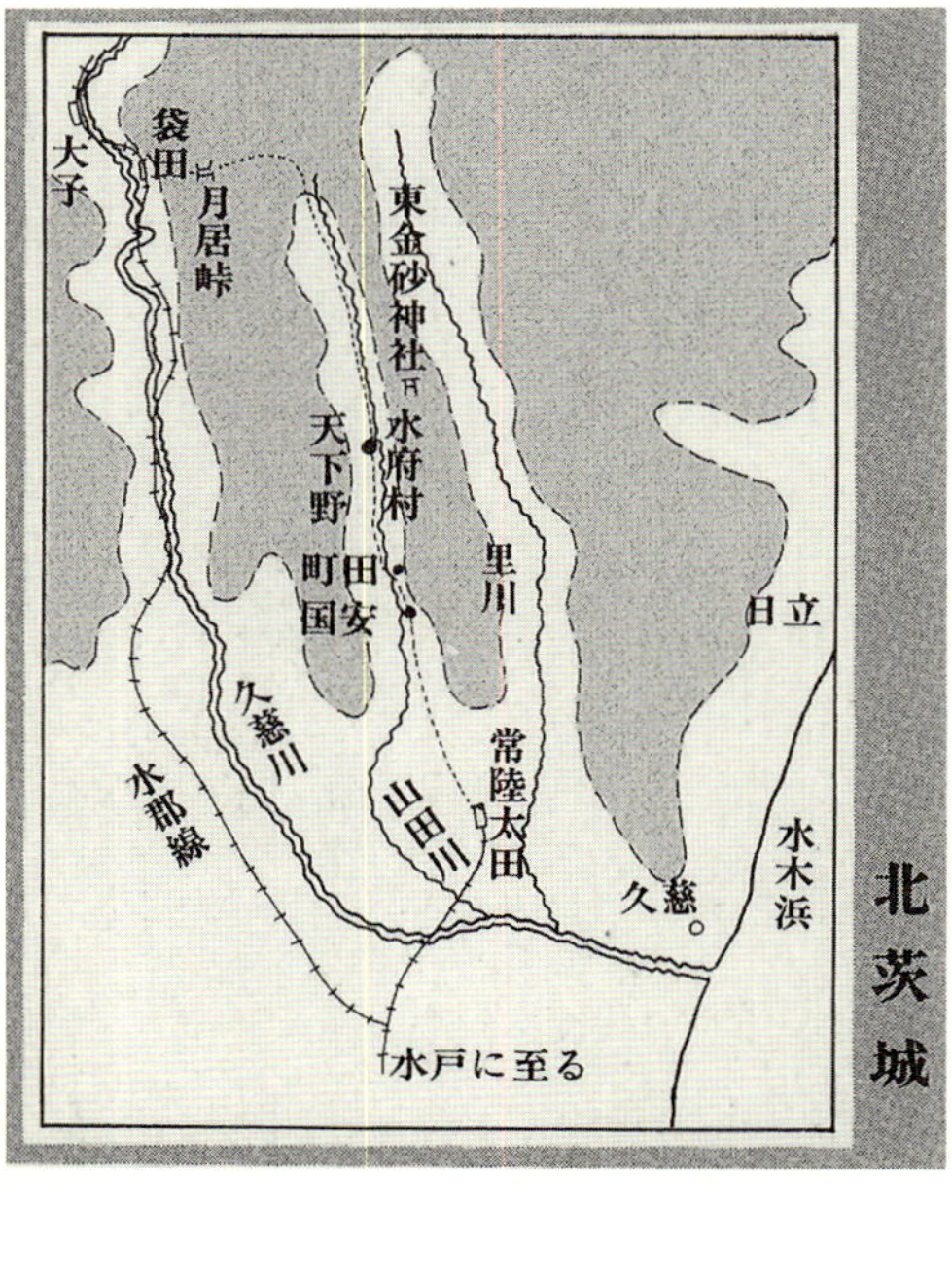

まり、地区ごとに山車を曳く。各地区のたまり場を順に走りまわって、大人形のことを聞いてまわった結果、人形が比較的最近まであったことは確からしい。

この地方で坪とよんでいる小字ごとに共同で、三メートル余りの麦わら製の人形を毎年作って立てたそうだ。オオスケ人形の行事の十日後、旧暦の七月二十日にこの「オオ人形」は作られ、一年おきに男女の人形を作りかえた部落もあった。街道ぞいに立てられた人形は、前を通る馬を驚かせたという。

あるいは今も立っているかもしれないという場所を何か所も教わってひとつひとつ訪ねてみたが見ることができなかった。「確かにあそこには立っているはずだ」と言う老人に案内され、喜んでついていった所にも人形の姿はなく、数年前にやめたという近所の人の話を聞くばかりだった。

結局、北茨城では大人形を見ることができなかった。しかしわたしが訪ねなかった別の谷間の村や、奥久慈の山の村のどこかに、幻の大人形は残っているのではないかと思えてならなかった。

ともかく、この地方にも巨大なわら人形の民俗の存在を確認できただけでも一応の成果だと考えることにしたが、現物を見られなかったのはやはり心残りだった。

霞ヶ浦の畔には現存していた

ところが、同じ茨城県内でもずっと南の霞ヶ浦のほとりの石岡市井関《いせき》に大人形が現存するかもしれないという情報を得て、さっそく出かけた。今度は裏切られずに、期待どおりの大人形に出会うことができた。しかも一か所だけでなく井関地区の代田《だいた》、梶和崎《かじわざき》、長者峰《ちょうじゃみね》、古酒《ふっさき》の各小字で作られていることがわかったのである。ただ残念なのは、作って一年近くたつために、中にはすっかり形が崩れ、注意しなければ単なるわら束にしか見えないものもあったことである。わたしは各地にわら人形を訪ねるようになってから、人形作りの直後に訪ねないと完全な形での人形を見られないことを知った。わらという素材は乾燥してもろく、雨や雪にあえば腐りやすい。まして作ったその日のうちに焼いたり、川や海に渡してしまう場合には、祭りの当日以外には人形を見ることはできない。わら人形の民俗が今まであまり具体的に紹介される機会が少なかったのも、そのような理由があったからかもしれない。幸い、井関地区の人形作りは十日後の八月十八日だった。

人形は高さ一・五メートルほど。わら束を芯に青々とした杉葉を体中に差して、ライオンのたてがみのように見えるいさましい姿に仕上げられる。頭部の骨組に大きな草刈かごを逆さにして使っているものもある。槍を持たせ、桟俵《さんだわら》の乳とへそ、わら製の男根もつける。それらの先端にナスがチョコンとつけられているのがおもしろい。各小字の境にあたる峠道や道の辻に立てられ、人形作りもその場所で行なわれた。

天下野での失望があっただけに、井関で、青森の大人形に類するものに出会えたことは、ことのほかうれしかった。

雪の新潟 ショウキの 祭り

三川村熊渡のショウキサマ

怒髪天をつく大人形

北茨城をあるくのと平行して、新潟県東蒲原《かんばら》郡一帯の「ショウキ様」も訪ねていた。この人形は阿賀野《あがの》川の中流域、福島県境に近い津川町周辺に分布していて、津川町大牧にはじめて出かけたのは、昭和四十七年（一九七二）のことだった。

越後平野は収穫の秋。磐越西線の津川駅から阿賀野川に沿ってあるき、何段にも高く組んだハサに稲をかける作業などを見ながら、小一時間ほどで大牧へ着く。部落の東はずれの山の中腹に粗末な社があり、ショウキ様はその中に鎮座していた。それは両手をふりあげ、まさに怒髪天をつくといった姿で、見る者を圧倒するような巨像だった。わたしは、この種の巨大なわら人形の存在を知って以来、はじめてここで実際に生きている例を見ることができたのだった。

ショウキ様はずい分手のこんだ立派な作りで、たんにわら人形というよりも、あきらかに信仰の対象としての御神体であるようだ。それは、社の壁などに吊り下げられた沢山の奉納旗や千羽鶴、束ねられた長い女の黒髪を見ると、この像が今もこの地域の人びとの強い信仰を集めている神様であることが、さらにはっきりとわかる。

この像は毎年作りかえられるのだという。それは三月二日。わたしが行ったのは十月だから、まだしばらく先のことだが、前もってその様子を聞いておこうと、人形作りの当前《とうまえ》をしている斉藤与五郎さんの家を訪ねた。当前というのは、人形作りの世話を代々交替でしている四軒の家のことである。斉藤さん一家は、はじめて訪ねたわたしを親戚の子どもが来たように、温かくもてなしてくれた。

翌年三月、待ちかねていたショウキ様の祭りを訪ねた。この年の当前は斉藤宣さんの家で、朝八時ころから男衆が集まり、縁側には紫色の幕が張りまわされ、人形作りは座敷で行なわれた。材料のわらの大部分は村の各家から集めたものと当前が用意したものを使うが、当日、村内あるいは近くの村から雪の中を参拝に来る人びとが一束ずつ大切に紙に包み、風呂敷にくるんで持ってくるわらも使う。この束には包紙に「あたま」とか「腹」とか、自分の体の悪い所、痛い所が書かれていて、人形作りに際して人形のその部分に作りこんでもらう。そのようにしてショウキ様に病気を托すのである。このことだけみれば、よく知られている六月祓いや十二月の大祓いの形《かた》代《しろ》流しと、基本的には同じ考え方のようだ。

人形作りは、男衆たちが大勢で力を合せて行なわれるのだが、手足の指先から、男根などまですべてわらで作り、編み笠や帯、腹巻などをつけ、木刀や槍や弓矢も持たせるという手のこんだものなので、まるまる一日がか

大牧のショウキ様。新潟県津川町

りの仕事になる。はじめのうちは夢中になって写真を撮っていたわたしも、つい手伝いたくなって、同年輩の村の青年たちと縄をなったりした。二年目に訪ねた時には、そろいのハッピまで着せてもらって、この日ばかりはまるで村の若者になったような気分を味あわせてもらうことができた。

人形ができあがると、床の間の正面に据えて直会《なおらい》となり、御神酒の酔いがまわったところで、その勢いにまかせて人形を送り出す。わら人形といっても総重量百キロに及ぶかという巨体を、狭い雪道を社までかつぎあげるのだ。これが行事の最大の見どころとなる。

東蒲原一帯のショウキ群

津川町の周辺には大牧のほかにもショウキ様のわら人形をまつる村があるという。そこで、大牧を訪ねたあとそれらの村もあるいてみた。

新潟県民俗学会の横山旭三郎氏には、すでに人形作りをやめた鹿瀬《かのせ》町仙石《せんごく》や上川村武須沢入《ぶすぞうり》のショウキ様などの話もうかがうことができ、現存する人形の祭りもいつ消滅するかわからず、はやい機会に見ておかなくてはならないという一種の危機感のようなものも感じたのである。

訪ねあるいた結果、この一帯にショウキ様のわら人形をまつってきた部落が八か所あり、そのうち五か所に現存することがわかった。

これだけ例があるならば、ぜひ全部の祭りを訪ねておきたい。そうすれば、この一帯に広がっていたショウキ様とよばれるわら人形の性格を、充分とらえることができるだろう。そこで、昭和四十九年（一九七四）の一月から三月の間にたて続けに、この地域を訪ねた。一月十三日には鹿瀬町夏渡戸《なつわど》、二月二日に同町平瀬《びょうぜ》、三月二日津川町大牧（三度目）、三月八日三川村熊渡《くまわたり》、新発田《しばた》市浦、そして笹神村宮下にもかつて人形が作られたことを確かめに行った。

この冬は数年来の大雪だった。夏渡戸や平瀬へ行くために磐越西線の日出谷《ひでや》駅におりたつと、町はすっぽり雪にうずもれていた。夏渡戸も平瀬も日出谷の町からは阿賀野川をへだてた対岸にあり、ふだん村の人びとは渡船に頼っている。あるいは少し危険だが国鉄の鉄橋を渡る方法もある。

夏渡戸へは渡船に頼って行った。日出谷駅から三十分

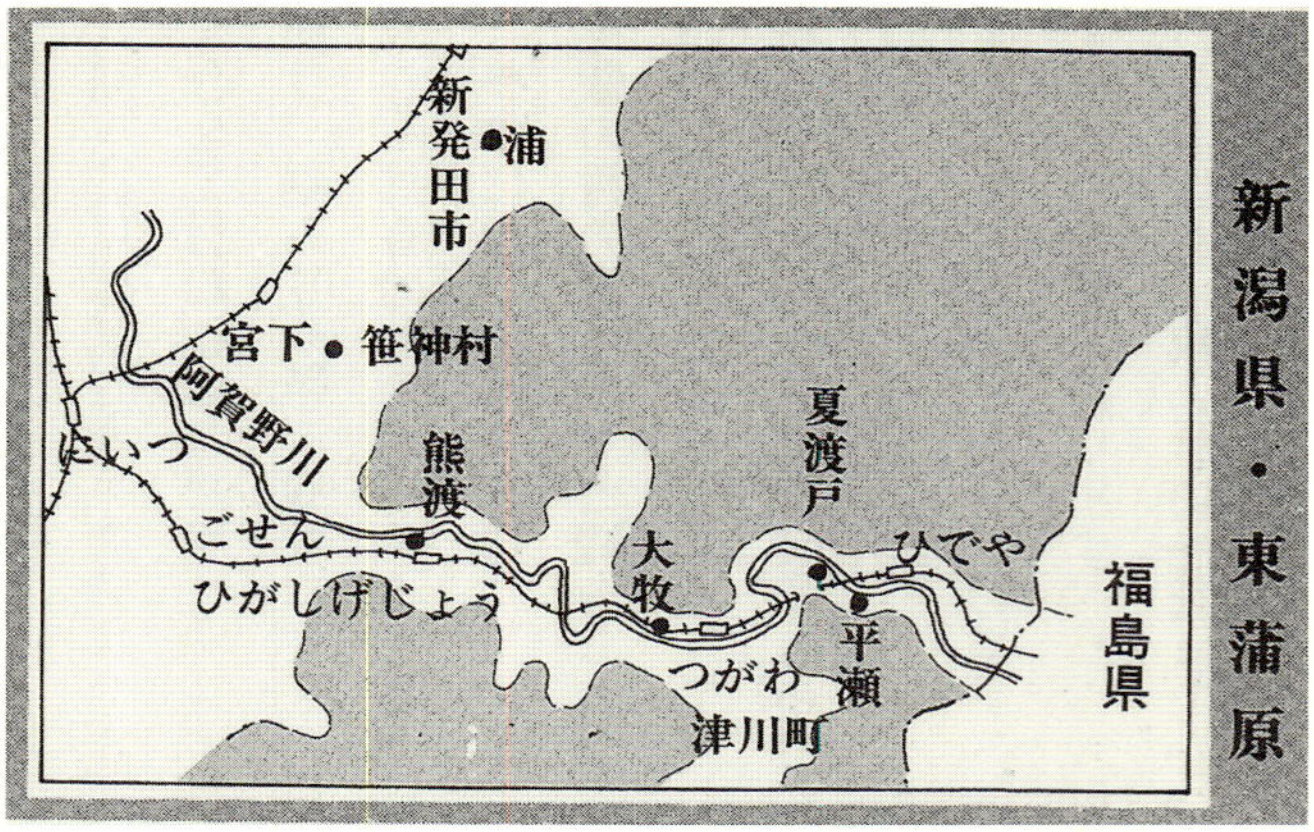

ほど雪の道をあるいて渡船場に行くと、川岸に半畳ほどの掘立小屋があって、炉には火があった。しかし船頭さんはいない。ちょうどやってきた土地の人らしいおじさんが、対岸にむけてまるで獣の鳴き声のように「ヒューイ」と叫び声をあげた。それが合図なのだろう。すぐには真似のできないような声だった。小屋の中で一緒にしばらく待つうちに川船が近づいてきた。

夏渡戸は八戸だけの小さな集落で、その上下《かみしも》の村はずれにほぼ等身大のわら人形が一体ずつ、立木に結びつけてまつってある。一方が男、他方が女の人形で、ともにショウキ様とよばれている。津川町の大牧でも、もとは男女二体作って、村の両側の入口にまつっていたとか、昔は大木に立てかけてあったといい、三川村の熊渡も大木の幹に人形をよりかけ結びつけていて、この一帯のショウキ様は今でこそ社にまつられているものがあるが、もとはみな村はずれの木に立てかけてあったものだということがわかった。

夏渡戸でも村の家々が順番にトウ（頭屋）をつとめる。この年は安藤清栄さんのお宅だった。午前八時ごろからはじめて九時半ごろには作りおえ、津川の町からやってきた太夫さん（神官）が人形に魂入れを行なう。続いて氏神さまの月山神社へ登って祈禱が行なわれ、そのまませまい社殿の中で昼ごろから直会になった。

太夫さんと飛び入りのわたしを加えて十一人が、文字通り膝をまじえてにぎやかな宴になった。この日は本来ならば厄年の人が主役なのだが、今年は村にはひとりもいないという。ところが、ちょうどわたしが二十五歳だということがわかって「こりゃちょうどいい。厄落しだ。ご利益があるよ」と盛んに飲まされることになってしまった。

夏渡戸では、一月十三日のショウキ様の祭りは、小正月の行事のひとつになっている。そういえば、人形作りをした安藤さんの家にもマユ玉を飾ってあった。そしてショウキ様は、村びとの厄災をはらいのけ、村に侵入してくる悪い病気や災難をふせぎとめてくれる神様としてまつられるのである。

他の部落では旧暦二月二日や二月八日の行事であり、ともに各地で厄病送りの行なわれる日どりであった。

直会をおえて、午後三時ごろ再び安藤さん宅に集まり、上下二手にわかれ、人形を背負って村はずれへ送る。雪が深いので輪かんじきをつけての人形送りである。そして杉の木にしばりつけて皆で手を合わせ、午後四時にはすべて終了した。

平瀬を訪ねた日も雪だった。今度は鉄橋をあるいて阿賀野川を渡った。枕木のすき間から風が吹きあげて、背すじをゾクッとさせられる。村までの約二キロ、広い雪の原を踏みあとを確めながらあるく。

平瀬は阿賀野川段丘上にひらけた二十数戸の集落であ

る。せまい土地で米もろくにできないから、昔は男はたいてい筏《いかだ》乗りをしていたそうだ。炭焼きも盛んだった。

ショウキ様は伊豆神社境内の小屋にまつられている。中央の柱にしばりつけられている様子は、かつて大木にしばっていた時代の名残りであろう。

もと庵寺と呼ばれていた公民館に午前九時ごろから十七、八人の村びとが集まり、午後二時すぎまでかかって二・五メートルもある巨大な人形を作りあげた。わらを束ねる時には大勢で声を合わせ、力を合わせる。見ているわたしにも力が入る。そのかけ声は「ナンマイダー、ナンマイダー」という念仏である。人形が完成したころ、近くの部落の百万遍祈禱に出ていて遅れてきた法印さまによって、大般若経の転読が行なわれた。転読というのは膨大なお経を全部読まずに、パラパラとめくって省略する方法である。そして、しばらくすると、「念仏踊り」がはじまる。踊りといっても型があるわけでなく、鉦《かね》のカンカンという音にあわせ「ナンマイダー」をくりかえして、せまい座敷をぐるりと踊りまわるだけのものだ。大般若経の転読といい、この念仏踊りといい、また人形を送り出すことを出棺といっていることなど、平瀬のショウキ様には何か抹香《まっこう》臭さがあるが、いずれにしても、これらにも疫病除けの意図がこめられているのである。

帰路も鉄橋を渡る。薄暗くなっても雪道は意外に明るいものだが、雪のない鉄橋は足もとが危い。一緒になった行商のおばさんの後について、手すりを頼りに渡った。数日後、この橋ではないが近くの阿賀野川の鉄橋で行商人が川へ落ちて死んだとの新聞記事を見て、ゾッとした。あのおばさんかどうかは、わからないままだった。

東蒲原一帯にショウキ様の祭りを訪ねて、これらのわら人形が村境の神であること、疫病除けのための村の守護神であることがわかった。またショウキ様とよばれてはいるが、中国の伝説に登場する鍾馗《しょうき》様の信仰と直接むすびつくものかどうかは疑問がある。第一、女の人形もあるのがおかしい。中国伝来の鍾馗信仰が先にあって、その神像をわら人形に作ったのではなく、青森や岩手や茨城のように村境の神としてわら人形をまつる習慣がこのあたりにも古くからあって、その神の恐ろしげな姿や強そうな力にふさわしい名前として、いつの時代かに、誰かがショウキという名を与えたのではないだろうか。

米代川《よねしろ》流域の人形たち

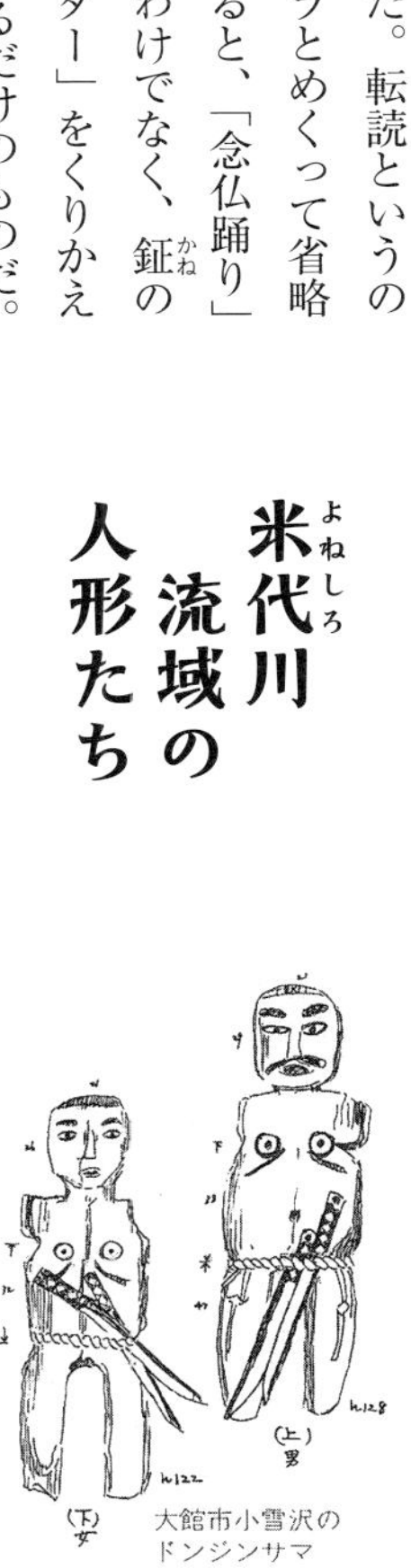

大館市小雪沢のドンシンサマ

菅江真澄の見た人形は

秋田県にわら人形を訪ねてみようと思ったのは、白木野の人形行事を案内して下さった浅野氏から、秋田県にも「ショウキ様」と呼ばれる大きな人形があることを教わったことと、そのころ興味深く読みつづけていた菅江《すがえ》真澄《ますみ》の紀行文の内容にあった。この江戸時代の旅人は、特に秋田、青森を中心に東北各地を実によくあるいていろいろなものに目をとめ、文章に記録し、またスケッチ

男女二体のニンギョウ様。家の前にくると供えものをして手を合わせる。秋田県大館市大字粕田字清水川。昭和56年（1981）6月　撮影・須藤　功（次頁も同じ）

に残している。その旅の途中で何度か村境の大きな人形を目撃し、記録しているのだった。

文化四年（一八〇七年）の『おがらの滝』という紀行文では、次のような記事とスケッチを残している。

〈小雪沢というところの関屋を越えると、道の傍に大木でもって人形を二つつくり、赤色に塗って、それに剣を持たせ武人になぞらえたものが立っていた。これを小屋に入れて草人形を作るのと同じく常民の疫病を避けるまじないとしており、春秋に作りかえたり、あるいは赤色のぬりかえなどするという〉（『菅江真澄遊覧記』平凡社・東洋文庫版による）。

小雪沢は地図でみると、大館駅より東へ十キロほどの所にある。もしかするとこの人形が今も残ってはいないだろうか。もっとも百数十年の歳月が流れているのだから、影も形もなくなっていて当然だとも思ったが、新潟でショウキ様の生々しい姿を目のあたりにしてからは、是非とも確めてみたくなった。しかし手だてがない。

そこで思いついて大館近郊の国鉄の駅長宛に書いた手紙に、返答があったのがうれしかった。問い合せた人形のことは知らないが、近々、白沢駅付近の村で人形祭りがあるという。こうなれば、ともかく行ってみなければと、数日後には大館を訪ねていた。昭和四十八年（一九七三）六月九日である。手紙によれば今日にでも祭りがある様子だった。

奥羽本線白沢駅で清水川という部落を教わり、田植えを終えたばかりの田圃を見ながらあるいた。部落の入口に小さい粗末な小屋があり、そこに人形が立てられてい

人形に供える神酒《みき》とキリタンポ。秋田県大館市大字粕田字清水川。

た。高さ一・五メートル弱。頭は木製で、手足はわらで巧妙に作られ、赤茶色に枯れた杉葉の衣で被われている。部落の反対側のはずれにも一体あって、男女一対をなしていた。男の顔は白く、女は赤く塗られている。場所は多少は違うが、真澄が見たものに大変よく似た人形が現存していたのである。祭りは翌日の六月十日だった。木製の頭部と骨組以外はこの祭りにすっかり作りかえるのである。男衆たちが半日がかりで人形作りをする様子は、岩手の白木野などの場合とよく似た雰囲気だ。わら細工のおもしろさをここでも知った。

男が「ニンギョウ様」の製作をしている間、女は家でタンポを作る。いわゆるキリタンポである。完成した人形は背中合せに担がれて、太鼓にはやされながら村の家々を廻る。家の前では女や子どもたちが待ちかまえ、人形にタンポとお神酒を供えて拝礼する。お神酒は本当に人形に飲ませるように口元へ注ぎ、粢《しとぎ》も人形がくわえるように本当に口へ押しつける。そのような習慣はもう何十年も、あるいはもっと古くから伝えられてきたのかもしれない。人形の口元がボロボロになっているのはそのためである。しかし顔の色ばかりは鮮やかに塗りかえられ、青々とした杉葉の衣が着せかえられる。人形の神は祭りのたびに生まれかわり、衰えた威力をとりもどすのだということがわかる。

祭りはきまって楽しい直会で終わる。集まった供物とお神酒で夜おそくまで宴が続く。はじめ草刈り場の割当などの相談ごとなどあってから、次第に唄が出て座がにぎやかになる。こんな時、いつも必ずいいノドを聞かせてくれる人がいるのは東方ならではのことだ。長持唄《ながもちうた》や木挽唄《こびきうた》には惚れ惚れとさせられる。「にいさんも何かやれ」と言われて、東京音頭か流行歌しか歌えないのがさびしい。料理のしめくくりは名物のキリタンポだ。鶏肉のスープがよく浸みこんだ味を苦しくなるまでたんのうさせられ、その晩はとうとう区長の佐々木悦二さん宅に泊めてもらうことになった。佐々木さんのおばあちゃんは娘時代に奥山に入ってタルマルの仕事をしたそうだ。タルマルとは樽桶の材。山中で伐木の余材から作り出し、娘たちはそれを背負って下った。ご主人の佐々木さんの子ども時分、父親は一年中、木挽として山から山を渡りあるいて、時に北海道や満洲、樺太《からふと》までも出かけ、盆正月にしか帰らなかった。それで誰が帰ってきたかわからないくらいだったという。この一帯は秋田杉の産地。山仕事が中心の村だった。

菅江真澄が描いたドンジン様（表紙カバー）の175年後。秋田県大館市茂内小雪沢。昭和57年（1982）6月　撮影・須藤　功（113頁も同じ）

清水川の祭りの翌日から、付近の村をあるきはじめた。驚いたことに各部落の入口や辻には必ずあるといってよいほど、軒並み人形がまつられているのだ。次々に発見できることに興奮してあるきまわり、白沢付近一帯で、松原、中羽立《なかはだち》、粕田《かすた》など十部落、計二十三体の人形を見た。いずれも頭部と骨組が木製で胴体、手足などをわらで作り、杉葉の衣を着せて、わらの胸あてや腰蓑をつける形式のものが多い。主に呼称は「ニンギョウ様」だが、「塞神《さえのかみ》三柱神」とか「道祖神」の旗を奉納する例が多いのが注目された。

数日後には念願の小雪沢付近を訪ねた。例の菅江真澄が人形を目撃したあたりだ。淡い期待は裏切られることなく、ここにも大変おもしろい人形が残っていたのである。白沢一帯のものと異なり全体が木製の人形、つまり木偶とでも言うべきもので、体中をベニガラで真赤に塗られたものだった。両腕のある人形もあるが、両肩にホゾ穴が残るだけで腕を失なっているものが多かった。米代川の支流、長木川の谷にそう新沢、小雪沢、大明神、二ツ屋の四部落に、計十二体が確認され、いずれも「ドンジン様」と呼ばれていた。真澄が見たように男女二神が並んで立っている所もあった。また、へその下あたりにホゾ穴のある人形の例もいくつかあった。昔は棒くいのようなものを差しこんで簡単な男のしるしにしていたそうで、子どものころ、それをひきぬいて叱られたという話をしてくれる老人に出会った。いずれも鮮やかな朱色に塗られているが、本体はかなり形が崩れていて、どれほど年をへているかわからない。菅江真澄が見た人形そのものであるかもしれないし、その後作りかえたものかもしれないが、人形をまつる習慣が連綿として受け継がれてきたことだけは確かなことだ。この人形の前に立って、日常生活の中の文化の根強さにあらためて驚かされたのだった。

雪国の人形祭りの酒と唄

同じ年の十一月、能代《のしろ》市近郊の米代川《よねしろ》ぞいにある伯父の家を基地にし、再びこの一帯の人形神を調べてあるくことにした。大館から西へ米代川を下った早川町山田に「ジンジョ様」という人形が、さらに下って二ツ井町小《こ》掛《がけ》や能代市付近には「ショウキ様」の人形がまつられているという。

ドンジン様を祀って直会をしたあと（上）、背負って（下）旧村境の祠に納める。

能代市を訪ねた晩、わたしは寝床にはいってから遠い雷鳴を聞いて、いよいよ冬の到来だと思った。晩秋の雷は「雪おこし」といわれ、大雪の前兆だと聞いていたからである。

一夜あけると、広い米代川の川原がうっすらと雪景色になっていたのが感動的だった。十一月二十二日、田代町の山田を訪ねて驚いたのは、二〇〇戸ばかりの集落の中に合計七ヵ所にも人形が立てられていたことだった。路傍の小屋の中に男女二体のわら人形の神が仲よく並んで立っている。道の辻になっているような所が多く、それぞれ山田部落内のチョウナイ（小字）の境にあたっている。

人形作りは晩の七時ごろから各チョウナイで行なわれる。わたしは赤坂と向館《むかいだて》の二か所を行ったり来たりして見せてもらった。それぞれ十人ほどが宿の家で作業をする。木製の頭部へ再び新しいわらで肉付けをし、手足をつけ衣を着せる。わらじと同様の作り方の大きな手のひらと、股間の男女の性のしるし、胸の乳房などは、大館付近の人形神ときわだってちがう特徴だ。男女のしるしを今年は誰が作るか、そのできばえはどうかなどが話題になり、必ず皆が大笑いしてにぎやかな人形作りになるが、こうした雰囲気は人形に性の特徴をつける岩手や新潟や茨城などにも共通するものだった。

ジンジョ様は夜九時半ごろ完成。顔は赤、白、黒などの絵具で鮮やかに化粧され、胸には「塞神三柱」と「久《く》那《な》斗《ど》神」の木札をさし入れ、宿の床の間にすえてその前で宴を催す。欲ばって二か所の人形作りを見ていたため、困ったことに両方の宴会からお声がかかってしまった。どうこなしたかよく覚えていないが、二つの宴会に参加して盛んに飲まされ、唄わされ、浅利益司さん宅に泊めていただいた。

翌日が「ジンジョ送り」で、午後、宿にチョウナイの人が集まる。人形の前で高砂《たかさご》、頭渡《とうわた》し、八皿《やさら》の神事などと、なかなか格式のやかましい儀式が行なわれてから、夕方まで酒宴が続き、人形が宿を出発するのは午後五時半ごろ。すっかり暗くなった道を、御幣のついた笹を持つ人を先頭に人形を担ぐ人たちが続き、チョウナイを廻る。隣のチョウナイとの境では人形を高くかかげ、太鼓の音もいっそう強くひびかせて人形を踊らせ、時には交接の態も示すかのように二体を合せたりして、最後はいつもの小屋へおさめて終る。

これで終りかというと、さにあらず。今度は次年度の宿で宴会があるという。昨晩から何度目かの「東京音頭」を唄わされ、ようやくいとまごいして帰路につくことができた。

南の九州や沖縄などでも、人びとは実によく飲みよく唄うと思ったが、こうして東北の人形の祭りを訪ねて、雪国の人びとも全くよく飲みよく唄う人たちだと、つくづく感心させられた。

山田で気付いたことのひとつは、この祭りの日どりが一年の農作業の過程と密接にかかわっていることである。現在では晩秋に一度の祭りになっているが、古くは春秋二度、人形の作りかえを行なったという。春は田植えに先立って行なわれる春田打の二日前に、そして秋は稲の刈り入れ終了の翌日に行なわれた。

つまり、春は一年の農作業の開始に先立って、これから夏にかけての健康を祈り、病気をせずに充分働けるように願い、秋にはその成就を感謝するのである。春秋の二度人形祭りをするのは大館付近の例にも多く、後に訪ねた横手盆地一帯にも多かった。小雪沢で聞いた話では、昔、人形祭りを行なった春先はちょうど山吹の花の咲くころで、この時分から悪病がはやりだすことがあったという。春秋の人形を「春人形」「秋人形」と呼びわけたり、春人形にはわらじを、秋人形には雪靴をはかせるという細かい心くばりもみられた。

伯父の家から米代川をへだてた対岸の鶴形《つるかた》でも、山田と同じように小字ごとに人形がまつられていた。村はずれと各小字の境の路傍に一体ずつ、合計六体あった。村全体の境ばかりでなく、小字の境界にも守護神の必要が感じられていたことがわかる。この人形は木の根っこを逆さに立て、目鼻をつけたものを頭にしており、根っこの先がちょうど角のように見える。これにわらで肉づけして胴体をつくり、手足をとりつけ、ケラ（蓑）を着せた

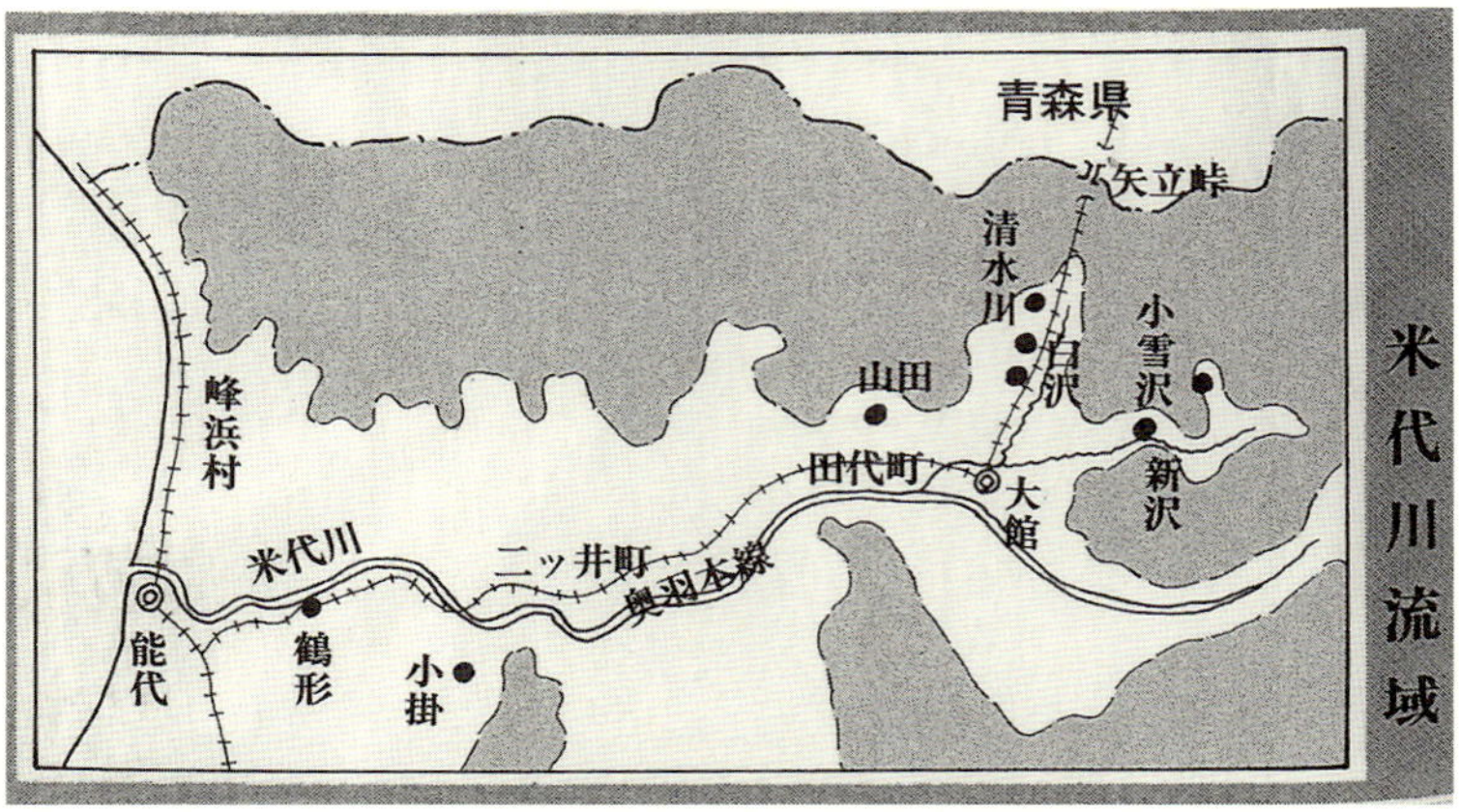

り、最近では作業服などを着せて、一見カカシを思わせる姿にこしらえるものもあった。木の根を利用した姿から、わたしは韓国で見た将軍標《チャンスン》を思い出していた。チャンスンも、朝鮮半島で広く信仰されている村境の人形神なのである。

鶴形ではちょうど秋のショウキ様の行事だった。行事は簡略化しており、人形の衣がえは行なわれなかったが、おばあさんたちの百万遍を見ることができた。そして、夕方まで鶴形の昔の話をしてくれた小林甚五郎さんの棹さす舟で米代川を渡り、夕暮の広い河原をあるいて伯父の家にもどった。数日前の雪も消え、高い雲が赤くそまった晩秋の川原には野菊が咲きみだれていた。

こうして米代川流域をあるいて、村境の大人形は必ずしもわら人形ばかりでなく、頭部や体全体を木で作ったものもあることがわかったのは収穫だった。また、能代市周辺には新潟の東蒲原とは別に、もうひとつ、ショウキ様とよばれる人形の分布地帯があることもわかった。

横手盆地を探しあるく

神山のニオウ様

田代沢のカシガ様の宴

秋田県北部につづいて同県の南部、横手盆地を中心とした地域を調べてみようと思ったのには、いくつかのヒントがあった。

まず研究所で宮本常一先生からうかがった話である。先生が東北地方を盛んにあるかれたのは、昭和二十二、三年のころ。そのころ秋田、青森地方では村境に人形を立ててあるのをよく見かけたもので、横手盆地にはそれが特に多かったというお話だった。

この話を聞く以前に、わたしは研究所の民具調査で、神崎宣武氏に同行して横手盆地を訪ねたことがあった。水ガメや貧乏徳利などの雑陶器を中心に見てあるいたのだが、横手盆地では、楢岡《ならおか》焼の水ガメなどが、わたし達のひとつの目当てだった。この旅に先だって宮本先生から「楢岡焼のカメならば、あのあたりの農家の軒下にゴロゴロしているのを見たもんじゃ」とうかがっていたので、かなり期待していったのである。ところが、残念ながらあまりなく、そういえば先生が訪ねたのは三十年ちかくも前のことだということに気付き、時の流れの激しさを思い知って神崎氏と苦笑したことを思い出す。

果して人形の民俗も同じ運命に遇っているのだろうか。

ところが、実はこの神崎氏との旅で、わたしは横手盆地の南、湯沢市から東の山中に入った皆瀬《みなせ》村長石田の路傍で、人形らしきものに出会っていたのである。それは高さ五十センチばかりの三角石にわら製の帽子をかぶせ、腰に注連縄《しめなわ》をしめて木刀を差しているものだった。顔も手足もない奇妙なものだったので通りがかりの人に聞いてみると、厄病除けの神様であるという。その時は、

1年に1度、春先に集落の人々がカシガ様の両腕や胴体をすっかり新しくする。秋田県山内村田代沢

後にこれほど人形を追いかけようとは思ってもいなかったので、詳しい話は聞かなかったが、村の上下の入口に立て、春秋の土用に衣がえをするものだということだった。わたしの見たものはかなり形が崩れていたが、後日、武田久吉氏の『農村の年中行事』という本の中に、ほぼこれと同じものと思える人形の写真が載せられているのを見て、完全な形では顔も男根もある人形であることを知った。思いおこせば、それがわたしがはじめて出会った横手盆地の人形であったわけだ。

しかしその旅では意識していなかったためか、それ以外に人形に出会うことはなかった。

別のヒントは、岩手県の白木野を訪ねた折に得られていた。人形祭りの後、浅野氏の案内で白木野からさほど遠くない秋田県境に立つ人形を見ることができたからである。これは秋田県側の山内《さんない》村田代沢《たしろざわ》の人たちにまつられている「カシガ様（カシマ様）」とよばれる巨大な人形だった。雪の丘の上に立ち、人形も頭や肩や大砲のような男根にまで雪をのせている。わらでできている部分は形が崩れているが、木製の頭部などは木目の縞模様が隈取《くまど》りのように見えて形相も恐ろしく、四メートル余りもある巨体に、薄暗い雪雲の下で不気味な迫力を持っていた。

カシガ様を作りかえる日は、村の人の都合で決めるので毎年一定ではなく、湯本温泉の小林定雄氏から連絡が入り、浅野氏とわたしは急きょ夜行列車に乗り、再び峠に登った。昭和四十八年（一九七三）四月二十日だった。

朝八時ころ、秋田県側からわら束を背負った人たちが峠に登ってきた。丘の上のカシガ様の足下に荷をひろげ、衣替えがはじまる。衣替えをオセンダクということが、おしら様の場合と同じなのが興味深い。すっかり骨組みだけになった人形に、手や足や笠などの部品が次々につけられ、人形が完成するのは正午近かった。

おばさんたちに頼まれて湯田の駅前まで買出しに行っている間に、太陽は人形の真上から後にまわってしまい、完成した人形の写真を撮るシャッターチャンスを逃してしまった。あとでみると、人形の後姿ばかりがよく撮れている。

ともかく、この巨大な人形の足下にムシロをひろげて円座になり、早春の風をうけながら、残雪の山々を眺めて酒をくみかわす。何と気持よい宴だろう。

そして、この峠をおりて横手盆地に出れば、まだ人形を立てている所があることを教わった。

実際に横手盆地をあるいてみると、意外なほど多くの村境の大人形があった。ひとつを見つけ、そこでまた情報を得て次が発見できるという具合だった。

はじめに見つけたのは湯沢市の岩崎で、この部落の北のはずれにある八幡神社境内に二体。南はずれの丘の上に一体。いずれもまるで力士を思わせるような巨体で、北の二体は立派な木彫の面をつけていた。名前はここもカシマ様だった。

カシマといえば、千葉、茨城とともに秋田でも鹿島送りの人形行事が行なわれているが、今ここに述べているのはその鹿島人形でなく村境の大人形のカシマ様である。

横手市の西、雄物《おもの》川沿いの大森町や大雄《だいゆう》村などにもカシマ様とよばれる大人形があり、ショウキ様とよばれる例もあった。さらに大曲《おおまがり》市付近でもオニオウサン、ニオウサンという例のほかにショウキ様とよぶ所があった。これまで見てきた新潟県東蒲原、秋田県能代市一帯につづいて、横手盆地にもショウキ様とよばれるわら人形の例があったのだ。

「人形道祖神」なる名称を考える

横手盆地での例をみていけば、ショウキ様もカシマ様もニオウ様もオニオウ様も、名前こそちがうが皆同じ性格を持った人形であることがわかってきた。そのように考えると、大館市付近のニンギョウ様もドンジン様もジンジョ様も、同じ仲間だということもわかってくる。

そこで、これらさまざまな名称の人形神をひとまとめにして、その共通点をあげてみると、①疫病などの災厄が村に入るのを防ぐ目的で、②村人が力を結集して作り、③村境の路傍や、村内の字ごとの境や道の辻などに立て、④一年中据えておく、⑤大きな人形である、ということだろう。

してみると、これらの人形は明らかに「境の神」としての性格をもって信仰されている。そこでこの人形群に、わたしは「人形道祖神」という名称を与えてみた。

ふつう道祖神（サエノカミ）として知られているのは、信州などで見かける石像で、男女二神が仲よく並んだほほえましい姿が多くの人びとに親しまれている。しかし、わたしが大人形を訪ねてあるいた東日本には道祖神の石像を見かけることは、まずむずかしい。いわば石造道祖神の空白地帯である。そのような所に、石造物以外のわらや木などで作った人形が立てられている。

それらの人形には呼称とは別に「道祖神」とか「塞神《さえのかみ》」の文字を書いた旗やのぼりやお札が添えられている例が多い。新潟のショウキ様にも「塞座《さよりまし》大神」のお札を配る例があった。山田のジンジョ様には「久那斗大神」の札がつけられるが、これもサエノカミの別名である。

このような神名は、いずれ近辺の神道家などの知識によって、いつの時代かに人形に与えられたもので、必ずしも昔から用いられてきたものかどうかはわからない。しかしこの神名自体は、人形の性格をよく示しているのではないだろうか。しかも、かえって逆にこれら村境の人形が、古来から伝えられてきている「道祖神（サエノカミ）」の本来の姿を解明する貴重な鍵になるのではないかと思える。そういう意味でも、あえて「人形道祖神」

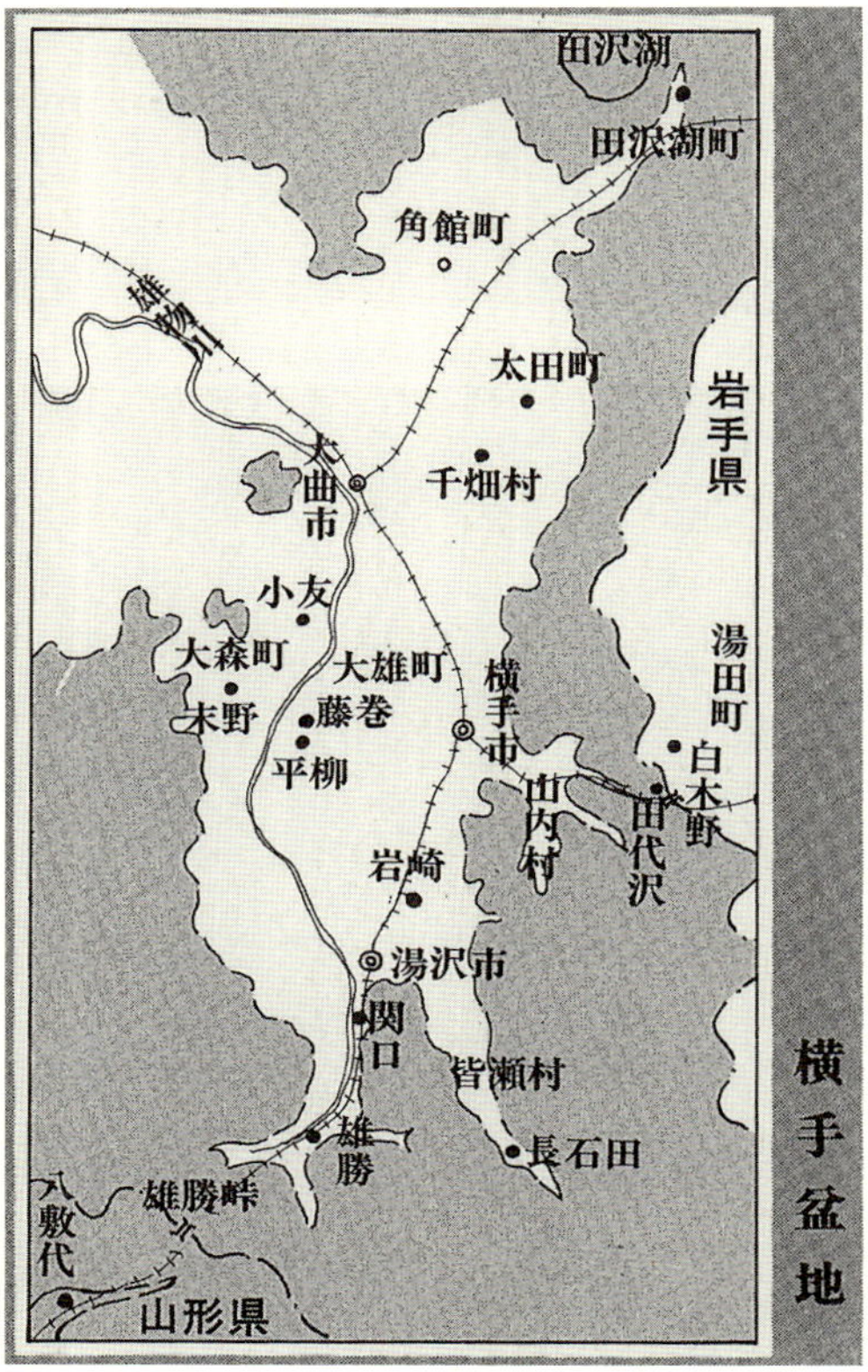

という名称を考えた。

　一方、中部地方から関東西部に密集して分布している石造の道祖神、とくに男女二神の双立像や文字碑の歴史

左の人形の紙の小旗に道祖神。秋田県大館市中羽立。右の紙の小旗には塞（賽は誤字）之神とある。同市粕田清水川。昭和56年（1981）6月　撮影・須藤　功

は意外に新しいことを知った。年号の刻まれているものは最も古いものでも、せいぜい江戸時代のはじめごろまでしか溯ることができない。確めうる例はすべて近世以降のもので、最も沢山作られた時期は文化文政期などの江戸後期である。

　しかし、江戸時代より前に道祖神がなかったかというと、そうではなくて、おそらく丸石や自然石の類がまつられていたり、村はずれや峠の大木などに境の神の存在をみとめていたのだろうと想像されるが、確実な資料は何もない。そして、ずっと古く溯った平安時代の文献に、道祖神の最古の資料とされるものが残されている。

　それは『小野宮年中行事』道饗《みちあえ》祭事に「外記庁例」としてあげられているもので、それによると、京都の町の辻々に立てられていたものであることがわかる。しかもそれは石像でなく、男女の木製の人形だった。少し長いが重要な資料なので引用し、わたしなりに読み下してみると、

『天慶元年九月一日外記記云。近日東西両京　大小路衢刻木作神　相体安置。凡厥体像髣髴大夫頭上加冠鬢辺垂纓　以丹塗身成緋衫色起居不同　逓各異貌。或所又作女形　対大夫而立之。臍下腰底刻絵陰陽。
　構几案於其前　置坏器於其上　児童猥雑　拝礼慇懃或捧幣帛或供香花。号曰岐神　又称御霊。未知何祥　時人奇之』

「天慶元年（九三八）九月一日外記に記してあることによると、最近、東西両京の大小の路傍に、木を刻んで神像を作り、相体（双体）安置したものが見られる。およ

そ、その体像は大夫が頭上に冠をいただき、鬚（鬢《びん》）のあたりに纓《えい》（冠のひも）をたれている姿を髣髴《ほうふつ》させる。丹《に》を用いて身を塗り、緋衫《ひしん》色（あかい絹のような色?）をなす。像のとる姿勢はいろいろで、それぞれ容貌は異っている。ある所では女形の像も作って大夫（男の像）に対してこれを立て、臍下腰底に陰陽の印をつけている。その前に几案（机）を構え、その上に坏器を置き、子どもたちはさわぎたて、（大人たちは）慇懃《いんぎん》に拝礼している。あるいは幣帛をたてまつり、あるいは香花を供えてあり、岐神《ふなどのかみ》と号し、また御霊《ごりょう》と称す。どのようなものであるかは祥かに知らず、時の人はこれを奇としている」

平安ごろには木偶の人形道祖神がまつられていたことがわかる。その木偶の姿が、秋田県大館市近郊で見たドンジン様の姿になんと似ていることか。まっ赤に塗られたドンジン様の神像には男女の性の特徴がしるされ、その祭りには子どもたちがさわぎ、大人たちの慇懃な儀式のやりかたまでも、平安の人形道祖神を髣髴とさせるものがあるではないか。

わたしは、このことに気付いて一人で興奮していた。道祖神の形態には、石造のもの以外にわらや木などの人形道祖神がある。このことが、石造道祖神の地域的空白をいくらかうめることができるだけでなく、石造道祖神以前の時間的空白をもうめる可能性があるのではないかと思えてきたからである。

境にあって人界を守るもの

横手盆地の北の方でおもしろく思ったのは、赤い大きな木製の面が村はずれの大木などにまつられていて、悪病除けの神様として信仰されていることである。田沢湖町付近から、角館《かくのだて》町、大曲付近の仙北《せんぼく》町、千畑《せんはた》村、太田町などで見かけることができた。

田沢湖町などでは、この面をオニオウ様とよんでいる。四角なものもあるし、木のコブをうまく利用したものもある。どれもたて六十センチよこ三十センチほどの大きなもので、人間が実際に顔につけるようなものではない。わたしは、それらの面が、かつては大きなわら人形に付けられた面ではないかと直感した。しかし土地の人は、面そのものがオニオウ様であると思っているようで、人形を作った記憶をもっている人には出会えなかった。でも、それは忘れられてしまっただけで、どこかにきっと痕跡があるにちがいない。そう思って見ると、田沢湖町相内端《あいないばた》などの面には首らしきものがついていること、「塞神」の札を面のそばに貼ってあること、そして「オニオウサマ」という名称などに気がつく。これらは横手盆地の他の大人形にも共通する要素である。

仙北村善丁坊でも木の幹に大きな面がまつられているのを見つけたが、これは何とショウキ様と呼ばれており、すぐ近くの千畑村城回《しろまわり》や八ツ目川でも同様である。いずれも地面から二、三メートルの高さに、面が見えるように入れた平たい箱が幹にしばりつけてあるが、その高さも気になった。面がとりつけられている大木は、かつて人形を立てかけた所であり、面の高さは人形の顔のあたりに相当するのではないだろうか。

あちこちで聞いてまわって、とうとう千畑村城回で、

藁衣を年ごとに新しくするのを止め、面だけガラス箱に入れて大木に掲げている。秋田県千畑町本堂城回。昭和56年（1981）6月　撮影・須藤　功

２年後に再び本堂城回を訪れてみると、面は杉の葉でおおわれ、藁衣がきちんと作られていた。

かつて人形を作った時の記念写真を見つけることができた。大曲市の伊勢堂に残る面も人形のものとわかり、すぐ隣の宮東でも面をまつると聞いて訪ねてみると、意外にも赤い面をつけ、杉葉の衣を着た三・五メートルもある巨大な人形が神社の境内に立てられていた。しかも境内の小祠にもまっ黒な面がまつられている。ここではずい分前に（十数年前とももっと前ともいうが）人形を灯明の火でうっかり焼いてしまい、面も黒こげにしてしまってから人形作りをやめ、面だけをまつっていたという。ところが数年前、村で風邪が大いに流行《はや》って、これはオニオウ様を粗末にしているからだという人がいて、それで新しく面を作り直し、人形作りも復活したそうだ。

古くからの民俗が次々と消えていくのは時代の流れで仕方のないことと、わたしは一方向だけの変化を何となく考えていた。しかし、一度消えたように見えても根強く人びとの意識の中には生きていて、再び息をふきかえすこともあるのだということを知った。

横手盆地から南へ雄勝峠を越えた山形県側の旧及位《のぞき》村にも、大きな木製の面が残されていることを知った。それは最上郡真室川《まむろがわ》町釜淵字八敷代《はっしきだい》の旧家、佐藤氏宅に保

存されている、幅三十三センチ、高さ四十八センチの大きなものだった。近所のお年寄りの話によれば、やはり昔はわら人形につけたものだそうだ。人形は毎年旧暦の四月末ころ、田植え前にヤンマイボイ（病送り）の行事として佐藤家の庭で作られた。高さ一・八メートルほどで、頭に杉葉をたくさん差した人形が完成すると、村はずれの「人形の沢」という所へ運んで立ててくる。

秋のヤンマイボイの時に人形をこわし、体のわらは燃やし、木の面は佐藤家へ持ちかえって大戸の上につけて冬を越した。人形作りをやめてからは、面は佐藤家で「大戸の神様」とよばれて、門口《かどぐち》の守り神としてまつられてきたという話だった。

最上郡一帯では今も病送りの人形が作られ、その類例と見ることもできるが、ここの例は川に流すようなことをせず、村境に立てておいたということが違っていて、むしろ秋田に多い人形道祖神の仲間が山形県北部にもあったと考えられたのだ。

それとともに、村境の守護神の面を、家の入口にまつるようになったという話は、今まで各地で見てきた人形の立て方と考え合せると、人びとの生活における「境」の意識がどんなものであったかということを教えてくれる。

村の「内」と「外」の境は、まず村域の境界である。それが峠や橋の場合もあっただろう。次に集落のとぎれる所が村はずれと意識されたと思う。さらに小字、チョウナイなどという家々のまとまりごとに境界を考え、最後に家の門口が「うち」と「よそ」の境になる。さらに家の中にも生活の場と神のまつられる棚の前に境界がある。幾重にも境の意識をもち、それぞれの境に注連を張ったり、お札を貼ったり、石神をまつったり、あるいは人形を立てたりして外界の悪いもの、好ましくないものすべてに対して精神的な防禦体制をかためたのだろう。わたしはそういう境の神として、塞《さえ》の神をとらえられると考えている。そうすれば、門口の面が塞の神の性格をうけついでいても不思議ではないし、家の神棚に、塞の神の像がまつられることもありうることになる。

さらに三次元の空間ばかりでなく、時間的な境界や、生と死の境界にも塞の神が登場することになる。賽《さい》の河原は人間界と冥界との境い目であるし、記紀に登場するフナドノカミもそのような境をつかさどる神として語られている。「道祖」の字は奈良時代にはフナドと読み、平安朝にはサエノカミと読まれていたらしく、上代以降、フナドノカミとサエノカミは同一神と考えられていたらしい。

川に流す鹿島人形。秋田県大館市茂内屋敷。昭和57年（1982）7月　撮影・須藤　功

すっかり新しくなったショウキ様に参拝。左は鹿島送りの藁舟。秋田県大森町末野。昭和56年（1981）7月　撮影・須藤　功

その岐神《ふなどのかみ》が、平安時代には男女一対の木製の人形神であったことは先に紹介したとおりである。

石造道祖神とのつなぎ目

大館市松峰のニンギョウサマ

わら人形から石造へ

秋田県では、人形道祖神と呼べるような人形神をかなり多く見ることができた。しかし気になっていながら訪ねていないものがひとつ、横手盆地に残っていた。

それは湯沢市関口の村の入口に立っているという仁王像である。ふつう仁王像といえば、寺の山門の左右で阿《あ》吽《うん》の形相でにらみをきかせている、木彫の金剛力士像を思いだす。ところが関口の場合は、村の上下の入口の道端に立ち、しかも石像であるという。大分県や宮崎県などでは、寺の入口に石造の仁王様が露天に立てられている例もあるが、村境に立てるというのは珍しい。わたしはこの石の仁王さんも、わら人形のニオウサンの同類ではないかと考えたのだ。

関口の集落は旧国道十三号ぞいにあり、その南北の入口の路傍に一体ずつ仁王像は立てられていた。高さ約二・五メートル。石仏として見れば稚拙なものだが、一応、仁王像の様式を整えていて、外敵に構えるように立つ姿は堂々としたものである。そのいかつい姿とはうらはらに、大きな布の腹がけをしているのが何となくかわいらしく、またそのことが、今もこの仁王様が信仰の中に生きていることを教えてくれる。

像は「オニオウサマ」とか「オニョサマ」とよばれ、悪魔や疫病の侵入を防ぐために立てたという。オニオウ講もあり、四月と九月の二十四日の祭りには神官の祈禱がある。注目されるのは、その祭りに「鹿島神社」という旗を立てたという話であり、仁王様が「カシマサマ」と呼ばれてもよいものであったことが推察される。とすれば横手盆地でオニオウ様、カシマ様と呼ばれる大人形（人形道祖神）と同じような性格を、この石像も持っていたことになる。それは名称だけでなく、立て方も、立てる目的もほぼ同じだからである。つまり関口の仁王様も人形道祖神の一例だと言えるわけだ。

しかしなぜ石の仁王様なのだろう。その答はさほど難しくなかった。それは、ここが石材の産地であり、石屋の村だったからだ。今も石屋を営む家は二十数軒あり、北の仁王様のすぐ隣も石材屋である。明治六年の記録では、当時関口の人口二八五人中、農間稼ぎの石工が二十三人いた。ここで産する石は砂岩系統で関口石として知られ、秋田県下はもちろん東日本を中心に出荷され、最も盛んな時には石工が五十人くらいいたこともあるというのだ。

元公民館長の加藤嘉美氏の話では、石の仁王様は幕末ころに作られたと考えられ、おそらく関口の石工の手になるものだろうという。それ以前のことは想像する以外

村境に立つカシマ様。秋田県大雄村藤巻。昭和58年（1973）5月　撮影・須藤　功

にないが、関口でも近辺の大わら人形と同様のものを作っていたのが、石材と石工の技術を生かして石像に作りかえたのではないかという想像は充分にありうることだと思う。

石像の仁王様の成立を以上のように考えると、同様にとらえられる例を見ていたことを思いだした。

大館市中羽立には、集落の上下の入口と中央の辻の三か所にニンギョウ様が立てられている。一時、毎年二回も人形作りをするのは大変だということで中止したという。しかし何もないのは心もとなく、手ごろな三角石をその三ヶ所に立てたそうだ。しばらくして村に流行病があり、やはり人形様がなくてはということで復活した。

しかも代用品の三角石もすてるわけにいかず、人形のわきに共にまつってある。ここでは「わら人形→石→わら人形」という変化があったのだ。

また、手間をはぶくために、もとはわらで作っていた体を木製にし、それに従来の木製の頭や面をつけている例もある。さらに、横手盆地北部では、人形作りをやめて三角石をまつり、それをニオウ石などとよんだり、その石に「塞神」の文字を刻んでいる所もある。

そういえば関口からさほど遠くない皆瀬村長石田で、何年も前に見た厄病除けの神さまと称する人形を先に紹介したが、あの例は本体が三角石で、それにわらをかぶせて紙の顔を貼ったものだった。これなどは、あるいは一度石で代用され、再度人形を復活させる時にその石を利用したことが考えられる。

関口の例はたまたまそこに石材と技術があったため

芦ノ尻のドウロクジン。この顔を生み出した人々に感嘆。像の芯は「道祖神」の石碑。長野県大岡村乙芦ノ尻

に、三角石などを利用するのではなく、立派な仁王像ができあがったのではないだろうか。

始源の記憶が語るもの

関口での石の仁王像を見て考えたことを更にすすめることになったのが、長野県更級《さらしな》郡大岡村芦《あし》ノ尻《しり》の奇怪な道祖神像であった。

この道祖神の祭りを紹介されたのは、千曲川水系古代文化研究所の森島稔氏であり、わたしは神田の古書店でその報告書をみつけて、それこそ雀《こ》躍りするほどうれしかった。その表紙写真にある奇怪な表情のわら製の人形を見て、石造道祖神の中心地帯ともいえる長野県にもわら人形系統の道祖神があったことが確められるのではないかと思ったからだ。

昭和五十二年（一九七七）一月六日の夜半から車をとばし、七日の早朝戸倉温泉に森島氏を訪ね、仲間の人たちと雪道を芦ノ尻へ向った。

目的の道祖神は芦ノ尻部落の入口、隣部落の御陵清《ごりょうし》水《みず》と笹久《ささく》との三叉路に庚申塔などとともにまつられていた。すでに村の人たちが集まって、わらを燃していた。ここの道祖神は明治元年の刻名のある「道祖神」の文字碑で、それだけならば信州などではどこにでも見られるものだ。ところが、その石碑を正月の注連縄などですっかり覆ってしまい、あたかも神の姿を示すように、目鼻口やひげ、笠などを飾りつけるのである。家々から子どもたちが注連飾りや門松を運んでくる。この地方では門松にヤスと呼ばれるわら製の御器をつけ、供物をその中に供える習慣があるが、道祖神の顔の造作はそのヤスを利用する。神像作りの一方では、村境に注連縄を張る作業や、ドンド焼の準備もすすめられる。大きな目、耳まで裂ける大きな口、立派な口ひげをつけた像が完成すると、御神酒をくみかわす。わたしたちはそこまでで芦ノ尻をあとにしたが、そのあと像の前で直会があるという。昔は村の若い衆が中心に行なった行事で、日どりは本来は小正月十五日であった。

石造道祖神の密集地帯のまっただ中に、わら人形を思わせる道祖神があったのだ。これは、わたしが東北地方などで見てきた人形道祖神と、甲信越などの石造道祖神との関係を解きあかす重要な資料ではないだろうか。

大切なのは石碑にわらをかぶせて像を作るということである。森島氏は報告書のサブタイトルに「その内在する始源の記憶」と書かれているが、その記憶が何を物語っているのだろうか。

この地方に集中している石造道祖神は、近世になってから盛んに立てられたことはわかっている。それが高遠《たかとう》を中心とした信州石工の活躍によるものだということも、大方認められつつある。しかし近世になっていきなり道祖神が石像として生まれてきたとは考えられない。石像や石碑以前の道祖神の姿は、丸石や自然石のようなものではなかったかという意見がある。たしかにそのような場合も多かったと思う。しかしわたしは、一見して分布域や形態、材質がちがいすぎていたため、今まであまり注目されることのなかったわらや木で作った道祖神の存在をも重視したい。材料も技術もきわめて生活に密着していたわら人形のようなものがまず基盤としてあり、それが近世になって漸次、石像や石碑に作りかえられたのではないだろうか。

ここでわたしは〝——始源の記憶〟が物語るものへの可能性を示すことができると思う。

すなわち、この例はかってわら人形の道祖神を作っていたのが何かの理由で中止され、明治初年に石碑にとって代られた。しかし石碑という代用品では気がすまない人びとが、その後石碑を芯《しん》にしてもう一度昔のような神像を作らずにはおれなかったのではないだろうか。あの奇怪な神像が伝えているのが、石碑以前の道祖神の姿の記憶ではなかったかという推理である。

この推理の当否は芦ノ尻の人びとからは確かめられなかったが、東北各地での人形道祖神での事例を前提とすれば、そう飛躍した推断ではないと思う。

伊豆からの再出発

大館市清水川のニンギョウサマ

火中で焼かれる道祖神

昭和四十九年（一九七四）に、縁あって静岡県沼津市の歴史民俗資料館に勤めることになり、伊豆の漁村などを中心に民具の収集、調査の仕事をするようになった。伊豆や駿河東部の村々には必ずといってよいほど道祖神の石像や祠があって、このあたりも、道祖神の信仰の盛んな所であることはすぐにわかった。

伊豆の道祖神の石像の形は、上信越などに多く見られる双体の浮彫像とちがって、単体の丸彫座像が主流である。これらの石像で気付いたことは、頭がとれたり、体が二つに割れたり、風化してボロボロになって元の像容さえうかがうことのできないものをよく見かけることである。傷みがはげしいということは、必ずしも古いということではない。材質がもろいのかもしれないし丸彫像という形態も関係があろうと思うが、何よりも像を手荒くあつかったことが原因であるらしい。道祖神の行事にはしばしば子どもが関与して重要な役割を果す場合が多いが、伊豆では特に道祖神（セアーノカミ）は子どもの神さんだという意識が強く、子どもの言うことなら何でも聞いてくれるとか、子どもたちがどんなに手荒に扱ってもおこらないという。道祖神の頭をたたいたり首に縄をつけてひきずったりしたところを大人がとがめたら、かえってその大人が病気になったという話もある。

手荒く扱うことの最たるものが、小正月の道祖神の行事、つまりオンベ焼とかドンドン焼などとよばれる火祭りに、石像を火の中に放りこむことである。調べてみると、伊豆ではかなり普遍的にみられた習慣らしく、御殿《ごてん》場《ば》方面などでも今でも行なう所がある。そのためにどれほど石像が傷むかは、容易に想像できるだろう。まるで自然石にちかくなってしまった像もある。また、そのような場合には二代目を作り、もっぱら先代を火中に投入する所もある。

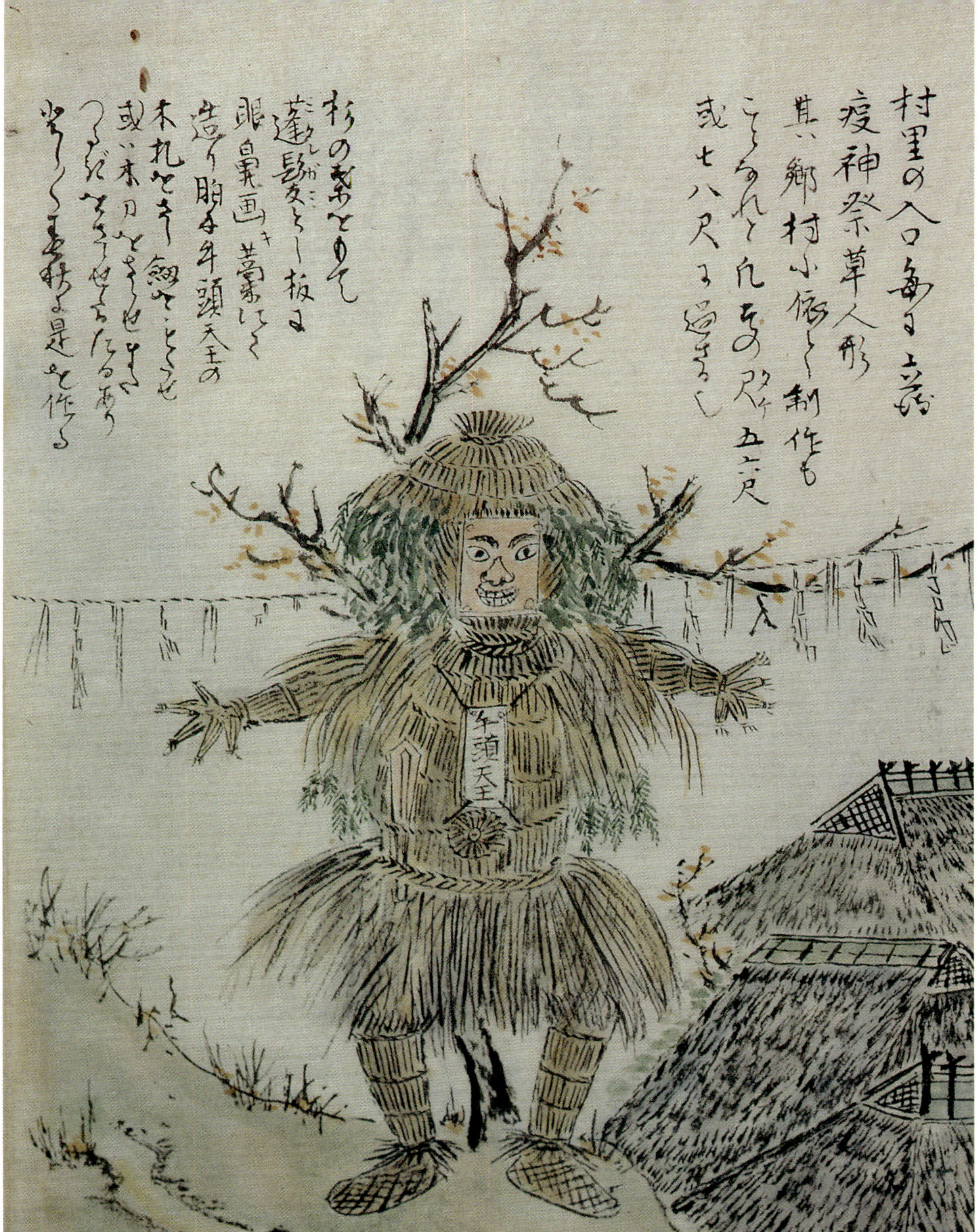

菅江真澄が刈羽野《かりわの》（秋田県西仙北町）で見て描いた草人形《くさひとがた》。文政9年（1826）5月から約3年かけて真澄が編んだ『月の出羽路　仙北郡二ノ下』に収載。所蔵・辻家　複写・須藤　功

石像を火中に投入するという習慣は、何とも妙な感じがする。神仏をいじめることによって、人間の祈願をかなえさせようという強制的な方法は、「しばられ地蔵」など各地に例があるから、その類例とみられなくもない。しかし、石工に頼んだか自分たちで作ったかはともかく、手間ひまかけて刻んだ像をあえて焼いてしまうという必要まであるのだろうか。

そう思うのはわたしばかりではなく、この行事の当事者の人びとも不合理や不自然さを感じていたらしい。そこで、それを合理化するような話が伝えられている。

道祖神を火の中に入れるのは、道祖神の持っている帳面（巻物）を焼いてしまうのが目的であり、その帳面は、十二月の八日節供に目ヒトツ小僧（厄病神）がやって来て、次の年に病気になる人の名前を書いて道祖神に預けていったものだ。二月八日に再び目ヒトツ小僧がやって来るが、その帳面を持って帰られると困るので、小正月のドンドン焼に焼いてしまうのだ。だが帳面だけを焼いたのでは、道祖神が目ヒトツ小僧に言訳けがたたないから、帳面ともども自分も火の中に入ってヤケドをおうのだ、という話である。

人びとはこのような説明に納得し、さらに厄病神の帳面を持った姿の道祖神像を作ってまつりだした。伊豆にはそのような例が十数体もある。また、像自体を焼くことはやめたが代用品の石を焼く所もある。

伊豆ばかりでなく、石造道祖神の他の分布域ではどうか調べた。道祖神に関する文献はたくさんあるが、石像の形態や分布を紹介するものが多いわりに、行事や信仰内容に及んでいるものは少ない。それでも石像を焼くほかに、丸石や自然石、石塔などを焼く例を含めると、埼玉、群馬、山梨、長野、新潟の各県にまばらながら認められ、静岡県東部と神奈川県に特に多いことがわかった。

つまり石造道祖神の分布地域では、火中投入の習慣が広く行なわれていたらしく、その説明として、伊豆と同様に厄病神の帳面（巻物）の話も広く語られていたことがわかってきたのだ。

なるほど厄病神の帳面の話はうまくできているが、そのままでは石像を焼く本当の理由を説明しているとは思えない。

石像を焼くのは、小正月の火の力によって神像を浄め、威力の回復をはかるためだという意見がある。東北地方に多い人形道祖神の場合には、人形祭りのたびに像が新しく作りかえられることによって神が生まれかわる。古い像が焼かれる場合もあるが、あくまで祭りのあとにも境の神として新しく作られた人形が立ちつづけている。石像の場合にも確かに焼いたあとにまっ黒になった像は残るが、はたしてそれが神の力の再生を意味していると考えられるだろうか。

どうもわたしにはそうは思えない。むしろ焼くことによって、その一年間にたまったもろもろの災厄を、村から送り出してしまおうとする気持の方を強く感じるのである。

してみると、道祖神の石像を火にくべることと、道祖神のわら人形を焼くことは、同じ性格をもった行事ではないのだろうか。その考えを裏づけるために、わたしは

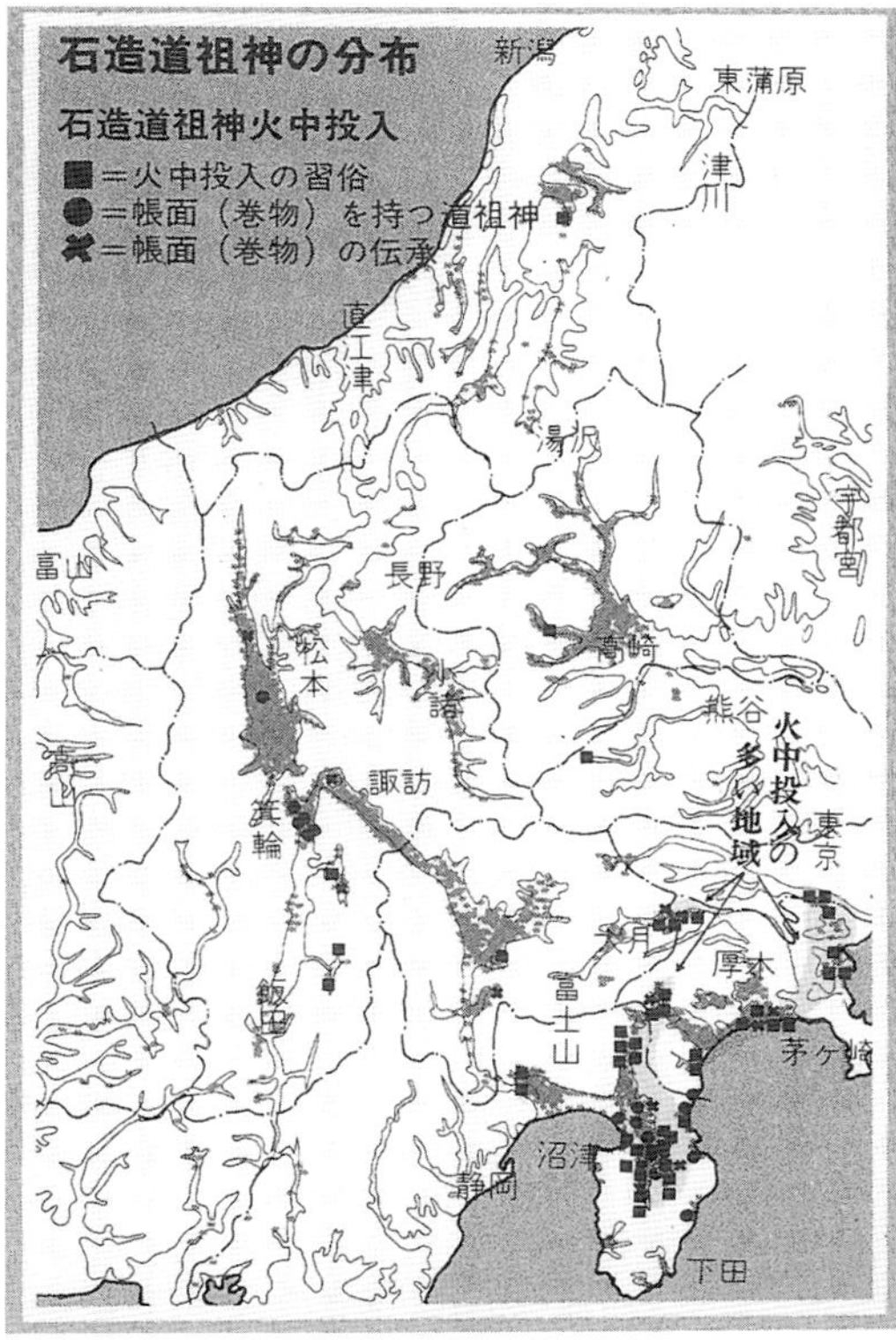

幾つかの行事を訪ねてみた。

　昭和五十二年（一九七七）一月十四日の夕方、静岡県御殿場市萩蕪《はぎかぶ》の道祖神行事で石像が火中に投ぜられるのを確かめたあと、その足で東京に出て、翌朝一番の列車で新潟へ向った。車内はスキー客で朝の国電なみの超満員だった。行先きは十日町市の新水《しんすい》。そこではわら人形の道祖神が小正月の火で焼かれるという。二年続きの豪雪で足止めされ、もう三年ごしの念願の旅だった。

　新水は十日町の盆地から上越線ぞいの六日町盆地へぬける魚沼山地にあり、戸数六十余。すばらしい晴天となり、雪のまぶしさに目を細めながら村の中をあるいた。目的のドウラク神《じん》の像は、鎮守の新水神社の境内にすでに完成していた。高さ二・五メートルばかりのわらの塔が、そのまま人形の姿をしている。円錐形の塔自体が人形の胴体で、足はなく、上部にわらを束ねて頭を示し、紙に顔を描いて貼りつけ、桟俵の笠をかぶせてある。肩のあたりの左右に小枝を差して手を表現し、軍手がはめてある。腰のあたりには注連縄がはられ、長さ七十センチばかりのわら製の男根がつけられていた。

　午後一時すぎには人びとが集まりだし、一人の老人が色紙の御幣を笹につけた、オンビロというものを持ってきた。いよいよ人形の塔に火がつけられる。あっという間に火は燃えあがる。オンビロを持った老人はそれを火にかざし、御幣が焼き切れて空高く舞いあがると、人びとが歓声をあげた。高くあがるほどその年は豊作なのだという。人形の塔は焼けて崩れ去り、行事はあっけなく終ってしまった。

　昔は火が燃えあがると、皆で声をそろえて「ドウラク神の馬鹿が、芋坂よばれて、あとで家を焼かれた」とはやしたてたという。また、以前は塔はもっと高く、わら人形はその上に座ったような姿で乗せられていたものだそうだ。しかも、家々から木製のドウラク神の人形を持参して、この火に投じたという話も聞けた。

わら人形を作って小正月の火祭りに焼く習慣は、この他にも柏崎市や北魚沼郡など新潟県各地に見られたらしく、その人形も道祖神と考えられているようだ。また木製の道祖神像を家々で作ってまつり、小正月の火祭りで焼いたり、道祖神の石像の所などへ送る習慣が、新潟、長野、群馬の県境にちかい一帯に多いこともわかった。

石造道祖神の密集分布地帯の北の方に、わらや木などで人形を作り、それを道祖神と考え、小正月の火で焼い

八幡神社の境内に立てられた、夫婦といわれる藁人形の道祖神。神奈川県茅ヶ崎市柳島。平成3年（1991）1月　撮影・須藤　功（133頁も同じ）

1月14日のサイトヤキの日、二体の人形を抱き合わせて火に投ずる。

て送りだす所があり、一方、同じ分布域の南の方には、先に述べたような石像や丸石などを火で焼く習慣が濃密に残されてきたのだ。

ところが、後者の地域にも、かっては小正月にわら人形の道祖神が作られ、しかもそれが焼かれる例のあることを知って驚かされた。しかし、あるべきものがやはり出てきたのだという感慨もあった。

それは神奈川県茅ヶ崎市柳島に、七十年ほど前まで伝えられてきた習慣だという。同市内でも道祖神の石像や石碑を焼く習慣は残っていたが、柳島のわら人形の道祖神のことは久しく忘れられていた。それを同市の文化資料館の平野文明氏が道祖神調査の折に「発掘」したものだ。

人形が燃えた火で餅や団子を焼いて食べる。

氏の働きかけで、柳島の人たちがこの行事を再現することになったという連絡を受けとって、昭和五十一年（一九七六）一月十五日早朝、車で箱根を越えた。寝すごしてはいけないと思い、前夜はとうとう徹夜だった。

人形作りは古老の指導で行なわれた。作業する人たちは、ほとんどが初めての経験なので要領は悪いが、わらや縄を扱う手さきはさすがに農家の人で達者なものだ。男女一対の人形が作られ、道祖神の夫婦の姿だという。昔は一・八メートルほどに作ったが、再現された人形は男の方が少し背が高くなりすぎた。シュロでマゲを結う工夫は、どうも古くからの方法ではないらしい。男の人形にはわら製の男根がつけられたが、これも古くは木製だったそうだ。女の人形には赤い紙を折って作った舟型をつける。さらに凝って、男女ともリュウノヒゲという草を脇や股間につけたりする。

かつては八幡社の宮にある道祖神の前で作業は行なわれた。その道祖神は文字碑と文化三年（一八〇六）銘の浮彫双体立像である。わらは、子どもたちが十三日に作った道祖神の小屋を壊してお宮に集めたのだそうだ。河原には、竹を芯にして注連飾りを積みあげたセエトの塔が立てられる。完成したわら人形はお宮からここまで運ばれ、道祖神の石像も運ばれて色紙の幟《のぼり》が供えられる。

強風のために点火は翌日に延期されたが、セエトの火が燃えあがると、わら人形も火の中へ投ぜられ焼かれてしまう。昔は火をつける前に、大声で「アリャーネー」と一方でかけ声をあげ、一方が「オー」と返し、次に「マツオへ行ってオー」「ふんどしうっちゃってきた」「ウェーイ、エイ」と声をかけあい、そのあと皆で大声で笑った。こうしてその一年間の悪口を大声で言いあい、笑いあったものだという。

茅ヶ崎での行事は、新水でみられたものと方法も雰囲気もとてもよく似たものだった。特に人形を焼く時に、ともに悪口や嘲笑をあびせかけて送り出す方法があったことは、この人形神が早く退出してくれることを人びとが望んでいたように思えた。

こうして茅ヶ崎の人形行事の存在が確認できたことによって、人形の道祖神を焼く行事と、石造の道祖神を焼く習慣とが、とくに中部関東の道祖神地帯に見られたことがわかった。そして、この二つはともに同じ目的をもつ行事が、人形と石像という別の「道具」を用いて行なわれたにすぎないのではないかということが確認できたように思う。

焼かれる道祖神とは何だろう

石造の道祖神が作られ、焼かれる以前にわら人形の道祖神が作られ、焼かれていた。その記憶が石で造った後も、それを火中に投ずる習慣として残ったと考えると、石像を焼くという不自然な習慣が生まれてきた様子がつかめるのではないだろうか。

しかし焼かれてしまう道祖神とはいったい何なのだろうか。本来、道祖神が境の神であるならば、常に境に立ちつづけていてもらわなければならないものだろう。それを、むしろ追い出すように焼いてしまうのには理由があるはずだ。おそらく、それは道祖神像が村境にまつられるようになった生いたちにまで、溯って考えなければならないだろう。

そこでもういちど東北で見てきた人形道祖神を思いだしてみる。岩手県白木野の人形は厄病送りの行事として作られ、村境まで送られて大木にくくりつけられる。村人はあとをふりむかずに帰るというように、この人形は本来は送り出されるべき厄神そのものだった。また横手盆地のオニオウ様の大人形が、同時にヤクジン様ともよばれる場合があったことも思い出す。新潟県東蒲原のショウキ様には、村人たちの体の痛む場所と同じ位置へわらを作りこんで、人形に病気を托すという習慣があった。こうして人形は一手に病気や災難をひきうけ、災厄の依りつくものとなる。つまりショウキ様も厄神の姿だったといえる。そして、それが村境にまつられることで境の神に変身する。またそれは送り出されるべき厄神の強大な威力を逆手にとると同時に、外界の悪霊どもに対抗するために、ますます大きく奇怪な姿へと作られるようになったのだろう。こう考えてみると、人形道祖神は、元来厄神的な性格を持っていたことになる。

一方、中部関東に多い小正月の人形のことを考えてみると、それらは道祖神とよばれる場合もあるが、元来は道祖神ではなく、むしろ正月に訪れる神（歳の神＝祖霊）の姿を示したものだったのではないか。歳の神にはもろもろの亡霊もついてきてしまう。小正月行事の火祭りは、歳の神を送ると同時に、それらの好ましからざる亡霊を追い払うことが大切な目的だった。そこで小正月に作られるわらや木の人形にも、そのような厄神送り、悪霊祓いの性格が含まれていたのである。

石造道祖神の祖型のひとつをわらや木の人形だとすると、形や材質の上で小正月の人形と共通し、性格の上でも共に厄神的なものを持つ。そのことから、小正月の人形にも道祖神とよばれるものがでてきたのではないだろうか。さらに、歳神送りの火祭りが村境で行なわれることが多かったことも、中部関東地方で、小正月行事と道祖神祭りが重なって考えられるようになった理由だろう。

ここまで考えてくると、伊豆などで道祖神の石像を焼くことの説明として、道祖神が厄病神の帳面を預っていて、それを焼くのだという話を伝えていることは、全く根拠のないことではないということがわかってくる。


道祖神の信仰はその成立のころから様々な要素を含み、実に複雑に発展してきた。石像と人形の関係も、道祖神信仰のもつ他の多くの要素を解析し、検討していかねばならないだろう。

青森で大人形の存在を知り、北茨城でその幻の姿を追い、新潟や秋田の人形群の多さと迫力に驚いた。やがてそれらが道祖神像であることを知り、関東・中部地方の石造道祖神地帯に入りこんで、石像の祖型を考えての旅になっていた。人形と石像の関係に気づきはじめたのは、わら人形の旅の初期だったが、その推理を確認していく興奮と発見の喜びが、わたしを次々と駆りたててきたといえる。

わら人形に憑かれて旅をしてきたわたしは、実は道祖神の招きに答えていたのではなかったろうか。

雪に埋もれた横手市街。昭和44年（1969）2月　撮影・須藤　功

習俗の表情

子に語る 羽後横手

文　須藤　功

はじめに

〝タイムトンネル〟

時間のトンネルというべきそのトンネルをくぐると、夢のあふれる未来の世界にも、また、お爺さんお婆さんがまだ若くはつらつとしていた、過去の世界にもどることもできます。

皆さんはたぶん、二つともくぐってみたいな、と思うでしょう。でもトンネルは一回に一つのトンネルしかくぐれません。そこで今回は過去、それも皆さんのお父さんやお母さんがまだ子どもだったころにもどってみようと思います。

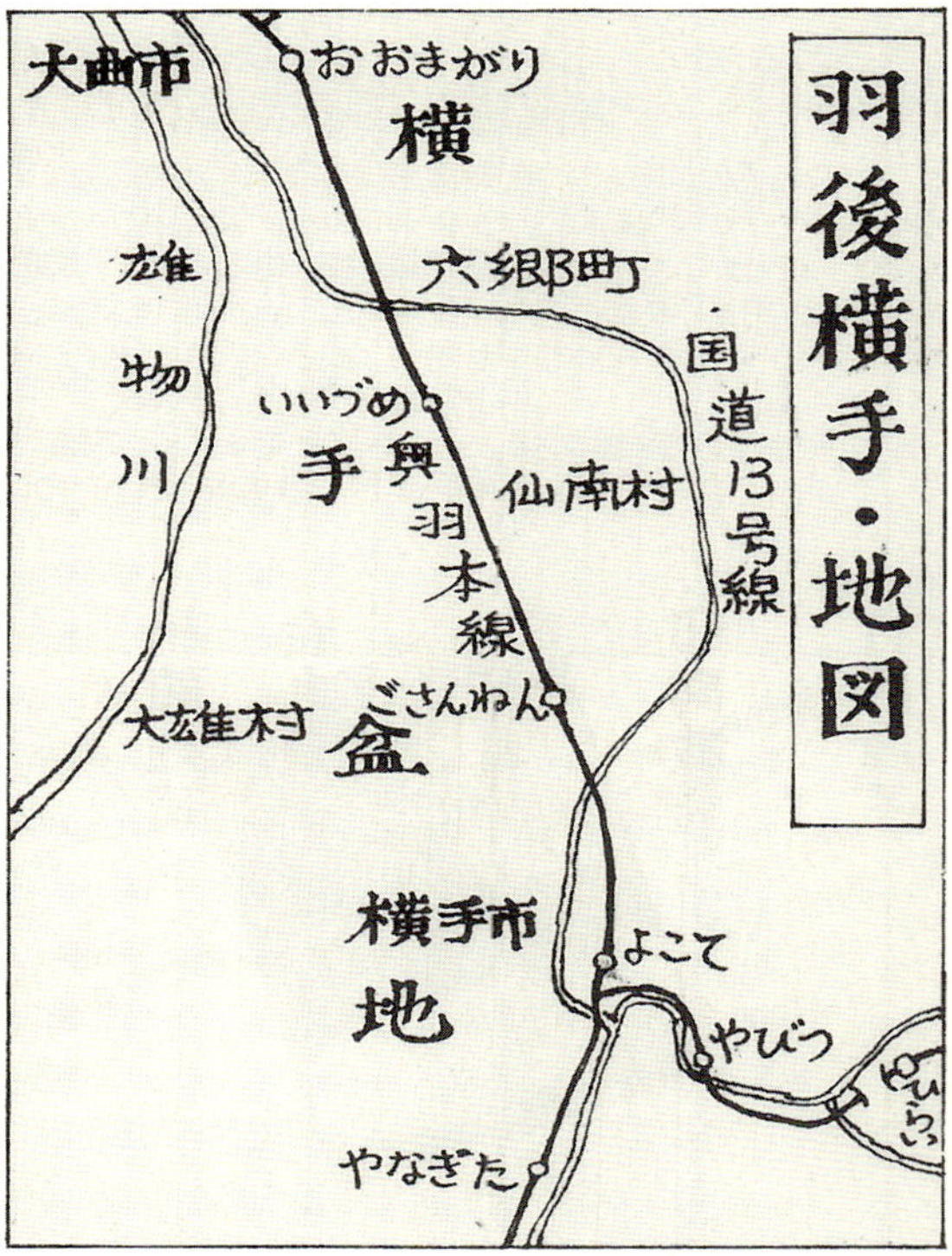

明治初めの戊辰《ぼしん》戦争で焼失する前の横手城を描いた絵ハガキ。所蔵・須藤　功

背後の山にまだ雪が残っているので、4月の初めころでしょう。４人はバケツ（ブリキ製）いっぱいのタニシを田でとりました。タニシはいろりの火などで焼いて食べました。ひとりは学童服《がくどうふく》、３人は着物に前掛けの当時の普段着です。右の子は藁靴《わらぐつ》をはいています。下駄の子もいます。昭和20年代。撮影・千葉禎介（写真は横手市内を主に、周辺の町村で撮影したものもある）

まず、皆さんのいまの年齢を思い出して下さい。

「十歳」「十三歳」「十六歳」

つぎに、それぞれ自分の年齢と同じころの、お父さんお母さんを思ってみて下さい。それでもう過去へのタイムトンネルにはいったことになるのです。ところが、はいってはみたけれど、その先にはなにも見えないのではありませんか。

たとえば、十歳の人なら同じ十歳だったころのお父さんお母さんの姿です。いまは写真がありますから、すました顔や姿はわかります。でも、勉強や遊び、あるいはお手伝いの姿などを含めた普段の生活となると、ほとんど思い浮べることができないのではないかと思います。

そこで今回は、そのころの写真を中心にして、皆さんと一緒に過去を歩いて、見て、聞いてみようと思います。その場所を秋田県南の横手地方にしたのは、私（筆者）の故郷で、過去のことをわりに知っているという以外の何ものでもありません。ですから、他では違うな、という情景もいくつかあるはずです。ただ、子どもらしさ、無邪気さ、ということではどこもほぼ同じ、それは、皆さんのお父さんやお母さんが子どものころ共通して持っていた、といっていいものです。

幕臣として徳川家康にあつく信任されながら、家康亡きあとの策略《さくりゃく》で流され、横手で没した本多《ほんだ》上野介《こうずけのすけ》正純《まさずみ》の墓。昭和48年(1973)4月　撮影・須藤　功

横手公園になっている横手城趾。天守閣を模した、郷土資料館をかねたコンクリート造りの展望台は、昭和40年（1965）に開館しました。春の観桜会《かんおうかい》には、公園内に出店がびっしりと並び、演芸の舞台前はたくさんの人で埋まりました。昭和46年（1971）4月
撮影・須藤　功

「あぁー、腰いてっ」と腰をたたく右の少年。左の少年が「だいじょぶだが」と声をかけています。田植の時期は学校が休みになったので、農家の子はたいてい田植を手伝いました。米作りのほとんどが手作業だったころには、子どもの手も一人前に数えられ、手伝うのはあたり前でした。昭和38年（1963）5月　撮影・加賀谷政雄

米づくり

たわわに稔った稲穂が、サワサワと風にゆれるたびに稲特有のにおいがほのかにただよってきます。

「ことしも豊作のようだな」

農村が黄金色《こがねいろ》に輝いて見えるそうした秋には、農家の人々の顔もいつもよりいっそう明るく見えます。

それは昔も今も変りません。でも、そうした秋を迎えるまでと、その後のいわゆる米づくりの方法はすっかり変りました。簡単にいうと、それは人の手に頼っていたものがほとんど機械化された、ということになります。能率があがり、体の疲れも少なくてすむということなどからすると、機械化はいいことです。しかし、そのために失ったもの、消えてしまったものもたくさんあります。

たとえば種まきの写真を見て下さい。米づくりはどうしても泥だらけになるのですが、写真の人は、きれいに洗った野良着《のらぎ》をきちんと身につけています。そうしたことは種まきだけではありません。田植のときも同じだったようです。

野良着をきちんとつけると仕事もしやすい

初めて田植の早乙女になる少女。田の神への礼儀として、母親が作ってくれたきれいな野良着を着ています。昭和31年（1956）6月　撮影・早川孝太郎

この田植の時期には学校は田植休みになりました。といって遊んでいたわけではありません。田植の写真のように、農家の子はみな手伝いました。

田植は手にした稲苗《いなえ》を３本、泥土のなかに深くさしこむ作業です。昭和34年（1959）5月　撮影・佐藤久太郎

苗代に種もみをまいています。苗半作《なえはんさく》といって、よい稲苗は秋の収穫を多くしました。昭和36年（1961）4月　撮影・佐藤久太郎

し、体中にヒルや虫などがはいるのを防ぐ、ということもあります。もう一つは、日本人ならだれもが無意識のうちに持っていた、米づくりは神聖なもの、ということだったように思われます。

皆さんも、祭りや結婚式などの祝いのときには特別な着物や服を着ると思うのですが、米づくりも、それに似たような意識できれいな野良着を着たのです。

現在の田植機による田植を見たことがありますか。作業服で動かす田植機は、短い時間に能率よく稲苗を田に植えていきます。それを人の手に頼るとなると大勢の人を必要とします。事実、機械化される前は、大勢の人によって田植が行なわれました。

「結《ゆい》っこ」

横手地方では、そうした大勢で協力して行なう田植をそういいました。一軒ずつ順番に、互いに労力を出し合って田植をしたのです。

「実るほど頭《こうべ》を垂《た》れる稲穂かな」といいます。稲穂が実って黄金波打つ秋の田の光景ですが、この日を待っていたかのように、スズメの大群がやってきて稲穂をついばみました。このスズメの大群を追い払うのが「鳥追い」です。昭和20年代　撮影・千葉禎介

鳥追い

すさまじい数の赤トンボ。そういわれてもあるいは想像できないかもしれません。とにかく、昔は秋の空に、トンボとトンボが正面衝突《しょうとつ》するのではないかと思われるほど飛んでいました。

田の畔《あぜ》を行くと、イナゴが水を左右にわけるかのように飛び散りました。中にはかなり大きな、人差指《ひとさしゆび》ほどのイナゴもいました。そうしたイナゴは稲―米を食い荒します。

同じようにスズメも大変でした。一団となって稔った稲にむらがるのです。そして米をついばみます。農家の人々にとってこれほど憎きものはいません。

その憎きスズメを追い払うのに子どもたちも手伝いました。

写真のように田の中に造った小屋に陣取って、交互に声を張りあげます。

「ホーイ　ホーイ」

かかしとなるこ

田のなかに立てたかかしは、こわい人がいるぞ、ということをスズメに知らせ、近寄らせないようにするための仕掛けです。下のひもに吊るした鳴子は、音でスズメを追い払うものです。絵・松村牧子

石油缶をたたく子もいます。

「ガン　ガン　ガン」

手をたたく子もいます。

「パン　パン　パン」

むろん続けてやるわけではなく、スズメが一団となって飛んでくると、始めました。

その子どもたちの鳥追いはかなりにぎやかでした。谷をへだてたかなり遠くの鳥追いも聞こえてきました。

子どもたちが学校から帰るまでは、お婆さんがそれをやりました。あまり元気のいい声ではありません。

「ホイ　ホイ　ホーイ」

細い声です。でもなぜかいつまでも耳に残ってるのは、お婆《ばあ》さんの声はスズメにお願いしているように聞えたからかもしれません。

「スズメや、せっかく作った米を食わんで、どっかへ飛んでってけれや」

「カラン　カラン　カラン」

そんな音を出す鳴子《なるこ》を引いて追うところもありました。みのかさに弓矢を持った一本足のかかしも、出番でした。

そうした音が聞えなくなると、稲刈りです。そしてしばらくすると、こんどは脱穀機《だっこくき》のまわる音が聞えてきました。

「ガーコ　ガーコ　ガーコ」

昔の秋はにぎやかでした。それがおさまるころになると、雪が来ました。

「いなにお」と呼ぶ一本の杭《くい》に稲束を重ね干したものから稲をはずしています。これを馬車で家に運んで脱穀します。昭和32年（1957）10月　提供・横手市役所

稲刈りの一休みの間に乳を飲ませています。女の子はその母親の膝《ひざ》に乗って遊んでいます。昭和33年（1958）10月　撮影・佐藤久太郎

田植と同じように、稲刈りも一家総出となりました。といってみんなが稲刈りをしたわけではなく、昼食の用意や子守など、それぞれ分担して働きました。昭和20年代　撮影・千葉禎介

並んだ「いなにお」群。昭和42年（1967）9月　撮影・佐藤久太郎

取入れのころ

農家には、目がまわるほどにいそがしい時期が一年に二度あります。一度は田植のころ、いま一度は稲刈りのころです。特に天候のうつりかわりのはげしい、しかも日の短い雪国の秋は、稲刈り、乾燥、取入れもすばやくやらなければなりません。ですからいまのように機械化される前は、それこそ猫の手も借りたいほどのいそがしさでした。

そうした時期の赤ちゃんの子守りは小学生の役目でしたが、お婆さんのいる家では、お婆さんが受持ちました。写真の子守り交代は、もしかすると母親が乳をのませて、またお婆さんの背中にあずけるところかもしれません。

話はちょっと別のことになりますが、横手を含めた東北地方では、昭和三十年代まで盆や正月などの行事を太陰《たいいん》太陽暦（旧暦）でやっていました。

太陰太陽暦というのは月の動きを基準にした

稲穂から米のはいった「もみ」をとる作業を脱穀といい、時代によって「コバシ」、「千歯《せんば》こき」などの道具が使われました。戦前から戦後もしばらくつかわれたのは、足で踏み動かすこの足踏脱穀機《あしふみだっこくき》です。昭和38年（1963）10月　撮影・佐藤久太郎

暦で、明治五年（一八七二）に現在の太陽暦が制定されるまで、日本人は太陰太陽暦によって生活をしてきました。それが万国共通の太陽暦になってもなお太陰太陽暦の行事を守ったのは、神祭りの日は簡単にかえてはならない、ということがすぐ思い浮かびます。

しかしそれは、太陰太陽暦でがっしりと組まれていた米づくりの手順と無関係ではありません。数百年、永々と受継がれてきたその手順は、太陽暦になったからといって、おいそれとかえられるものではありませんでした。

年中行事の多くは、その米づくりの手順の中に仕込まれています。たとえば正月は、一年の米づくりの作業をすべて終えてから迎えるものでした。太陰太陽暦ではとうぜんそうなっていたのですが、太陰太陽暦の手順を太陽暦にあてはめると、月日が一ヵ月ほど短かくなります。そのため作業が終りません。それではとても正月を迎える気にはなれません。いきおい太陰太陽暦の手順で行事もそれを守るということになったのです。

昭和四十年代になると、行事はどこも太陽暦で行なうようになりました。それは稲の改良と機械化によって、米づくりの手順がようやく太陽暦に重なるようになったことを意味します。なお、いまも行事を太陰太陽暦で行なっているのは沖縄です。

３人がアカンベーをしています。アカンベーは明日の天気と関係はありませんが、長い影を作っている夕方の日差しが、明日もさわやかな晴れを語っているような気がします。昭和30年代　撮影・千葉禎介

あすは晴れ

ふと気づくともう夕暮れまぢかです。西の空が赤くなりはじめています。でもさようならはしたくありません。楽しい遊びを終らせたくないのです。

その遊びは、かくれんぼのこともありました。チャンバラゴッコのこともありました。テニスボールによる野球のこともありました。刈取りのすんだ稲わらの上で、レスリングさながらに組つほごれつの取組合いのこともありました。

「あしたの天気どだべ」

がき大将《だいしょう》がそういうと、遊びをやめてみな放り投げてあった下駄をいっせいにはきま

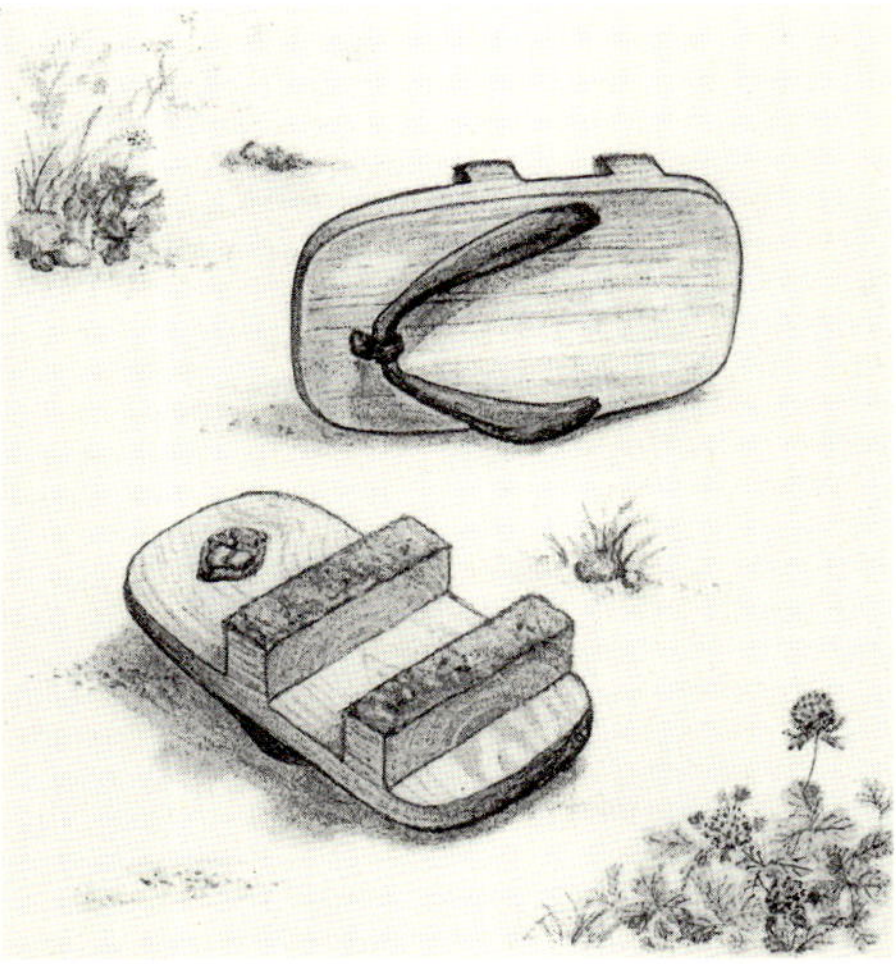

下駄《げた》の転《ころ》がり方で明日の天気を占いました。この絵の下駄は“くもりのち雨”と出ています。絵・中嶋俊枝

す。素足《すあし》で遊んでいたのですから、下駄《げた》投げをするには下駄をはかなければなりません。

「いち　に　さん」

「エーイッ」

天高く放り投げられた片方の下駄は、それぞれちがった形で地面にころがります。歯を上にしたもの、横たわるもの、まれに稲の切株にはさまって、垂直に立つものもありました。

「んぐゎの晴れだな」

「おめ雨だが」

この下駄投げによる天気占いは、一人一人みなちがうおもしろさがありました。ちがっていてもいいのです。結果ははじめからわかっているのですから。あしたは晴れときまっているのです。今日の遊びのつづきが、あしたもまたできるとみんな信じていたのです。

「あかんべー」

右頁の写真は、写真機を向けられて、思わずやってしまったのでしょうか。

いまなら、そうです人差指と中指でV字型を作っていいます。

「ピース　ピース」

子どもたちはそうしていとも簡単に写真に応じてくれますが、少し前までプイッと顔をそむけるお婆さんがいました。写真を写されると魂《たましい》がぬけ、早く死んでしまうと思っていたのです。なかにはそばの小石を急いで拾い、ふところに入れるお婆さんもいました。小石はぬけたかもしれない魂そのものなのです。

ふとんいっぱいのエズメにはいった男の子、あげた足にそよぐ風が気持ちよさそう。何か見つけたのか、戸の隙間《すきま》から差しこむ夕日に立って振り向くネコ。両者には何のつながりもありませんが、明日は晴れそうです。昭和30年代　撮影・加賀谷政雄

下駄。昭和37年（1962）
撮影・佐藤久太郎

夏の少年

中学生になって英語の教科が進んで行きます。

ある日、教室のひとすみで男子生徒が頭を並べてヒソヒソとやっていました。

「これよー」

そういいながら一人が指さしている単語はｂｅｔｔｅｒでした。

「べたー　だべ」

それを聞くと頭を並べていた生徒たちはとたんにニヤニヤッとしました。

横手では、というよりそのあたりの子どもだけの方言といってよいかもしれませんが、女性の性器を「べた」、あるいは「べたコ」といいました。それに対して、男性の性器を「がも」、あるいは「がもコ」といいました。柿崎先生は「へぐり」（後記事）と記していますが、私たちは「がもコ」を使いました。

これは私が大きくなってからのことですが、科学に興味を持つようになって、ガモフという人の科学書を読み始めました。ところがガモフの上二字が気になるのです。気にしたからといってどういうこともないのですが、気になるのです。

それは、ガモそのものよりも、それにまつわるさまざまなこと、たとえばがき大将が教えてくれた赤ちゃんはどうしたらできるのか、ということなどを思い出したりしたからかもしれません。

赤ちゃんのほしい二人が、がもコとべたコを合わせることを「へこ」といいました。子どもにそうした体験などあろうはずはないのですが、子ども同志のけんかで、相手をののしるときなどよく使いました。

「このッ　へこし」

相手も負けていません。

「んがのほだべ　ばぁか　へこし」

そうした言葉は小学三年生ころにはもう使っていたような気がします。教えてくれたのは三、四年上のがき大将です。がき大将というのはかならずしも一人ではなく、遊びの日によって二人のことも三人のこともありました。その中には、かならず大人の世界をたくみに話してくれるがき大将がいました。しかし、ことこまかに、というわけではありません。

「しらつゆコ」

「あかつゆコ」

この意味などは、大きくなるまでわかりませんでした。話すがき大将も、それがどういうものなのかについては、まだわかっていなかったのではないかと思います。ただ初めて聞いたときには不思議なものを聞いたような気がしました。いま、これを読まれている皆さんも、そんな気がしませんか。二つの言葉の意味は、大きくなってから調べて下さい。

「なんだ　おめの小《ち》けッ」

水遊びにあきた男の子が、土手に並んでがもコを大きくしています。一人が、小便小僧のように、しゃあと小便を出しました。するとそのいきおいでがもコが少し大きくなりました。

「大きぐなたッ」

「おめ　ずれッ」

昔は、男の子も女の子も、水遊びのときはみんな裸でした。

学校にプールなどというものがなかったころは、家から近い小川や沼が夏の遊び場になりました。水着などもなく、男の子も女の子も生まれたときの姿のままで水にたわむれました。昭和20年代　撮影・土田　惇

自動車などめったにこなかったころ、道路は子どもたちの遊び場、女の子は「まりつき」、男の子は「メンコ」をよくやりました。昭和20年代　撮影・佐藤久太郎

土のにおい

一年の遊びにとくにきまりがあったわけではありません。でもなぜか、春には女の子はまりつき、男の子はくぎさしをよくしました。

考えてみると、そのどちらも土にふれます。まりつきでは、一回つくごとにまりは土をかすかにつけて跳《は》ね返《かえ》ってきます。そのとき、まぎれもない春の土のにおいがしました。

くぎさしというのは、一種の陣取《じんと》り遊びです。長さ十五センチほどの五寸釘《くぎ》を地面に強く打ち込んで、線で結んで相手のくぎをかこってしまう、というものです。くぎが地面にささらないと、相手の番になります。

これなども、くぎについた土で手がすぐよごれました。そのよごれに春のにおいを感じたかどうか、それはもう忘れてしまいましたが、とにかく、土へのあこがれが、春にそうした遊びをよくさせたような気がします。

半年近く土を見ることのない白一色の雪の生活、南の人には想像できないかもしれませんが、子ど

もたちも、春が来てほんのちょっぴり黒い土ののぞく日を、夢みていました。それが土のにおいのする遊びにかりたてたのでしょう。

　これはとくに春だからというわけではありませんが、冬以外の季節、遊ぶときはほとんど素足《すあし》でした。なわとびの女の子、チャンバラゴッコの男の子、みな石ころだらけの地面を蹴《け》って遊びまわりました。

線で囲ったなかのビー玉にビー玉をぶつけて一つをはじき出す。これも雪の消えた道路でよく遊びました。昭和42年（1967）3月　撮影・佐藤久太郎

フミダワラをつけて家から出たときは、その寒さに“ぶるっ”と身震いします。でもほどなく、今度は汗が出るほど体があつくなります。フミダワラでの雪踏みは力仕事なのです。昭和30年代　撮影・佐藤久太郎

狭い雪道

冬の夜は静かでした。家のまわりに降りつもった厚い雪が、音をさえぎる役目をするからです。あるいはそんな冬でなくとも、いまとくらべるとずっと静かだった、といっていいかもしれません。なぜなら、昭和三十年以前の町には自動車が少なかったからです。

雪の降りつづく冬の夜ふけ、それは針を落としても大きな音がするほどに静かでした。雪の降る状態を「シンシン」といったりしますが、それは雪の降る冬の夜をよくあらわしています。

しかし、そうした静かな夜が明けるとたいへんな仕事が待っています。道つけです。これも機械がはいるまでは人力でしたから、雪の多い朝はまさに一《ひと》仕事、二《ふた》仕事の感がありました。寒いのに汗だくになりました。

その道つけはどこからどこまでというきまりはありません。でも自分の家の前からとなり家の境までというのが普通でした。山手の家の少ないところでは家と家との間がはなれています。ですから、そのとなりの家の境までの距離がとうぜん長くなります。それだけにまたたいへんでした。

道つけの道具は、雪が少ない日の朝は、ユキカキベラやシャベルでかきました。多い朝はフミダワラを使いました。フミダワラというのは、上の二枚の写真の人がそれぞれ足につけているものです。直径三十センチ、高さ

中心街ですが、雪は一階の屋根近くまであります。屋根の雪を大通りにおろしたままになっているからです。雪のない季節の大通りはそれなりの幅がありますが、冬は馬橇《ばそり》がようやく通るほどしかありません。昭和36年（1961）3月　撮影・佐藤久太郎

田んぼの上にできた細い一本の雪道。マントを着た人が行くそのずっと先に家が見えます。昭和35年（1960）3月撮影・佐藤久太郎

五十センチほどのわらで作った道具で、なかにワラグツがついていて、そこに足を入れて少しずつ歩き、ふみかためます。吹雪の日などは、ふんだそばからまたすぐつもりました。

上の吹雪の日の写真も市内です。細い道が一本だけで、馬橇《ばそり》もようやく通れるくらいです。冬になると自動車が走らなくなる昔は、市内でも人が通れるだけの道はばがあればよかったのです。馬橇はそのせまい道を、少しばかり広げるように滑って行きます。でも吹雪の日は、通った後にまたすぐ雪がつもりました。

こうした狭い道では、すれちがいがたいへんでした。どちらか一方が、深い雪の中にはいってよけなければならなかったからです。

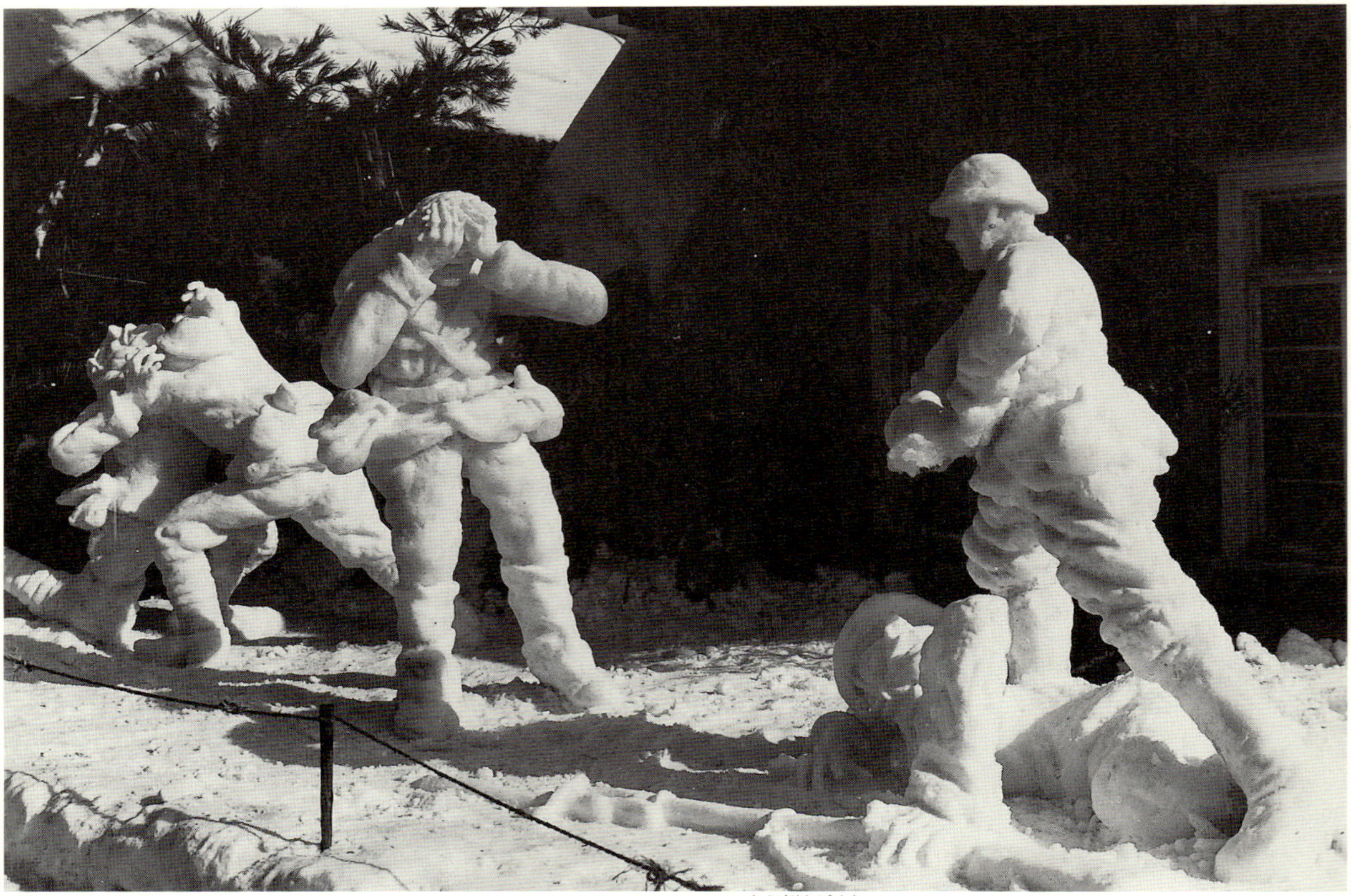

日本兵が敵兵をやっつけています。この雪像を作った翌年の8月、日本は無条件降伏《むじょうけんこうふく》をします。しかし、この雪像を作ったときには、日本軍は勝ち進んでいると知らされ、だれも負けるとは思っていませんでした。昭和19年（1944）2月　所蔵・須藤　功

雪を遊ぶ

雪国の人々は、冬が来ると雪が降る、ということはもうしかたのないことだと思っています。あきらめです。でも半年近いその雪の時節《じせつ》をどのようにすごそうか、その工夫をすることはあきらめることなく、昔からずっとつづけてきました。

たとえばつけものです。冬の食生活の工夫の一つで、タクワンヅケ、ハクサイヅケ、ナタヅケなど、一軒の家で五おけも六おけもつけました。それには食べる順番があって、食卓にいつも同じつけものが並ぶということはありませんでした。その中でいかにも雪国らしいつけもので、美味《うま》いと思ったのはナタヅケです。だいこんを片手に持ってナタで切り落とすと、刃のあたらない部分がささくれたように割れ目ができます。それを塩とこうじでつけるのです。寒い朝など、おけからだされたばかりのナタヅケはジーンと歯にしみるほど冷たいのですが、口の中であたためながらかんでいると、甘味がほどよく広がってごはんがおいしく食べられるのです。

自分の家で作った野菜、ダイコン、ニンジン、ゴボウ、ネギなどは、秋のうちに土中にうめておきます。その上に雪がつもって自然の冷蔵庫になります。野菜がいつまでも新鮮にたもたれるわけで、正月など必要なときに掘り出して食べました。

それも雪を利用する工夫の一つですが、つもった雪で遊ぶ、ということも行なわれてきました。かまくらの行事や雪の芸術などです。

雪穴の中で子どもたちが遊ぶ横手のかまくら（表紙カバー裏）は、いまはテレビなどにも取りあげられて有名になりました。それにくらべると雪の芸術はあまり作られなくなりました。

雪の芸術というのは、雪の彫刻ともいえるものです。でも作り方は他の彫刻と少しちがいます。木像にかぎらず、彫刻は素材《そざい》を少しずつけずって作るのが普通です。それが雪の像は骨組に雪を少しずつつけていく形で一つの像を仕上げます。それも雪だけではよくつきませんし、かたまりません。そのため雪に塩をまぜます。ところがそうした塩のまざった雪はものすごく冷たいために、芸術といわれるほどに見事な像を作るにはたいへんな根気がいります。

そうしたことを頭に入れたうえで、左右の二枚の写真を見て下さい。日本がまだ世界を相手に戦争をしていた時代の雪の像です。戦争そのものは決してやってはならないことですが、この雪の芸術はたいへんよくできていると思うのです。右頁の写真は敵兵をやっつける日本兵、上の写真は、軍神と呼ばれた廣瀬《ひろせ》中佐の雪像です。このころ、日本はもう負け戦《いくさ》ばかりでした。でもそのことは国民のほとんどが知りませんでした。知らされていなかったのです。ですからこの像を見て、だれもが日本は強い、もうすぐ勝利のバンザイをする、と思ったにちがいありません。像を作った人たちも、そうした気概《きがい》を持って作ったように思います。塩のまじった冷たい雪もものともせず、根気よく丹念に作ったことがうかがえるのです。

昭和二十年（一九四五）八月十五日、日本は戦《たたか》いに敗れました。そのときからこのような写真を持っていると、アメリカ兵につれていかれる、とうわさされました。

この横手の雪像は、戦後、札幌の雪まつりに取入れられたといわれます。

「軍神廣瀬中佐之雪像」。廣瀬武夫は日露戦争で手柄を立てた海軍中佐で、東京の万世橋停留所（神田）前に、原形の銅像が立っていました。昭和19年（1944）2月　所蔵・須藤　功

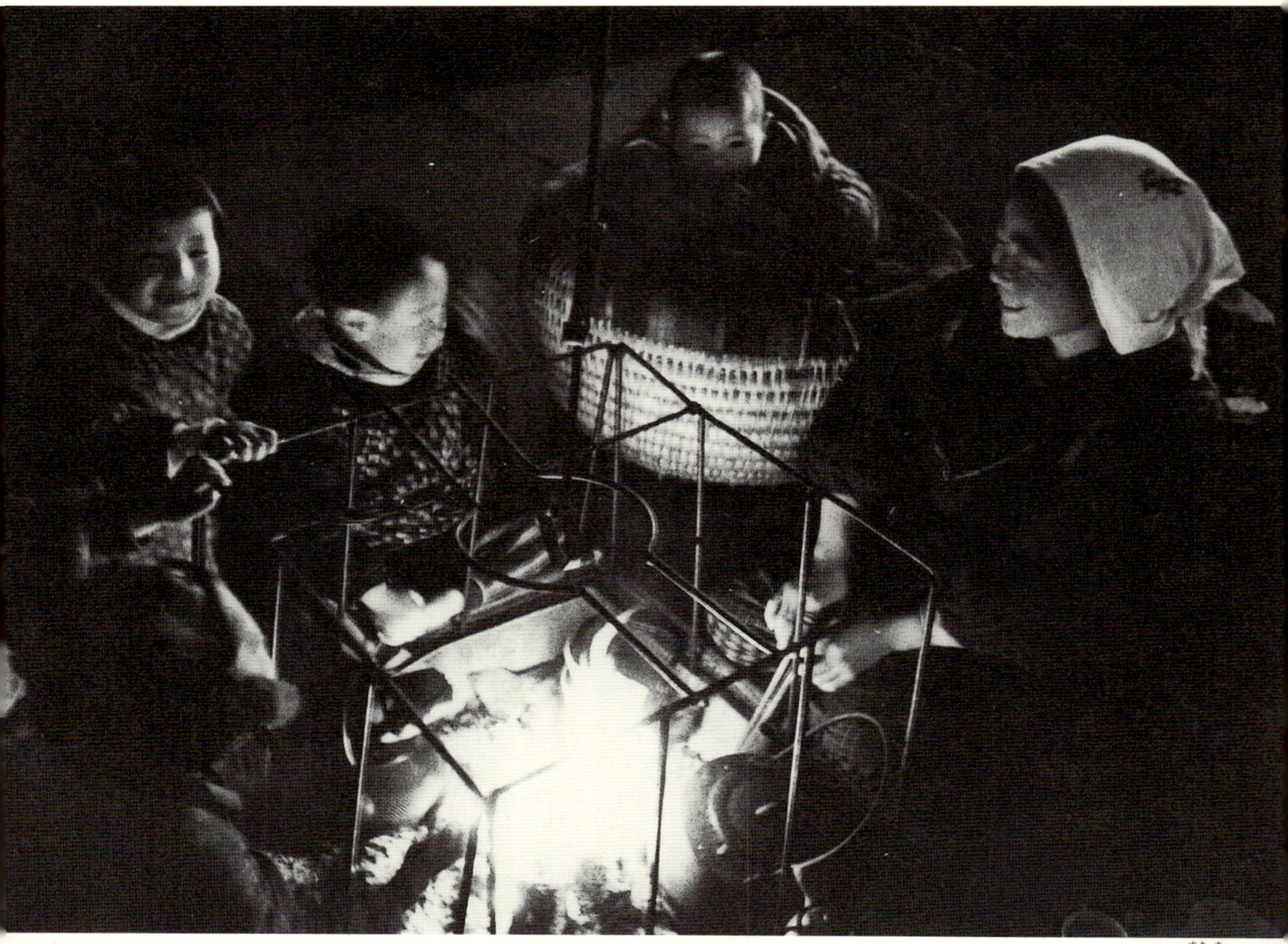

冬はなんといっても火のそばが一番です。雪国の家屋は雨戸と障子の二重構造で寒気を防ぐ造りになっていました。それでも隙間《すきま》風《かぜ》がはいり、火にあたる腹部のほうは暖かくても、背中は大寒《おおさむ》となりました。昭和31年（1956）12月　撮影・佐藤久太郎

外は雪

雪の日は火のそばが一番です。めずらしく母も火のそばに来て、子どもたちに語りかけます。

祖母に昔話をねだったのも、外は雪の日の火のそばでした。

火の写真は、イロリに鉄枠がかぶせてあります。これは濡《ぬ》れたものを乾《かわか》すためのもので、おしめや下着などの洗《せん》濯物《たくもの》、あるいは外で仕事をして濡れた上衣なども、この上にかけて乾しました。そうした濡れ物がないときはふとんを掛けてコタツにしました。そのイロリから転じたコタツは、うっかり足を落すと足に灰がつきました。

だんらんの写真は、横手地方の農家の生活が大きく変り始めるころです。赤ちゃんを入れたエヅメというものもほとんど見られなくなります。新聞を広げた主人が横たわるのは、たたみではなくござです。この下は板間《いたのま》で、雪のない季節は仕事場になりました。そうした板間も家の建てかえでなくなり、ござも立派なたたみになりました。

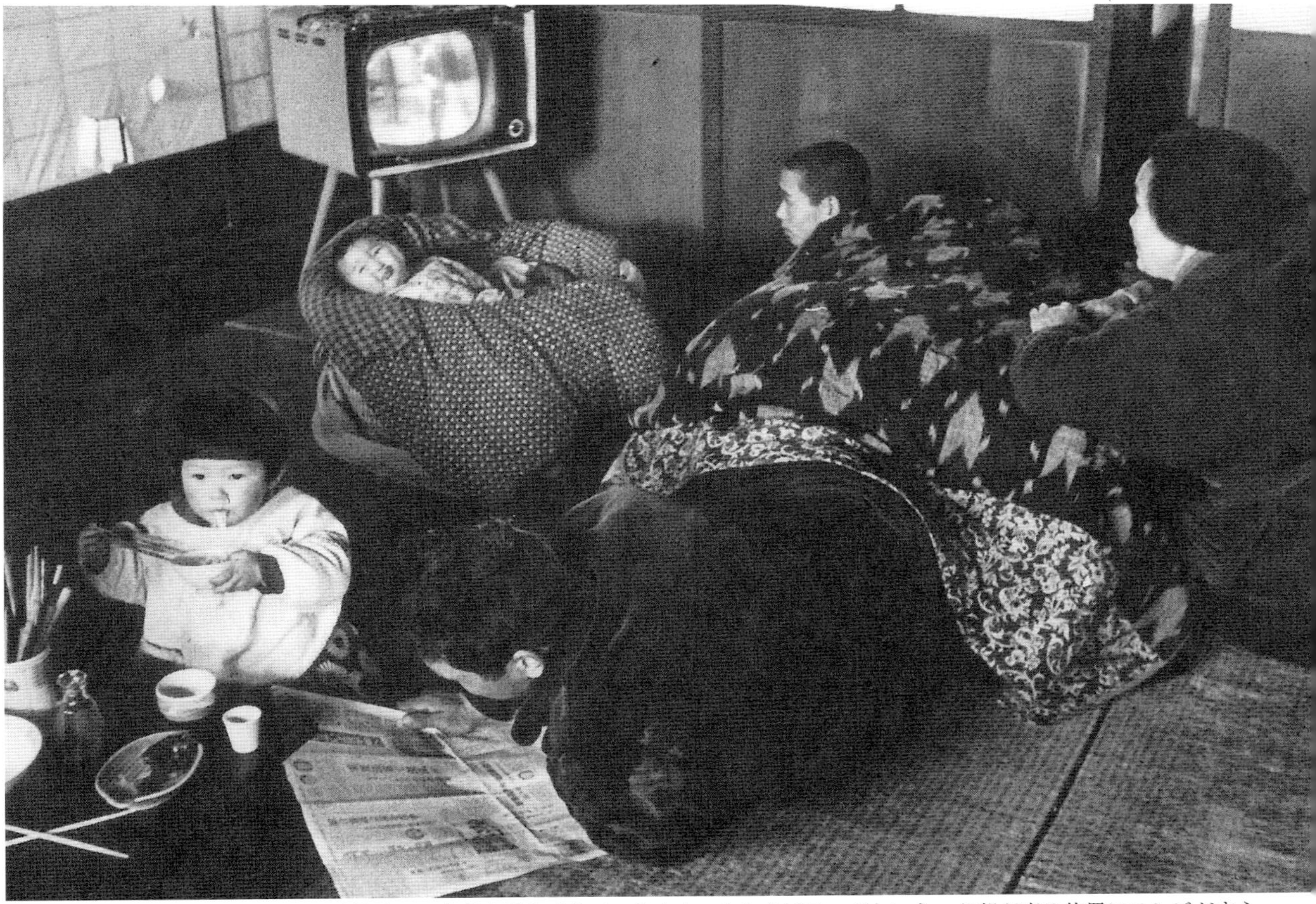

昭和28年（1953）に始まったテレビ放送は、家庭生活を変えていきます。たとえばヨコザという、父親が座る位置にテレビがすえられ、家の長としての父親の権《けん》威《い》が薄くなります。写真の父親はテレビではなく、横になって新聞を読んでいます。昭和37年（1962）3月　撮影・佐藤久太郎

冬の仕事

冬が来て大地が白一色に閉《と》ざされても、農家に休みというものはありません。野良《のら》に出ないだけで、家の中での仕事がいっぱいありました。

昭和十年代には、先の「取入れのころ」でもちょっと書きましたように、米づくりの仕事が太陽暦の一月ころまでつづきました。おもに稲から籾を落す脱穀の仕事です。それが終って太陰太陽暦での正月、その正月の間はそれでもホッと一息つくことができました。しかしそれもつかの間で、すぐ春の農作業の準備にかからなければなりませんでした。おもにわら仕事です。

一軒の農家でどれだけのわら製品をそろえるのか、そのたしかなことはまだ調べたことがないので、ここでは書くことができません。ただ一人の奉公人《ほうこうにん》が、地主《じぬし》との約束で納めるわら製品については調べたことがあります。ここでいう奉公人とは若勢《わかぜ》のことで、それについては一六二頁の若勢市を読んで下さい。

カジカスベ（スリッパ形のワラグツ）……………二十足
スワラジ……………………………………………二十足
リキナ（馬とすきをつなぐナワ）…………………二組
ステナ（手づなの長いもの）………………………二組
ケラミノ……………………………………………一個
ニナ（真中を平にした荷ナワ）……………………三本
イナアゲニナ（稲束をあげるときの荷ナワ）……二本
セナカアテ…………………………………………一個
ナワ…………………………………………………五束

最後のナワは、三十五ひろの長さのものを十把《ぱ》で一束《そく》とします。一ひろは、大人が両手をいっぱいに広げた長さです。仮りに一ひろを一・五メートルとしますと、一束は五二五メートルになり、五束で二六二五メートルになります。

若勢は、昼の仕事を全部すませた、自分の時間にこれだけのわら製品を作らなければなりませんでした。また、こうした春の農作業に必要なものの他に、いますぐにいる冬のものも作らなければなりません。

わら製品はものによって使用に耐《た》える期間がちがいます。たとえばフミダワラ（一五四頁参照）だと一冬使えますが、ひんぱんにはくワラグツなどは、一人、二足から三足いりました。

次頁の写真は、わらぐつの一つであるヘトロができるまでです。見ているといとも簡単にすいすいと編み、写真を写すために、ちょっと待って下さい、と何回もお願いしました。

いまはもうヘトロをはく人はいませんから、作ることもありません。

このヘトロを作ってくれた小田島さんの話によると、だれもがヘトロを必要としたころには、一日に五〜六足編んだといいます。十日ほどためて五〜六十足になると、町の店に持って行きました。それだけの数で、いまのお金で三〇〇〇円ほどになりました。とても安い代金ですが、それでも昔の農家にとっては大事な収入でした。

冬にはく藁靴のひとつ、ヘトロを作っています。昭和53年（1978）2月　撮影・須藤　功

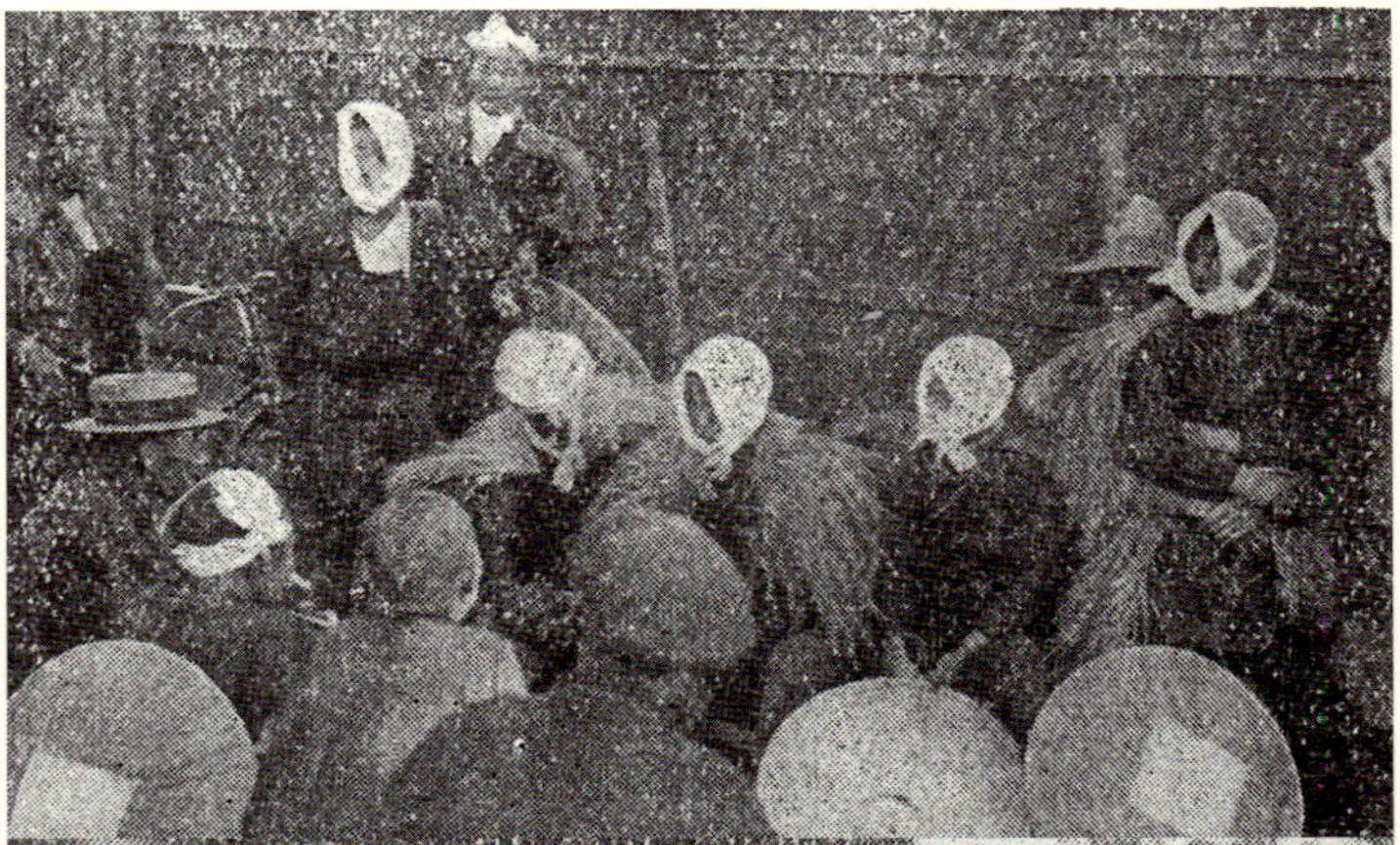

朝市の一画で雇主《やといぬし》を待つ若勢（右上）、雇主と契約交渉中（右下）、若勢の正装（上）。『農業経済研究』昭和13年（1938）12月号より

若勢市《わかぜいち》

若勢とは一般には若い働き手の人たちをいい、その言葉は東北のあちこちで使われています。

それが秋田県では奉公人をさして使われてきました。大きな田や畑を持つ地主の家に、一定期間、米何俵という契約《けいやく》で奉公にあがるのです。仕事はおもに米づくりでした。

その契約の場所や方法は、秋田県内でもさまざまでしたが、横手では朝市で行なわれました。若勢になろうとする若者が自ら市に立って地主と交渉《こうしょう》するのです。それを若勢市といい、昭和十年代までは旧暦十二月二十五日に行なわれました。

若勢には十四歳ぐらいからなり、二十五歳を上限としました。市には自分で編んだ新しいミノを着て立ちました。上手に編んだミノを着ていくと、地主の見る目がちがいました。この若勢は仕事をきちんと、しかもきれいにやってくれそうだ、とよく判断してくれたのです。でもそれだけではきまりません。若勢も地主をみました。たとえよいと思った地主でも、地主の示す契約米が少ないと、ことわりました。

契約米は昭和十年代には十俵から十二俵が平均でした。大人が一年に食べる米はおおよそ二俵半ほどでしたから、それは四人〜五人家族の一年分の量です。でも前借りをしたために、契約が終って帰るときには一俵もなかった、という若勢もいました。そうした貧しい家の若勢だけではなく、農作業をおぼえるために、大地主の家の男の子が、他家へ若勢として奉公にあがったりしました。

店さき

　宣教師だったスマイザー氏は、写真を入れた袋に藤倉商店と記しています。雑貨店のようで、店頭には手カゴ、ザルなどの竹細工、ワラグツ、ワラジ、背中アテ、荷ナワなどのわら製品が見えます。

　左はしに半分だけ見えるのは大八車《だいはちぐるま》というもので、当時は荷物の運搬になくてはならないものでした。そのそばに立つのはすだれで、雪や雨のときひろげて、店に降りこまないようにします。すだれの上に〈たばこ〉の看板《かんばん》が見えます。

　写真を写すというので、店の人たちが出てきたのでしょうか。左はしの少女は髪をももわれに結っています。

　二階は洗濯物で、こしまき、シャツ、上衣、きゃはん、てぬぐいなどが干されています。屋根や道路の雪からすると、時季は初雪のころのようです。

撮影者のM・M・スマイザーは、宣教師として大正時代に横手町にやってきたアメリカ人で、当時の横手の町や人を乾板（ガラスのフィルム）でたくさん撮っています。大正時代　撮影・M・M・スマイザー　提供・鶴岡功子

冬の朝市の店。野菜、豆腐《とうふ》、土産品、それに藁製のスリッパ状のヘトロ、長靴状のサンペイ、蓑《みの》などもおいています。昭和44年（1969）2月　撮影・須藤　功

朝市

大きな荷物を背負ったお婆さんが、ゆっくりゆっくりやってきます。荷をのぞくと、ゴボウやダイコン、ニンジンやネギもあります。自分の家で作った野菜なのでしょう。

しばらくして朝市をのぞくと、そのお婆さんがさっき背負っていた野菜を並べて売っています。となりは小屋組のしっかりした店で、品物もさまざまです。その品物は自家製ではなくて、おそらく他で仕入れてきたものでしょう。

昭和四十年ごろまで、横手の朝市はにぎわいでした。そこでは、日用品のほとんどがそろい、また安く買えました。いまはすっかりさびれてしまいました。

朝市に自家栽培の野菜を並べ、マントを着て客待ちのバッパ（おばあさん）。昭和44年（1969）2月　撮影・須藤　功

夏の朝市の店。野菜も豊富になり、花もあります。藁靴はなくなりましたが、藁で編んだ草履はあります。吊るしてある藁細工は土産品です。昭和43年（1968）7月　撮影・須藤　功

手前の大根の上は美味しい藁苞納豆《わらつとなっとう》、その左上は糀《こうじ》を使ったピリッと辛《から》いナスの漬物《つけもの》です。昭和44年（1969）2月　撮影・須藤　功

夫が作った竹細工を朝市で売っているのでしょう。手提《てさ》げのついた籠《かご》は買物籠としてよく使われました。昭和44年（1969）2月　撮影・須藤　功

雪国に育つ子供たちを語る

文　柿崎珏司

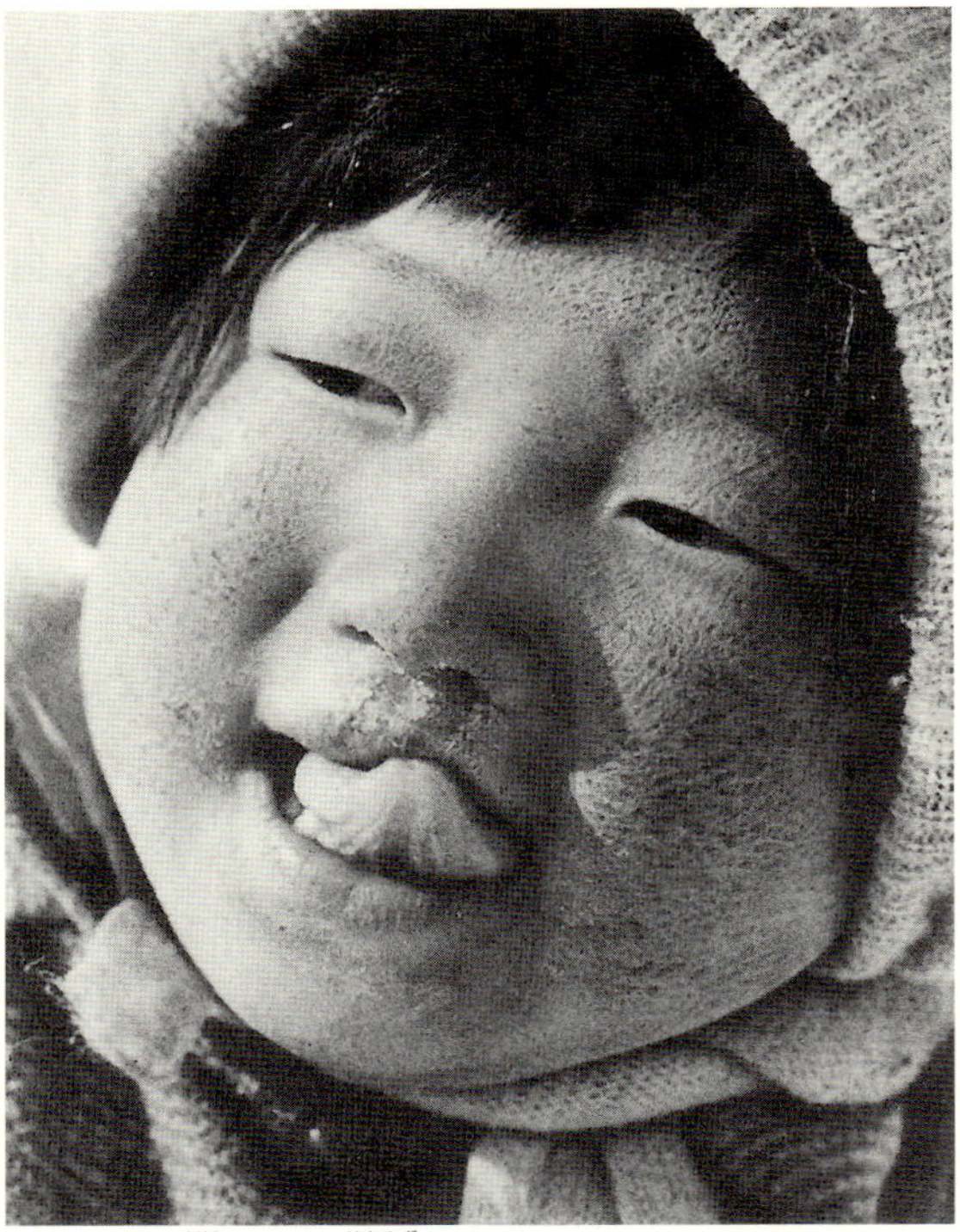

かさかさの頬《ほほ》、鼻下で洟《はなみず》の乾いた冬の少女。昭和30年代
撮影・佐藤久太郎

街に来る雪

秋田県横手市は、県南の穀倉地帯である横手盆地の中央に位置している。

街の東側には奥羽山脈が連なる。その中の一段高くそびえる七四一メートルの御嶽山《みたけさん》を、市民は「おみたけ山《さん》」といって幼いころから親しんでいる。

西側にくっきりと浮び上がるのは東北第一の霊峰、標高二二三〇メートルの鳥《ちょう》海山《かいさん》、山形との県境にある山で、その姿は横手公園から眺めるのが一番美しいという。

毎年、十月の末ごろから十一月の初めにかけて、雪の降り始めはまず鳥海山、それから御嶽山となる。

御嶽山の中腹には台地があり、そこに大きな一本杉が生えている。冬のスキー、夏の登山ではそこで一服する習わしがある。

〽遠くの山に　雪が降る
近くの里に　雨が降る
あいの小山に　みぞれ降る
雪　雪　みぞれ　雨も降る

雪の降り始めのころになると、子供たちの口から自然にそんな歌がうたわれるようになる。雪の降る遠くの山とは御嶽山、雨の降る近くの里とは自分たちの住む街、みぞれ降るあいの小山とは一本杉のことである。

このころを雪国がもっとも雪国らしいときという人もいる。ビショビショと降るみぞれをぬうように、人の動きも冬に向って何かしらあわただしい。顔つきも心なしきつく見える。その顔つきがやがてあきらめに変わるころ、横手盆地は白一色に埋もれてしまう。街を二分して流れる旭川《あさひかわ》（横手川）さえ雪におおわれ、知らぬ人はその下に水の流れがあることなど思いもおよばない。田んぼも同じで、ただ一面の雪の原と化してしまう。

ピューピューと電線の鳴る吹雪の日、押えても押えてもマントはめくりあげられ、叩きつける雪で目をあけていることができない。両足を宙に浮かせたら、そのまま風に乗って一気に飛んでしまいそうだ。後向きの前進み、そんな日は学校

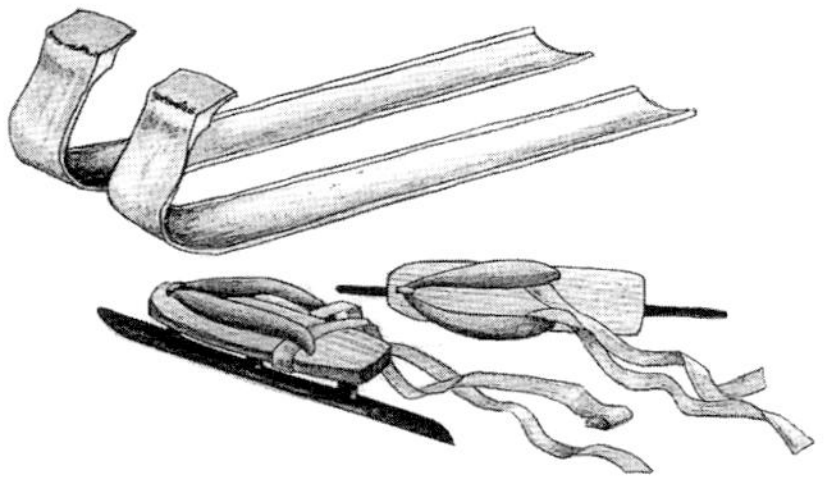

竹滑り（上）と下駄スケート（下）。絵・中嶋俊枝

みんなで馬橇《ばそり》に乗る。昭和33年（1958）2月
撮影・佐藤久太郎

へ行くにもずいぶんと手間がかかる。学童にはつらい日である。同じようにつらいのは道つけ。雪べらでかいても踏俵《ふみだわら》で踏んでも、踏んだそばからすぐ道が消えてゆく。

　それ以上につらく大変なのは屋根の雪おろし。放っておいたらその重さで家はつぶれてしまう。連日降りつづくと、追われるように毎日、屋根に登っていなくてはならない。そうなると身体がもたない。雪おろしは南国の人々の想像する以上に重労働なのである。

　家々の密集した街では、そのおろした雪の排除もまた一仕事だった。もっとも、昔、冬になると車の走らなくなる時代には、その雪でかまくら（表紙カバー裏）をつくった。街の子供たちもそれぞれにかまくらを楽しむことができた。雪が来ても車が走るいまは、便利になった代りに、一つの情緒を失い、かまくらもすっかり変ってしまった。

　失ったということでは、いまの街中での竹滑《たけすべ》りもみなくなった。竹滑りは、巾五センチ、長さ三十センチほどの竹の先を曲げた滑り具で、坂道でそれを両足をおいて滑り降りた。

　平坦な街中では、それに両足をおいて馬橇《ばそり》の後にちょっと手をおいて、馬に曳いてもらう形で滑り遊んだ。もっとも伯《ばく》楽《ろう》にみつかると

「こらーっ」

と叱られたし、人通りの多いところでは人にぶつかって長く滑りつづけることはできなかった。それに自分の足の操縦をあやまったり、くぼみに引っかかったりすると、道わきのどか雪の中に体を放り投げなければならないことになる。ワッといって雪に首をつっこんだ、そのそばに黄色い穴（小便の跡）があったりすることもまれではなかった。

冬夏の遊び

　半年近い白の世界が、生活にさまざまな形で影響を与えているのはいうまでもない。東北の人をいうときよく引き合いに出される〝粘り強さ〟も、雪の生んだ性格の一つといっていい。

　重くたれこめた空、寒さ、雪にとざされて光のとどかぬ居間。昔はそのとじこめられた部屋で薪を燃やした。それは茅屋根を長持ちさせる一方で、充満する煙は部屋の空気をよごした。

　それでも薪はまだいい方だった。「根っこ」ともいった泥炭《でいたん》を燃やしている家は、煙も臭いもすごかった。そしてどちらにしても、煙とよごれた空気で目をやられる人が多かった。子供のトラホーム（結《けつ》膜炎《まくえん》）率も高かった。

　また鼻汁《はなじる》を流した子供や、耳だれの子供も少なくなかった。鼻汁は寒さや湿度の高いこともあったろうが、いまほとんど見かけないところをみると、食料―栄養も関係していたのかもしれない。

　鼻紙は新聞紙。よく揉《も》んで〝チーン〟とやるのだが、上手にやらないとインクが鼻のまわりに落ちた。のらくろ（漫画の主人公）のように黒い鼻になった。

　でもそうした新聞紙を持っている子供

はいい方で、たいてい木綿《もめん》の着物の袖口《そでぐち》で拭《ふ》いた。拭くというよりぬぐうのである。だから袖口がピカピカ光っている。

「チェン、チェイ（先生）」

粗末な着物に鼻汁をたらした子供が、そう言いながらなれなれしく近付いてくる。それに対応するチェン、チェイも、もう自分の形振《なりふ》りなど構っていられない。頑是《がんぜ》ない子供を先生は体で受止める。それはそばで見ていてもなんともほほえましい光景だった。

たむろする子どもたち。昭和30年代　撮影・佐藤久太郎

思いおこしてみると、いまの生活にくらべて昔は決していいとはいえなかったが、子供の世界は昔の方がよかったのではないかと思わないでもない。動作は敏《びん》捷《しょう》、機敏《きびん》ではないが、我慢強《がまんづよ》く、たいていのことには耐えられた。どの子供も人なつっこく、こせつかない大様さがあった。また他人を疑わず、友人の欠点を補い、過ちを許す包容力《ほうようりょく》を持っていた。少なくとも昭和三十年代ごろまで持っていた子供たちのそうした性格も、長い雪の生活の中で培われたものだったろう。そして、それをそのまま持って大人になったところに、東北の人をいうもう一つの〝素朴さ〟があったような気がする。

長い冬が終って春、梅も桃も桜もいっせいに咲き開いて、雪国はまさに春爛漫《らんまん》となる。

「カッコー、カッコー」

五月の空さわやかに響く郭公《かっこう》の声。その声を聞くと、もう寒い日に逆もどりすることはない。人々はその一声一声に胸をなでおろす感じですらある。

ほどなく野山は若葉につつまれる。田んぼの畔に三寸、四寸と雑草が伸びると、青草に飢えていた馬が、ゴクン、ゴクンと喉《のど》を鳴らすようにして雑草をむしり食《は》む。

「ヒヒヒーン」

腹いっぱいになった一頭がいななくと、向うの田んぼからも返ってくる。

「ヒヒヒーン」

色あざやかな菖蒲《あやめ》が二本、三本、田堰《たぜき》の雑草に混って咲いている。

慈姑《くわい》、頤無《おとがいな》し（方言名）の繁茂した小川の泥の上に、泥鰌《どじょう》や蠑螈《いもり》が背伸びしているそばを、目高《めだか》の群がスウーッと横切って行く。

まだいる。水澄《みずすまし》、源五郎《げんごろう》、川蜘蛛《くも》（水黽《あめんぼ》）、螻蛄《けら》、それに、鯰《なまず》、鮒《ふな》、鱮《たなご》など、どれも雪の消えるのを待っていたかのように、小川や池を泳ぎまわっている。その中で子供たちの相手にされるのはまず螻蛄。手のように広がった前足の節を使って砂の中にもぐろうとするのを目敏《めざと》くつかんで引っぱり出す。

「テデキャッペ」

「テデヘグリ」

テデとは親爺《おやじ》のこと、キャッペは大きさ、ヘグリは男のあれである。で、子供たちが螻蛄に向って、親爺の大きさを問う。すると螻蛄は大きな手を広げる。そこでそんなものかと小さいのをなじる

川で体育の時間。昭和34年（1959）横手市勢要覧

と、螻蛄はさらに手を広げる。そこで子供たちの親爺のあれの大きさになったと笑いころげる。むろんこのように螻蛄がすぐ子供たちに反応するわけではないが、とにかくそうして螻蛄は初夏の子供たちの一番の遊び友達にされたのである。

水澄や源五郎をカンカンと太陽の照る陸に上げる。翅がかわくと、二匹はやがて大空に向って飛び立っていく。

「わーっ」と上がる喚声《かんせい》と拍手。

白い野薔薇《のばら》が咲き、赤い姫百合《ひめゆり》が山裾《やますそ》を飾るともう夏。すると今度は青々と稲の伸びた田んぼに見事な蛙《かえる》の合唱が響く。

「ケロケロケロ」

「ギャアゴ、ギャアゴ」

夕べに蛍が飛び交う。

そんな夏の日はどの子供もすっぱだか。

「あー痛てー」

勢いよく小川に飛び込んだのはいいが、ちょっと体形をくずしたために腹部を水面に打ちつけてしまった。でもそれもすぐ忘れて、また岸辺を走り、小川に飛び込む。入道雲のわく子供の短い夏は、そうして瞬《また》く間に過ぎてしまった。

小学生のころ

わたしは古い人間で、小学校にはいったのは大正二年（一九一三）四月だから、いまから七二年前のことになる。

そのころは鞄《かばん》などというものはなく、風呂敷に四、五冊の薄い教科書を包んで背負い、もう一枚の小さな風呂敷にはおにぎりを包んで肩に掛け、腋下《わきした》でおさえた。おにぎりの中はボタッコ（塩引き鮭）、梅干、茄子《なす》の味噌漬で、それ以外におかずは何もなかった。それでも母の握ってくれたおにぎりは、ふっくらとおいしかった。

学校に行く途中、友達とふざけて走ったりすると、背中で筆入れがガチャガチャと怒った。児島高徳《こじまたかのり》とか楠公《くすのきこう》父子の絵の書いてあるブリキ製の筆入れで、筆が中でぶつかると大きな音をたてた。

教科書は、読み方、算術、書き方、理科などいずれも薄っぺらな本で、覚えるところはあまりない。繰り返し読んでいるうちにたいてい暗記してしまった。

綴り方（作文）は、先生が黒板に書いた通りに綴方帖に写しとればよい。自由題で自分の感想を入れて書くなどということはなかった。

図画は手本を真似て書けばよい。臨画《りんが》というもので、写生画はなかった。色も

算数の時間。昭和14年（1939）3月　卒業記念帖

唱歌をうたう。昭和14年（1939）3月　卒業記念帖

たとえば桜の花の色を出したいと思っても出なかった。わたしの持っている絵具は、瀬戸物の皿にはいった赤・黄・青の三原色だけで、白がないから思いの色は出せなかったのである。

唱歌《しょうか》（音楽）は教える先生がいなかった。教材にもきまりはなく、一年生のとき習ったのは「カリカリワタレ」だった。そのカリとは雁《かり》のことであるとはそのときはむろん知らなかった。それにしても、秋に渡ってくる鳥を春四月に教えるとはどうしたことだったのだろうか。もしかすると先生もそれが秋の鳥であることを知らなかったのかもしれない。

〔花紅葉散りぬれど、春も秋もまた来なん。雪蛍過ぎぬれど、夏も冬もまた来なん。さわさなり。さりながら人の身にはそもいかぬ〕

六年生に習ったもので、そのときは何のことやらわからなかったが、今になって人生とはこんなものだろうと思うようになった。

四年生のとき〈近目のしくじり〉という唱歌を習った。

「追分《おいわ》けの石地蔵、カラスが一羽とまってる。近目は人と間違えて、もしもし帽子が飛びました」

この唱歌のどこに音楽的な要素があるというのだろうか。近視のわたしは、子供ながら憤懣《ふんまん》の情を覚えたものである。

五年生に理科が加わった。はじめはアブラナであるが、外は雪の山で菜の花などなく、東北の季節とは合わない教科書だった。そこで先生は牛と馬のことを教えてくれた。つづいて凹レンズ、凸レンズのことを習った。

わたしはその冬、家の軒にぶらさがっているつららを取り、その根元の扁平《へんぺい》になっているところを指先でこすって凹《おう》レンズ状にした。それを目にあてて風景を見ると、それまでには見たこともない明るい奇麗な世界が飛び込んできた。そこでわたしは、眼鏡《めがね》をかけるとわたしの目は見えるのだ、と思った。そして前途に希望を持った。

そのころ小学校には身体検査もなく、校医の制度もなかった。目、耳、鼻、虫歯など、いくら悪くなっていても放置されていたのである。

〔心ここにあらざれば、見れども見えず、聞けども聞えず〕

この言葉は、小学生のころわたしの父がわたしにいった言葉で、一つのことに集中せよ、やる気がなければ、見ても聞いても頭にはいらないぞ、という意味である。

冬囲いをしている父に手伝っていて、わたしがウロウロしていると、父によくいわれた。まだ眼鏡をかけていなかった小学生のころのことで、いまときどきこの言葉を思い出すのである。

着物と藁靴《わらぐつ》

雪国の人々の服装は、防寒に適するかどうかということが第一条件となる。

言葉を変えると、それは寒さに抵抗す

るということになろうか。囲炉裏《いろり》の焚火《たきび》で暖をとるのもその一つである。もっとも芯まで凍りそうに寒い日は、焚火の方を向いている顔や臑《すね》や腹ばかりは熱帯で、反対側の背中は身震いの止まらぬ寒帯になる。

そこで考えられたのは、犬や兎の毛皮を背に着ることだった。綿入れの袖無しでもその用をなした。

造りの完全でない昔の民家は隙間《すきま》が多く、土間といわず、居間にも寝室にも雪が吹き込んできた。そうした家の中で、主人は犬皮を着け、手拭《てぬぐ》いで頬かむりをして焚火に手をかざしている。その光景はいまからみると風刺漫画《ふうしまんが》のようであるが、当時の人々には精いっぱいの寒さへの抵抗だった。

強風の日の下校。昭和20年代　撮影・土田　惇

そこにはどうにもならない貧しさもあったのだが、ここではふれない。

大人の服装がその程度だから、子供の服装も木綿の粗末なものだった。ただ年齢に応じて模様や柄にそれなりの変化があった。

まず大人の男は黒木綿《くろもめん》一色、女もやはり黒木綿の着物だが、それに赤帯をしめる。黒地に赤の帯や細紐《ほそひも》が一本はいると腰が華やかになって男女の別がはっきりする。それだけでなく野良で働く男女の姿が自然にぴったりと調和して美しいものだった。

男の子の場合は、いくらか模様のはいった木綿の着物に前掛けのような腹巻をする。それにはポケットがあって、遊び道具がしまいこまれた。子供にとってはただ一つの自分の隠し場所、大事なポケットだった。下には股引《ももひ》きをはいた。

女の子は股引きではなく、ちょっとだぶだぶの感じの〈カリサンコ〉というものをはいた。巾に余裕があって足の屈伸《くっしん》も気にならなかったし、足首で細くきっちりと締めてあるので動きやすかった。

外に出るとき、女の子は防空頭巾《ぼうくうずきん》のような〈ボッチ〉をかぶった。男の子は茅《かや》で作った〈ミノボッチ〉をかぶった。

大人の男は〈ミノケラ〉、女は〈ケット〉という角巻《かくま》きを着る。

ウマノツラ。昭和30年代　撮影・佐藤久太郎

毛糸がはいってくると、首巻、帽子、手袋と毛糸の製品がはばをきかすようになる。

ゴム製品がはいる前の冬の履物《はきもの》はほとんど藁製《わらせい》だった。長靴に似た〈ワラナガグツ〉、サンダルに似た〈ヘトロ〉、長い道を歩くとき、あるいは冬の仕事に履く〈カジカシベ〉。膝《ひざ》から下には股引きの上に〈ハバキ〉を巻いた。

シベリヤから吹きつける冷たい西北風を避けるために〈ウマノツラ〉を頭にかぶる。これも藁製で、帽子のつばを長く三十センチほどにしたようなものであ

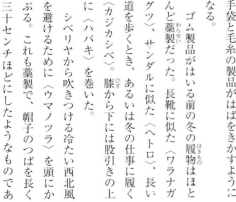

る。一見、馬の顔を思わせることからその名がある。

このような藁製品は軽く、温かく、また雪上で滑らず、しかも雪はけがいい。しかしすぐ湿ってしまう欠点がある。その湿ったワラグツなどは、囲炉裏の上の火棚《ひだな》にのせて乾かした。外から帰ってくると、ちょっと雪をはらって火棚にのせる。するとほどなく湯気《ゆげ》があがり、解けた雪がポトンと落ちてくる。

「あや、乾ぐまで遊んでいげ」

それが冬の日の友達を引き止めておく一つの口実だった。乾いたワラグツはほんのりと暖かく、子供心にも気持のいいものだった。

方言を宝に

吹雪の日、細い雪道で知人と会う。

「ドサ」

そういうと相手は答える。

「ユサ」

これでもう十分意思は通ずる。「どこへ行くのか」との問いに、「銭湯《せんとう》に行くのだ」、と答えたのである。

雪国の人は挨拶のときあまり口を開かないでものをいう。その一例にこの「ドサ」、「ユサ」はよく引用される。その理由も、寒さに対して少しでも無駄に体力を消耗しないよう、簡潔に要領よくということから出たもので、これも雪国に住む者の一つの知恵だという。

そうしたことを前提において横手周辺の方言を見直してみると、いろいろ思いつくことがある。次頁の『横手方言見立番附』の横綱「んだんだ」は「その通りだな」という意味で、普通は鼻濁音《びだくおん》二字「んだ」で片付ける。しかしこれにもさまざまな変化、変形があって、話し相手や状況によって使い方が違ってくる。

普段着の着物と下駄《げた》。昭和30年代
撮影・佐藤久太郎

んだら………それでは
んだども………そうだけれど
んでねえ………そうではない
んだぎゃぁ……そうですか
んだべしゃ……そうだろう
んだんす………そうです
んだんすな……そうですね

四番目の「……ぎゃぁ」はあまり上品ないい方ではない。それに対して、最後の二つ「…す」、「…すな」は丁寧ないい方、いわば敬語である。

吹雪の外では口数が少ないが、茶呑みに集ったアバ（いろいろな意味があるが、ここでは女）たちの口数はあきれるほどである。そしてそこで聞く方言のなんと賑やかなこと、それでいて時間が止ってしまったような錯覚《さっかく》をおこさせる。方言はしばしば昔の生活を彷彿《ほうふつ》とさせるからである。

「こらっ、うずくな」

そこに子供がきてぐずろうものなら、自分たちのことは棚にあげて、そう叱る。

ここ横手周辺にかぎらず、秋田では詞の尻に「コ」をつける。民謡の〈秋田音頭〉にも歌われている。

〽秋田の国では雨が降っても
　唐傘などいらぬ
手ごろの蕗《ふき》の葉ひらりとさしかけ
　サッサと出ていくわい

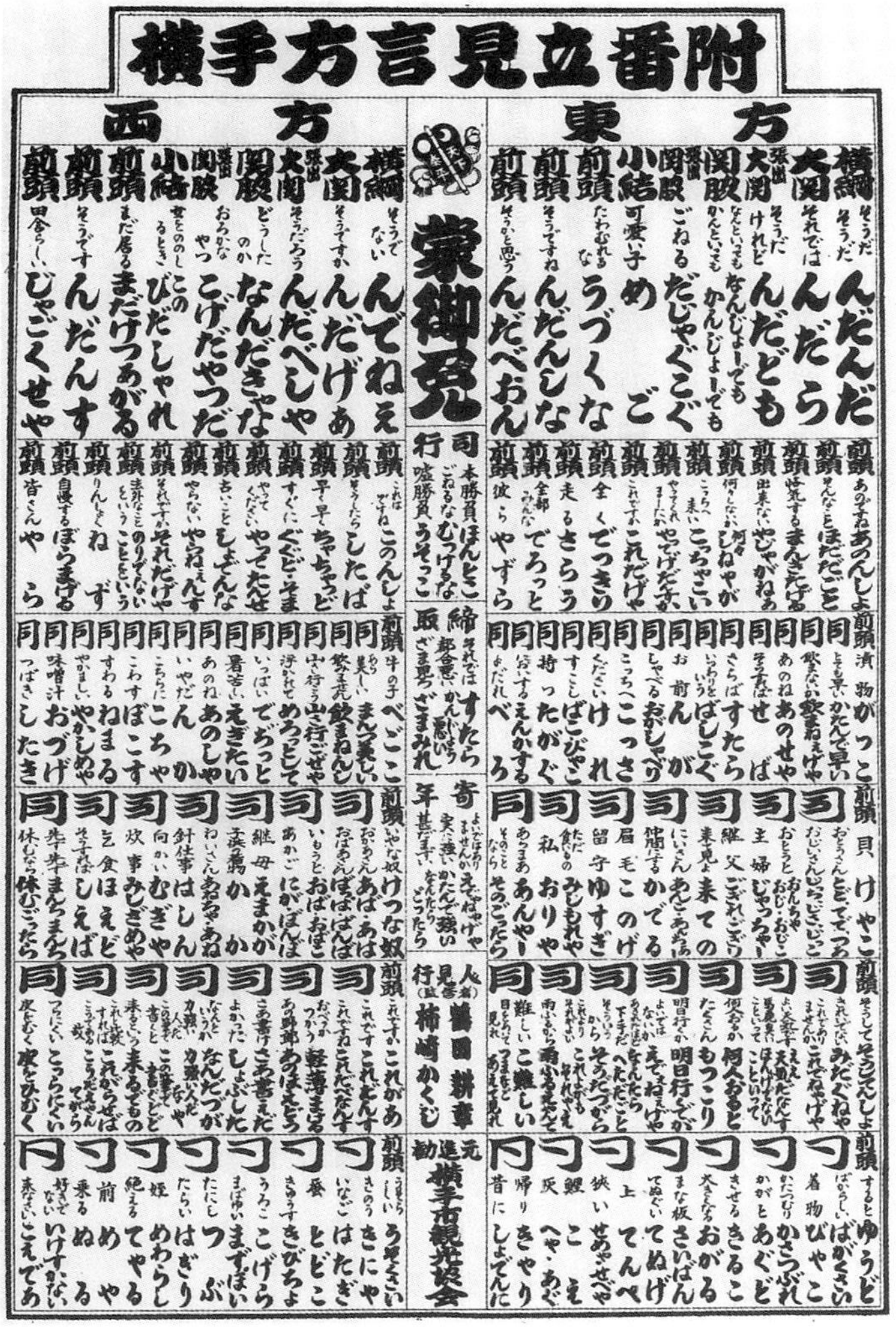

横手方言見立番附

蒙御免（天下泰平）

東方

横綱　そうだ　んだんだ
大関　そうだ それでは　んだら
張出大関　そうだけれど　んだども
関脇　なんといっても かんといっても　なんじょーでも かんじょーでも
張出関脇　ごねる　だじゃぐこぐ
小結　可愛い子　めご
前頭　たわむれるな　うづくな
前頭　そうですね　んだんしな
前頭　そうかと思う　んだべおん
前頭　あのですね　あのんしよ
前頭　そんなこと　ほだごと
前頭　怪気する　まんきえげる
前頭　出来ないや　やじゃがねぁ
前頭　何もしないか 何々　しねやが
前頭　やってくれましたか　やでげだすか
前頭　こちらへ来い　こっちゃこい
前頭　これですか　これだげや
前頭　全く　でっきり
前頭　走る　さらう
前頭　全部 みんな　でろっと
前頭　彼ら　やずら
前頭　漬物　がっこ
同　とても早い　かたんで早い
同　飲まないか　飲まねえげや
同　そうすれば　せば
同　あのね　あのせや
同　さらば　すたら
同　いつわりをいう　ばしこぐ
同　お前　んが
同　しゃべる　おがしゃべり
同　こっちへ　こっさ
同　ください　け
同　すこし　ばこびさこ
同　持った　たがぐ
同　おいする　えんかする
同　よだれ　べろ
前頭　貝　けやこ
同　おとうさん おじいさん　とど・でで・つあ じっち・じさ・じっこ
同　おとうと　おんちゃ おじ・おじこ
同　主婦　じゃっちゃ
同　継父　ごぎれ・ごぎり
同　来て見よ　来ての
同　にいさん　あんこ・あんちゃ
同　仲間にする　かでる
同　眉毛　このげ
同　留守　ゆすぎ
同　ただ食べるもの　みじもれや
同　私　おりや
同　あらまあ　あんやー
同　そのことなら　そのごったら
前頭　そうして　そうしてんしよ
同　これでありませんか きれいでない　これでねゃげや みだぐねや
同　よい天気です　ええ天気だなんす
同　何人おるか　何人おるど
同　たくさん　もっこり
同　明日行くか　明日行ぐでが
同　よいではないか　えでねぇげや
同　下手だ　へただごと
同　そういうから　そうだづがら
同　これよりそれがよい　これよがもそれがやえ
同　雨ふるから　雨ふるえんで
同　難しい　こ難しい
同　目をあけて見れ　つまなど あえて見れ
前頭　すると　ゆうど
同　ばからしい　ばがくさい
同　着物　びやこ
同　かたつむり　かさつぶれ
同　かかと　あぐど
同　きぜろ　きるこ
同　大きくなる　おがる
同　まな板　さいばん
同　てぬぐい　てぬげ
同　上　てんぺ
同　狭い　せあ・せべや
同　鯉　こえ
同　灰　へや・あぐ
同　帰り　きやり
同　昔に　しょでんに

中央

行司　本勝負 ほんとこ　ごねるな むつけるな　嘘勝負 うそっこ
締　それでは すたら　都合悪い かんじょう悪い
取　ざま悪い ざまみれ
年寄　よいではありませんか えぞねゃげや　実に強い かたんで強い　甚だます なんたらどうたら
人気見番　行司(監)　柿崎かくじ
勧進元　横手市観光協会

西方

横綱　そうでない　んでねえ
大関　そうですか　んだげあ
張出大関　そうだろう　んだべしや
関脇　どうしたのか　なんだきやな
張出関脇　おろかなやつ　こげだやつだ
小結　女をののしるとき　このびだしやれ
前頭　まだ居る　まだけつあがる
前頭　そうです　んだんす
前頭　田舎らしい　じゃごくせや
前頭　これはですね　このんしよ
前頭　そうしたら　したば
前頭　早く早く　ちゃちゃど
前頭　すぐに　ぐぐど・そま
前頭　やってください　やってたんせ
前頭　古いことを　しょぞんな
前頭　やらない　やらねぇんす
前頭　それですか　それだげや
前頭　意外なことをという　のりでないこという
前頭　りんしょく　ねず
前頭　自慢する　ぼらまげる
前頭　皆さん　やら
前頭　牛の子　べごこ
同　あら美しい　まんつ美しい
同　飲みません　飲まねんし
同　山へ行こう　山さ行ごぜや
同　浮かれて　めろっとして
同　いっぱい　でぢっと
同　暑苦しい　えぎたい
同　あのね　あのしゃ
同　いやだ　んか
同　こちらに　こちゃ
同　こわす　ぼこす
同　すわる　ねまる
同　やかましい　やかしめや
同　味噌汁　おづげ
同　つばき　したき
前頭　いやな奴　けっな奴
同　おかあさん おばあさん　あば・あは ばっば・ばんば
同　いもうと　おば・おばこ
同　あかご　にが・ぼんぼ
同　継母　えまかが
同　子供の鶏　かか
同　ねいさん　あねちゃ・あね
同　針仕事　はしん
同　向かい　むぎや
同　炊事　みじさめや
同　乞食　ほえど
同　そうすれば　しえば
同　先ず先ず　まんちまんち
同　休むなら　休むごったら
前頭　これですか　これがあ
同　これです　これだんす
同　これですね　これだべなんす
同　おべっかつかう　軽薄まける
同　あの野郎　あのほえどう
同　さあ書け　さあ書えだ
同　よかった　しょぶした
同　なんというか　なんだづが
同　力強い人だな　力強い人だなや
同　この様に書くと　この様で書ぐどど
同　来るという　来るでもの
同　これと比較すればこうである　これがらせばこうだえやんてがら
同　つらにくい　こつらにくい
同　皮をむく　皮をひむく
前頭　うるさい　うるさくさい
同　きのう　きにや
同　いなご　はたぎ
同　蚕　とどこ
同　きゅうす　きびちょ
同　うろこ　こけら
同　まばゆい　まずぼい
同　たにし　つぶ
同　たらい　はぎり
同　姪　めわらし
同　絶える　てやる
同　前　めや
同　乗る　ぬる
同　好きでない　いけすかない
同　来なさい　こえであ

秋田名物コの字づくしを
　つまんでいうならば
ぼっコに　がっコ　かさコに　皿コ
　酢っコに　醤油コだ

次の〈どんぱん節〉にもみられる。

〽いつ来てみても井戸端で
　きれいに咲くのは菖蒲の花
秋田のおばこによく似てる
　可愛い花コだ皆おいで

秋田では女の子を「オンバ」あるいは「オバ」という。「おばこ」は、その「オバ」に「コ」をつけたものである。

「コ」は動物にもつく。牛は「ベゴコ」、馬は「ウマッコ」、猫は「ネコッコ」。物にもつく。「茶碗コ」、「箸っコ」、「茶っコ」と際限がない。ただ物の場合はあまり大きなものにはつけない。小さなものだけである。

方言はどこにもある。一説に藩政時代に他藩の者と区別するため、藩独自の言葉を作ったという。それは同じ藩内でも南北で多少違っていたらしく、秋田県内でも県北は比較的荒く、県南はおとなしいという。たとえば「雨が降る」、「朝日が昇る」というとき、共通語のアクセントは上につくが、横手地方ではごく平板にいう。口をあまり開かず、ということはのっぺりと強弱をつけずにいうから、それがおとなしく聞えるのだろう。

道路の清掃。昭和30年代　撮影・佐藤久太郎

ある年、東京から一年生が転校して来た。しばらくするとその転校生と喧嘩《けんか》をしている。原因をたずねると、名前の呼び方がおかしいからという。在校生の名は勇吉といったが、東京から来た子がその名を呼ぶと、歯切れよく「ユウキチー」と「チ」を高くいう。それが叱られたように聞える。ここでは「ユウギヂ」で通っていたのである。

ここ横手でも方言は消えつつあるが、できれば横手らしい方言は一つの宝として残したいものである。

少年。昭和20年代　撮影・千葉禎介

柿崎珏司先生のこと

子ども同士で話すときは、先生とはいわず、やはり「コ」つけて呼んだ。たとえば〈柿崎先生のところへ行くとな〉は、「柿崎っコのどさえぐどな」となった。戦後の新制中学生だった者のこの話のつづきは、たいてい柿崎っコのところで美味いものが出たという話だった。

美味いものといっても、今だと「なーんだ」というものだが、戦後の食物不足のころには大変なご馳走で、訪ねて行った生徒は感激した。

このことからもわかるように、新制中学校の教諭、同校長としての柿崎っコは、生徒に親しまれた心の温かい「っコ」だった。教員生活三十八年、横手市立図書館長十二年、著書もたくさんある。

なお、この元の原稿は柿崎っコらしいゆったりしたものだったが、許しを得て編者が少し整理した。

（須藤　功）

「お城山」と街

江戸時代の横手は、秋田藩の支城のおかれた城下町だった。

町を流れる旭川（横手川）をはさんで内町と外町にわかれ、山手（城の下の地域）の内町には武家屋敷、外町には商家が並んでいた。武家屋敷の姿は、いまも羽黒町に見られる。

「阿桜城《あざくら》」ともいわれた横手城のあとは、いまは横手公園になっている。でもだれも「公園」とはいわず、「お城山《しろやま》」という。そのお城山には郷土館をかねたコンクリート造りの天守閣が立っている（一四一頁）。

お城山からは市街が一望にできる（中扉）。といっても、三万八〇〇〇人が住む中心街の全域が見えるわけではない。

秋には黄金波うつ稲田の向こうに、秋田と山形の県境にそびえる鳥海山（二二三七メートル）がくっきりと見える日もある。

（須藤　功）

絵ハガキに描かれた横手市街と鳥海山

陸中・田野畑村

—女の語らい

文　橋本梁司
写真　小林稔
山崎禅雄

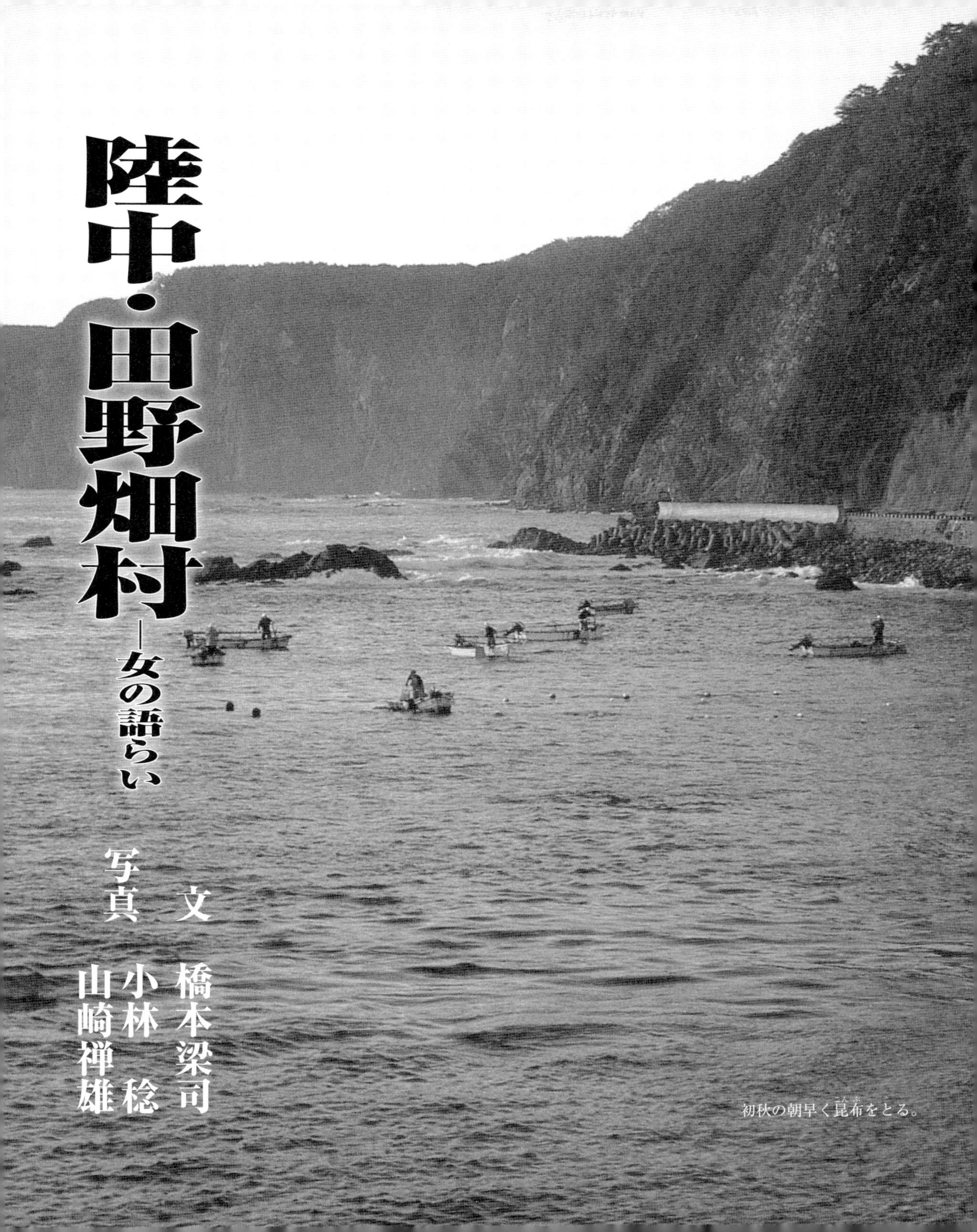

初秋の朝早く昆布《こんぶ》をとる。

陸中・田野畑《たのはた》村

ラテン語で環境をあらわすVironは、丸い輪ということと、とりすがるもの、との二つの意味を持っている。

未だ目も見えず生れ出たその時その場で、ヒトは母の乳房にとりすがって吸う。自分ではないものを自分化することで生を始める。とりすがる範囲は、身近かな手の届くかぎり、つまり、己を中心にそれは、ぐるりと丸い輪の範囲、円環になる。主体と環境との基本的な関係とはそういうものである。

そのようにして、それぞれがいま在る場にとりすがりつつ創り出す、生きる方法のことを文化というのだから、文化とは本来地域的なものである。それらを、つぎ合わせることで見えてくること、啓《ひら》かれてくること、普遍性を持つ影響力のシステムを文明と呼ぶのだと思う。

個別の文化は、文明に照らされて己の位置を確かめ高めつつ、一方でその豊かな多様性と創造性によって文明の停滞や閉塞を切り拓く拠点となる。今日の文明の状況に関る地域の視点とは、そういうものではないだろうか。

東北地方の太平洋に面した一角、岩手県下閉伊《しもへい》郡に田野畑村というところがある。三陸地方の、なかでも陸中の沿岸は、宮古《みやこ》を境にして南はおだやかな深い入江をもつ沈降海岸、北は切り立った断崖の連なる隆起海岸になる。一五五・六四平方キロの陸中・田野畑村は、断崖海岸に向う三〇近い深い渓谷によって細断され平野部わずか一六％、集落はそれぞれ段丘の上や小さな入江に位置を占めて点在する。まことに人は、思案坂《しあんざか》とか辞職坂とか呼ばれる上下曲折した陸《みち》の奥に住んでいる。

そこは権力や情報の拠点から遠い地域であるという意味では、たしかに辺境であった。中央から「白河《しらかわ》以北一山百文《もん》」の化外《けがい》の地と見なされた近代化の過程にあって、啄木《たくぼく》が、ふるさとのなまりなつかしと詠じたその上野駅からの鉄道さえ、第三セクターと呼ばれる自らの力を頼む昭和五十九年（一九八四）の開通まで、決して中央に依ってはつながりはしなかったのだから。しかし、田野畑は海も山も実に美しいところである。美しいばかりでなく資源の豊かな土地であった。基幹食料、ときに税用作物としての米に拘泥せぬ限りは、寒流の親潮と暖流の黒潮がめぐる海は多くの魚貝を育て、樹木の繁る山地は

断崖《だんがい》のつづくわずかな入江にできた机の港。砂利浜に昆布を干している。

鳥獣も木の実も山菜・菌類もゆたかである。地下は鉱脈に恵まれ、高原は牧《まき》である。豊かな生産力と資源とを持っていたからこそ、古来、権力の手が伸び、あるいは移り来る人を懐ふかく迎え入れもしたのである。住民には畠山・熊谷・佐々木等、往古西方からの移住を偲ばせる姓が多く、記録もまたそれを伝える。それは又、早い時期からこの地が文物に関する程度の高い能力を保有していたことをも示している。その後の歴史の中で人々は、深いV字谷と政治とに阻まれながら、炭焼き、牛方稼業、鉄山労働、半農半漁、塩焼きなどを営んで明治を迎える。

田野畑村は明治二十二年（一八八九）、浜岩泉《はまいわいずみ》、田野畑、沼袋《ぬまぶくろ》の旧村の三つが合併して成立した浜と台地と山の村である。往時はむしろ山側の沼袋が普代《ふだい》と岩泉《いわいずみ》に通ずる幹道で外につながる地域であった。国道四五号線の全線開通とこの度の三陸鉄道とに依って、今日では、より海側が人と物の動きの中心になってきている。

田野畑村役場入口をはいって正面のカウンター、役場を訪れる人が最初に出会う職員が村民福祉課の牧原紀子さん、細おもての涼やかな人である。役場へはいって七年になる。宮古市で下宿の高校時代、同級生に「タノハタってどこにあるの、え、汽車とおってないの」と言われて宮古市から僅か数十キロのへだたりのふるさとの位置を改めて思ったと言う。三陸鉄道開通の日、知り合いのおばあさんが、田野畑大橋（思惟大橋《しいのおおはし》）も架かったし、汽車も通った、生きていて本当に良かったと口にするのを身近に聞いて素直に感動した。彼女自身、鉄道は決して利用し易いわけではないのに、日本のどこへでもつながっているのだという解放感のような思いがあると言う。

村の人口五二〇〇人、昔日の田野畑を思えば夢のような今日の変貌ぶりである。それらはまた人々の暮らしに多くの問題を投げかける。日本の村々が「農漁」村ではなく「土木」村になって既に久しい。整備された道路沿いの耕地が荒れる風景も珍しくはない。観光客の増加がもたらす社会的収支の行く末もゆるがせにはできない。海側と山側の暮らしの落差も囁かれてくる。その先見性と行動力を広く知られる村長を先頭に、産業・教育・観光と福祉の一体化を目指す思考の村田野畑は、いま変貌元年である。鉄道でつながる東京も田野畑も一様の文明の下にある。パソコンも学校制度も、そして核爆発も両者を区別はしない。

この稿で幾らかなりと触れてみたいのは、文化の担い手としての女性である。

「女ヅもんは、やさしい生きものでござんす」浜の島越《しまのこし》に生まれ育ち、家庭を築き、戦後の私たちを一様におおった暮らしの中で、一心に働き、子を育てた工藤房子さんが、小さな声で押し出すように口にしたその言葉の、響きの深さを伝え得る文字を、私は持ち合せていない。

ある意味で文明は男性に代表され、女性は文化を代弁するのかも知れない。しかし、そのように言うことは、たちどころに男に中央を、女に周辺を見ることに成りかねないのではあるまいか。

しばらくは、田野畑村の女性《ひと》に聞こう。

こどもを育《おが》す時期は、何が良いも何が悲しいも、夜が明ければ浜へ行き、浜でなければ畑

●語り●
鈴木ナオノ

トンネルの多い三陸鉄道北リアス線。暗がりと明るみの繰り返しが人を銀河鉄道の憶いに誘う。突然ファンタジックな駅舎が視野に飛び込んで来る。カルボナード島越《しまのこし》。村に二つある駅のもう一つは、カンパネルラ田野畑と呼ぶ。村には二十四の集落があるが、このうち浜は、北山《きたやま》・机《つくえ》・明戸《あけと》・羅賀《らが》（平井賀《ひらいが》を含む）・島越・切牛《きりうし》の六つに属している。明治二十九年（一八八六）と昭和八年（一九三三）と二度の津波災害を受けて、浜には番屋《ばんや》と船のみを置き、住居を二〇〇メートル近くの段丘上に移した集落もある。沖合は世界有数の三陸漁場だが、浜の自然条件が厳しく、島越だけが第四種漁港を持つ。一トン未満の漁船が多く、定置網、刺網、イカ漁の他、若布《わかめ》、昆布《こんぶ》、アワビ、ウニなどの磯の根ものが主体である。

朝、太陽は海から一気に昇る。漁協荷捌所前のセリに集う人と魚介の動きで一日が始まる。光あふれる浜へ幼女を伴なった鈴木ナオノさんが現われた。ウミネコの憩う背の高い突堤と、曾孫《ひこ》の遊びの双方に目をやりながら、間もなく始まる鮭の定置網につける石袋《おもし》にゆったりと腰を下したナオノさんは、昆布を採る長男の舟が戻るまでの一時に、浜の女の暮らしの一端を語ってくれた。

明治四十一年（一九〇八）生まれでござす。

島越で生まれて、島越で嫁ぎやした。明治生まれで、教育はさっぱり、義務教育で六年は行《ある》かせられたども、忙しい時分は子供をしょって学校さ行く。泣かれれば廊下へ立って、何勉強することもできない。六年の義務も三年行《ある》ったかどうか、何も明き盲と同じでござすから。四人兄弟の一番上でござしたから、親が仕事さねければ、こんな小さいこどもをオレさ置いて行かれる。

仕事は海の仕事と陸《おか》作一町歩ばかり。ここには田がないのでよその部落さ行って、麦と稗《ひえ》と米と、昔は三穀と言いましたよ。何かいい話をしたいども、明治、大正、昭和とただ生きているばかりで、今こういい時分に巡りあって、孫や曾孫《ひこ》に大事にされやすから、寝てない限りは浜の仕事でも手伝おうと思って。今日(九月二十六日)はコブ（昆布）が上る日です。

曾孫《ひまご》と遊ぶ鈴木ナオノさん

嫁に来たのは、数えで十九。この辺じゃ十六、七がふつうでしたから遅い方ですよ。オレのお袋が、十四、五でいい所さ行ったと言われたども、年が若くて仕事さ荷《に》負《なえ》ないで来たから、娘のオレは年がいってからがええって……。

そこの民宿、番屋の隣の家さ嫁に来ました。ムコさんは昔から知っている人。五つ年上でござす。跡取りでご

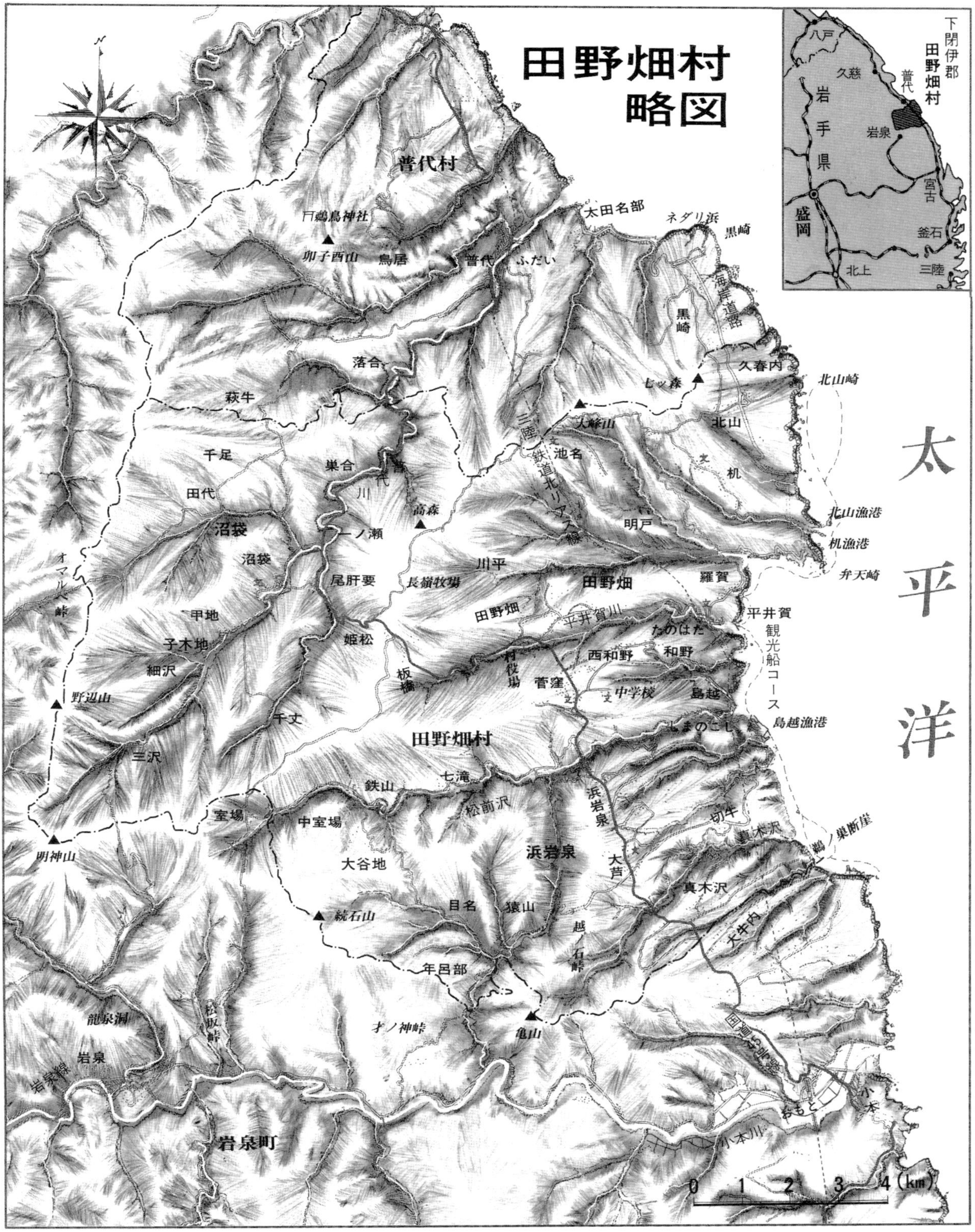
下閉伊郡
田野畑村
八戸
久慈
普代
岩手県
岩泉
宮古
盛岡
釜石
北上
三陸
普代村
鵜鳥神社
卯子酉山
鳥居
普代
ふだい
太田名部
ネダリ浜
黒崎
海岸道路
黒崎
落合
七ッ森
久春内
北山崎
萩牛
大峠山
三陸鉄道北リアス線
北山
千足
巣合
普代川
池名
机
田代
高森
北山漁港
沼袋
一ノ瀬
明戸
机漁港
沼袋
川平
弁天崎
オマルベ峠
尾肝要
長嶺牧場
田野畑
羅賀
甲地
田野畑
平井賀川
平井賀
たのはた
観光船コース
子木地
姫松
西和野
和野
細沢
板橋
村役場
菅窪
中学校
島越
野辺山
千丈
島越漁港
しまのこし
太平洋
田野畑村
三沢
鉄山
七滝
浜岩泉
切牛
室場
松前沢
中室場
真木沢
鵜ノ巣断崖
明神山
浜岩泉
大芦
大谷地
真木沢
目名
猿山
続石山
大牛内
越石峠
年呂部
龍泉洞
松坂峠
才ノ神峠
亀山
国道45号線
岩泉
岩泉線
おもと
小本
小本川
岩泉町
0 1 2 3 4（km）

田野畑村略図

ざしたから、他の兄弟みんなに家を建ててやってカマド(分家)に出しやした。

昭和八年(一九三三)の津波の時はいくつだったか……。子供が二人おりやした。大きな地震のあとで、皆起きて、寝ないでいやしたら、明け方の三時頃になって舅《しゅうと》じいさまが、「津波だ」って言うんで素足で逃げやした。

今よりも戸数は多うござしたよ。けれどもこの部落には死者はありませんでした。私の家もきれいに何にもなく流されやしたけんど、岩泉あたりの親類達が、自分の山から木を切ってきて、三月三日の津波で流されてから六月十日には新しい家さはいれるように建ててくれやした。もう五十年にもなって、古びてきたんで、建て替えろと息子は言いやすけんど、八寸角の栗の大黒柱が二階まで通って、松と杉と栗、他の材はひとつも使ってない。他の家は皆建て替えやしたけど、この家はどの大工さんに見せても、どっこも曲がったとこがない、解《ほぐ》すことはないと言いますもんで。もう五十三年になりやした。

そうでござす、舟も全部津波に流されやした。舟も全部作り直してもらって、世間の皆様に恵んでもらってここまできたと思っておりやす。

昔は嫁と姑の問題なんかもあちこちでありやしたけんども、今は、オラ家のようなところにも来てくれる人があると、それこそ娘、孫以上に思う気持で暮らしていますよ。

私の男親は、酔っぱらって崖から墜ちて首の骨を折って亡くなりやした。私が十四、五の時で、それからは何でもおっかさんと語らって畑の仕事、山の仕事、浜でのスルメイカ漁の手間取りと働いて妹二人、弟一人の暮らしをたててきました。

十九で嫁に来てからは、畑の仕事、山の仕事、小さいうちから働いてきたので何でもやりやした。子供が生まれれば竹で編んだ籠に入れて背負《しょ》って山の畑に行ってね。乳を呑ませて籠に寝かせて働いたもんでござす。

今度の戦争の時には、沖を大きな軍艦が通りました。漁をしていて敵の飛行機に撃たれて沈められた舟もありやした。

長男は、小学校を卆《お》えてから宮古《みやこ》さ出して中学の勉強をさせやした。志願して一人で乗る潜水艦の訓練をしているうちに終戦になりやして、戦争には行っていません。今年五十八になりました。二番目は五十いくつになりやしたか。埼玉や群馬で商売していましたが、今は千葉の鎌《かま》ヶ《や》谷という所に家を買い換えて清水建設に出ていやす。三番目は女子《おなご》で五十歳。青森の津軽に嫁に行きやした。家の孫は千葉商大を出て向うの方さ居たかったども、おじいさん(夫)と二人で何とか帰してと願って、今は番屋の支配人をしとりやす。二番目の孫は仙台の方で電気計算機の会社さ行っています。三番目は、しばらく働いてから、試験を受けてこの春から医大病院に勤めていますよ。

外へ出たことでござすか……。若い時は、子供も育《おが》さなきゃなんねぇ、孫の世話もしなきゃなんねで島越から出たことはなかったども。この頃でござすよ。仙台の松島とか、田沢湖《たざわこ》、青森の恐山《おそれざん》さ行ったり、年寄りの旅行で外を歩くようになりやしたのは。

　買物は昔は宮古まで舟で行きやしたが、今はおかげで汽車が通るようになりましたからね。汽車が通った時は、おじいさんが生きておれば……と思いましたね。おじいさんは、組合から消防から村会議員から、田野畑村のことを一生懸命やって、勲六等をいただいて、ハァ。おじいさんが村の仕事で出れば、長男の嫁さんには家の中の仕事をやってもらって畑仕事はオレが一人でやって、どうかこうか暮らしをたてました。

　今は何だってて、村の仕事も給料というものがありやすけど、昔は何をやっても無報酬で、開拓のことで東京さ陳情に行くのにもわが金使ってあるきやしたが……。

　そこに見えやす港の土手を作る時にも、朝鮮の人たちが大勢来て、戦争当時でござしたから、食べる物がなくてね。オレ、じゃがいもを粉にしたのにカセる米を探してきて……。さあ、朝鮮の人たち何人くらい来たったもんだか、大したもんでござんした。

　最初の工事は朝鮮の人たちがやって、それからだんだんに量《かさ》上げしたり、こしらえ直すところがあったりで……、今のように立派になるのには随分時期がたっています。

　オラがしゃべることは解りやすか？

　オラァ、ハァー所《とこ》のなまりがごっそりで…。

　田野畑村は山の方と浜の方と部落が分かれていますども、ことに戦争中は浜の方の暮らしがようござした。欠配とかいうと丘の方から浜へ来て、オラたちは昆布とか若布《わかめ》とか取ってきてあげたもんでござんす。

　山の方の人たちは飼っている牛をつぶして食ったという話もありやしたども、ここらじゃ米に昆布や若布をカセて、畑にじゃがいもや麦、稗も作っていましたから、食べ物には不自由しませんでしたよ。困った人たちの中には腹がふくれてきた人もあって、姑婆さんがそういう人方には味噌をくれて食《か》せやした。おじいさんの村会議員の選挙の時に、その人方は、自分の血筋を書かないで、うちのおじいさんに票を入れたという話もありやした。

　この辺の味噌の作り方は、味噌玉を作っていろりの囲りに一ヶ月もつるして、それから搗きやした。糀《こうじ》はあんまり使いやせん。酒粕《さけかす》を入れると味も色もいいので、オラァそのやり方で味噌を搗いてやす。今食べている味噌は十年前になるども、まだ手をつけない大きいコガ（大桶）が二つもありますよ。

　オラ家のおじいさんはねえ、その日その日のできごとをみんな書いておく人でしたけぇ。一日《ひとひ》二日《ふつか》は違っても、オラのおじいさんの書いていることが確かだと役場でも言われたもんです。そうですけえ、なんかおきると、これは大事なものだから、箱さ入れて持って逃げるようにと……。そしたらオレの嫁さんが「おじいさんはまあ、箱にまで入れて」とあきれ顔でやんした。

　若い頃の楽しみごとでござすか。別に……。楽しみってば、ないと言えば言ってよいくらいでござんすが。オラたちが子供を育《おが》す時期は、何が良いも、何が悲しいも、夜が明ければ浜へ行き、浜でなければ畑へ行きで、子供を育すと言ってもめんごいとも悲しいとも思わない。なげやりというんでもないんでやんすが。楽しみつうは、土地の神様のお祭とかお盆、正月つうまでのことで。今は老人の一日旅行とかありやすけど、オラが責任を持ってやっている時は、楽しみつうはあったと言いたいども、ないでござんしたでなかったか、ハァ。

それこそ、働かねえば生活ができねえと思えば、それ、オラァ、おしめだって夜しか洗ったことはねえ。したども、オレの息子の嫁さんには、今は昔とは違うんだから、孫嫁に昔のことは言うなと止めやんす。言えば家がもめる、もめればカマド返しの前ぶれになりやんすから。

ハアー、そろそろ舟が帰って来るころでござす。

楽しみといえば神楽でござした。見ることも聞くこともなーんも無かった頃でしたから

●語り● 佐々木マサ

ひっそりと一人で暮らす佐々木マサさん宅に至る丘の道筋には、季節の草花が絶えない。居間のこたつからは、なだらかに下っていく畑ごしに遠く海が光る。世話好きの「大下《おおした》のおばあちゃん」を訪れる人は多い。村が早稲田大学に委ねた思惟の森の学生たちもよく来る。マサさん宅のある菅窪《すげくぼ》は、田野畑、西和野《にしわの》とともに、村の中央を貫く国道四五号線に沿っている。役場、統合中学、スーパー、診療所、郵便局、消防署、お寺などもこの辺りに集る。明治の末まで村の中心は沼袋にあって、さほど人煙の多い所ではなかった。宇田野畑在住の明治四十一年（一九〇八）生まれの小沢キセさんは、「十八の時に父親が宮古見物に連れて行ってくれて、電気というのが灯っているのでびっくりしやした」という。月ごとの行事も克明に記憶しているキセさんの娘時代の楽しみは、神楽、盆踊り、運動会であったと。少し年の若い佐々木マサさんも同じように言う。キセさんの盆踊り唄も心に残っているが、ここでは、マサさんの神楽のありようを語らってもらう。いずれにしても、浜と山の間にあって、農耕に比重の重いこの菅窪や、宇田野畑あたりの老人たちが、もっとも定着民としてのまなざしを持っているように思われる。

曲屋の牛舎の戸口

ハァー、佐々木の家はここで五代目ですか。初代のおじいさんの話はわかりませんが、おばあさんは田代から来たそうです。二代目のおばあさんは覚えています。ここに過去帳がありますが、わりと長寿の家で家号を大下《おおした》と言いましたが、大下の人は長生きしてダメだって、お嫁さんが来なかったっていいます。私もコレ、いじわるバアで長生きしています。ハアー、大正元年（一九一二）生まれでやすから。

父親が酒好きで肝臓を悪くして亡くなりました。兄弟は女子《おなご》ばかり四人ありますの。菅窪《すげのくぼ》は覚えた頃で二十一、三軒でしたか。家《うち》の父親が区長をやっていた頃は島越《しまのこし》の松前《まつまえ》も菅窪の区域でした。この家あたりがもともとの菅

窪で、分家したり開拓したりで広くなりましたが。家の父は無学でも信用で三十年区長をやって表彰されました。今で言えば部落会長のようなものです。

私の父親は甘えん坊で末っ子で育ったために、今のように困んない昔はまず、相当財産もありやして女遊《おんなあそ》びしたりで、家内じゃ困っても部落のために尽して、人には文化人って言われましたども、見栄っ張りちゅうかね。

羅賀港。津波の被害に合わないように、漁家は高所にある。

佐々木の家は昔はどれぐらいの畑や山があったもんだか、まず島越から道路と川の間は皆、そうだったと言います。今、中学校が建っているとこもそうだったと言います。戦争当時に開拓に買い上げられる、そうした高校（岩泉分校）と寄宿舎の建ってるとこを今の早野村長さんに買い上げられるで、今はハァー貧乏暮らしです。

私の家には名子《なご》つうのはなかったです。ただ畑を「分け作」って言って、ハア、小作でなしに「分け作」って、六分四分とか七分三分とかって浜の人、島越の人たちが来て作りましたった。そうせば収穫のとき立ち合って穫れたもの分けるふうでした。使っている人はまず昔は福島、そうでござす、福島県の福島から炭焼きに来ていました。福島ホイドーって言って、乞食のようで来た人に炭焼かせてみんな家《うち》に居ました。そうせば、そんな人が息子さんや娘さんを家に置いていくんでやんす。そうでござす、その子らを家で預って育てていました。そういう子は学校さは行きませんでした。私が小学校の生徒の頃は、何人もいました。

むかし、父が田老《たろ》の方に行って山を買って人に炭を焼かせていました。

小学校は平波沢《ひらなみさわ》です。同級生は六人。女が二人、男が三人になったり四人になったりする頃でした。落第というのがありましたので。一年生から六年生まで先生は一人でした。補習科というのは、行って《ある》もよし行かなくてもよしという時代でした。補習科は近くの民家を借りて、先生は小学校と同じ先生で行ったり来たりして教えてました。

　昭和の初め頃でしたか、田野畑の村長さんは岩泉《いわいずみ》からの輸入村長さんで、佐々木精一《せいいち》つう方で、村長さん夫妻は馬で、あとの人は歩いて来ました。夜遅く出張《でば》って朝方つきました。村長さんの奥さんが名古屋の人で疲れやすいため、休み休み来たとかで、大勢のお客さん方が待ちかねるほどでござんした。今の竜泉洞の向いを上って、鉄山《てつざん》の方を通って来ました。

　たいがいの買いものは浜の平井賀《ひらいが》にある店で、クセイさんて村長をやった工藤精作さんのやってる店で、家号を下坪《しもつぼ》といって呉服やったり、百貨店みたいなものでした。あとは小さな店が二、三軒あったと思います。平井賀には遊廓もありました。遊廓で働いていた人で八戸《はちのへ》から来たという人を知っています。土地の人でそんなところに売られたという話はまず聞いたことはありませんね。

鮭の定置網の手入れをする島越の漁師たち

　浜では女も男もコサゲ、コアゲの仕事をやってました。港についた舟から荷を下ろすのをコサゲ、荷を積むのをコアゲと言いました。昔は今のような国道がなかったので、炭も何も全部舟で運びましたから、山の方から馬で平井賀とか島越の浜まで下ろしたものでしたから、私らの年頃の人は皆、コアゲ、コサゲで舟で働きました。まあ、そういうわけで、浜の方には遊廓もあったんですね。
　ハアー、楽しみでござすか、それは何といってもカグラ(神楽)でござした。昔はカグラが、そうでござす、回って来て泊めましたの。どこかの家に泊めねばというので、家《うち》が今のこの家でない大きな家でしたが、菅窪ではいつも泊めていました。十二月か、お正月に回って来ていましたね。地元のカグラは人数は十二人って決まっていましたったども、宮古からくるカグラは十三人も十五人も来たことがあります。それが一年一回の大きな楽しみでした。ハア、お宮でなく家で、権現さまって土地の神さんを先に立てて民家でやりました。黒森《くろもり》神社のカグラさんたちは、宮古市の崎山《さきやま》とか、まず、あのあたりの人だちですが、地元の羅賀《らが》の大宮神社の方のカグラさんたちはここらの人、田野畑とか和野日向《わのひなた》とかの人たちでした。

お別当《べっとう》さまって差配をする人がいて、大宮神社の方は和野日向にある家で、今の旦那さんは田野畑和七さんています。そこがお別当さまでした。その人のところから舞い立って、舞いおさめてハァ。うちさ来るときもそのお別当さんの家で権現さま休ませて来ましたった。

あの宮古の方から来る黒森神社の方の分までは、そのあたりどんなにやっているのかわかりません。

カグラさんのカスミ（霞場《かすみば》）って、なんつうか縄ばりがありましたったから、他所のカグラがここの村に入るには、所の神さま、権現さまがありますから、気に合わない神さまだとけんかすっとかって。権現さまを床の間さ上げていても、気に合わない神さまだと床からばたーって落ちるとか言いましたった。それがために田野畑さは行かれねえっていうカグラもありました。この村にカグラさんが入る時はホラ貝を吹いて、所の神さまへの合図だって言ってました。

それに下りカグラは泊めない。上りカグラは泊めるもんだって昔の人は言っておりやんして、そうせば七滝《ななたき》の方から来《く》っときゃ、下りになるもんだで、島越の方へぐるうっと大回りしてホラ貝を吹いてはいって来ましたった。

ハア、カグラが来たときは、部落の人たちみんな来て、大人も子供も、他の部落からも見に来てね。若い人たちでも今のように見ることも聞くこともなーんもなかった頃でしたから、ほんに楽しみでござした。

そうでござす。隣り部落に泊まるカグラさも見に行ったりで、ハァ。

清祓《きよはらい》って悪魔ばらいをして、必ずオマンジュウを作ってカグラさんに上げたもんでした。そうせば、「お宿のおっかさまからおマンジュウ」とかって言ってお花の披露があってハァ。そうでござす。カグラのお宿のかあさんはマンジュウが決まりでした。それを他所から来た人に上げて、こちらが行けば貰うというふうでござした。そうせば部落は部落でお神酒あげて花あげて、ハア何ぼくらい花あげたもんだか覚えませんが、そういうのをみ

晩秋の陸中の日暮れは早い。心淋しい午後4時過ぎの茜空《あかねぞら》、でも稔りの稲架《はさ》には温かさがあった。

カンパネルラ田野畑駅

んな御披露しました。
まずお酒呑んでにぎやかになれば、景気つけて一晩だけでなく、もう一晩てってカグラやることもござした。そうせばカグラの人たちに御馳走をしてハアー。
今は誰も手踊りしますけれども、その当時は宮古のカグラさんたちでねえば踊れませんでした。お神酒が出れば宮古の人たちがみんなで踊りました。お神酒が出ないところでは踊りが出ませんでしたね。
子どもの頃には、カグラが回ってくるのをほんに楽しみにしたものでござした。

なんもかも自分の腕だけでやりやした。機械によることがのうござして

●語り● 熊谷ツヤ

普代川の上流域は田野畑村の沼袋地域になる。その最奥の田代《たしろ》は四十五戸を数えるが、戦前は二十一戸のうち半数程が名子《なご》であった。名子はフタスマイ（勝手と座敷）、旦那の家はミスマイと言う。家号を上山《わやま》で知られる熊谷家は十三代続くミスマイの旧家である。系譜を辿ると実子に男子がいても家を継がせているとは限らない。十二代目に当るツヤさんの夫正三氏も入婿である。ツヤさんの父、熊次郎氏は進取の気性に富み、車の通る道もない昭和三年（一九二八）、フォードのトラックを購入、普代《ふだい》まで道を開いてバット材のトネリコやタモの木を美津濃に納入した人である。森林組合を結成し、道路建設会社を興し、養蚕の糞からメタンガスを取ってガス灯をともした。さらに水力自家発電を試み、昭和十五年（一九四〇）正三・ツヤ夫妻の婚礼に電灯をつけて集った人々を驚かせたという。村に電気が入るのはその七年後である。正三氏も地域の役をよく務め、長男の隆幸氏は、山地酪農実践の主導者である。茨城から嫁いできた隆幸氏の夫人も含めて熊谷家の人々は饒舌でなく人柄に優しさがあり、芯の強さを温かさが包んでいる。高台に位置し、大きな萱葺きのお宅からは、秋色深い田代のむらが一望できる。大きな仏壇と神棚のある居間で、ものやわらかに語ったツヤさんが、今朝がた摘んだ色あざやかなセンブリを下さった。

夕日さす茅原

ハアー、五人姉妹の長女で大正九年（一九二〇）の生まれでござす。末の方に弟が一人ござんすが、年が離れていたために私がこの家の跡をとって、弟は普代に土地を買って、分家に出しやんした。昭和十五年におじいさん（主人）に来て貰って、ハアー。
女一通りの仕事ですか。まず裁縫でござんすね。それ

薪炭の山が切り拓かれて広大な乳牛の牧場となった。田代の熊谷隆幸さんが経営する。

から礼儀作法とか、その他、外にも出て働かないば、草取りとか桑摘みとかなす。昔の話とか、躾《しつけ》なんかも、おばあちゃん、おじいちゃんから聞きましたった。

やっぱり大変だったのは洗濯でござんした。お風呂場で残り湯でやりました。水はマガリ水でござんす。沢の水を引いてきて。このあたり井戸のある家は二軒か三軒です。洗濯機がはいってきたのは昭和三十年代だったかと。この辺では一番早かったですが、それでもおじいさんがそんなものはいらない、オレが洗ってやるんだっていって……。それから楽になったのは、つくろい物をしなくてもよくなったことです。子供らが学校に行く頃は、ズボンも何もつくろってはかせましたが。ほんにぼろぼろになっても捨てられなくて、洗濯してしまって、いいとこ切って使いました。くつ下までそうやって。今はまずもったいないことです。

着る物のことですか。そうでござすね、おばあさんたちが機《はた》を織りましたので、いえ、全部はまかなえなかったですよ。まず、いいのを作る時はお店に頼んで作ってもらいました。普代とか岩泉とかの、染屋さんがこの田代へも回ってきてね。織った白生地を染めに出していましたった。家《うち》では養蚕をやっていましたから、それで中マユとか玉マユとかを糸にして白生地を織ってね。改まって着るようなものは、店に頼んで作ったようなものでござんした。普段は、普代に行って買ってきたものとか、行商の人から買ったりして。そうでござす、この田代や沼袋は田野畑の方より、普代の方が便がよかったのでござんす。行商の人はいろいろ来ましたよ。呉服、小間物、魚屋とか。普代、宮古、遠くは気仙沼《けせんぬま》あたりからも来ましたね。月に一回か二ヶ月に一回ぐらいの割合でござんす。富山の薬屋さんは年に一回ぐらい、来る人はいつも決まっていまして五人も六人も薬を置いていったと思います。今も来ます。今はハァ二人ぐらいすか。

お医者さんを頼むとこはそんなにのうござした。普段は富山の薬とかで、お医者さんが来たといえば、ハァ、死にそうな病人のようでござした。私のおぼえでは、田野畑にもお医者さんはいました。馬で歩くお医者さんで、さあ、どれぐらいとられたもんだったか、さっぱりわからのうござんした。お産はみんな家で、となり近所のお産したことがあるような人を頼んでやったものです。座って産みました。座産の方が寝てるよりは一人で産むには産みやすいようでござんす。あんまり苦しそうだば、後から押えて……。私も五人とも家で産みました。ひと月に一回ぐらいお産婆さんに見てもらって異常がないってば、家で産みました。みんなみんなはお産婆さんには行かのうござんした。今は妊娠せばすぐ発表するすども、昔は恥しくてできるだけ隠していたもんでござんす。お産の前の日まで働いて、皆そういうもんでござした。

今考えれば、いやいやよくほんにあんなにして産んだもんだなと思いやす。死産も沢山ありました。死んで産まれた子もあれば、お産が重くて死んだ子もありやす。肥立《ひだ》ちが悪くて死んだ人もあれば、お産の翌朝から牛に喰わせるヤタを切る人もありやした。どこの家にも牛馬をたいてい飼ってまして、夏の間は山草、冬は干草にして喰《か》して。生きものを飼うっていうのは休みがのうござんした……。

まあず一年中たーだ動いて暮らしたようなもんでござす。男の人の山仕事は、炭焼きが主でござんした。先代のおじいさんの時代から今のおじいさんの若い頃には、駄賃《だちん》つけって、塩焼くための薪《まき》を浜まで運んだり、あと大謀網《だいぼうあみ》の糸を槲《かしわぎ》の木の皮のシブで染めると丈夫になるために、それを馬につけて浜まで運ぶ仕事が多うござした。冬になれば塩を盛岡へ駄賃つけで行って帰りに米買って来《く》っとかありゃしたが、やっぱり炭焼きが主でハァ。木運びとか炭出しとかつうのは、皆女の人が行って手伝ったもんです。

このあたりでは祭も節句も農事休みつうのも、特別には何ものうござした。

一番楽しかったのは、お盆とかお正月でござんす。昔は、お正月、旧暦でござしたども、お正月などは三十人から四十人くらいの客がありました。ご馳走はだいたい決まっていました。

まず、おなますとか、昆布とか豆を炊いたもの、天ぷら、あとはお魚でござんす。魚は普代まで買いに行きましたよ。年越にはタコとかタラ、タコは刺身にして、タラは吸物。家族は残ったタラのアラで鍋にしました。雑煮は、大根を短冊に切ってなす、あとはお豆腐と人参、ごんぼうを入れてすまし汁に仕立てます。雑煮の餅はクルミに付けて食べます。クルミをスリ鉢ですって、砂糖と醤油で味付けして、小鉢に入れたものを、雑煮椀と並べておきます。この辺みなそうでござんした。お豆腐はめいめい家で作りました。ニガリを買ってきて、お豆腐や凍《し》み豆腐を作るのは女の仕事でした。稗《ひえ》や麦を搗くバッタも、終戦の頃までは使ってましたね。お米は昔はここではたいしてとれないために買ったんでござんす。お醤油は買いましたが、お味噌は作りました。お米は三年に一回ぐらいしかとれなかったです。水が冷たすぎて、とれても一反に三俵ぐらいでござんしたか。

栃もこの辺では粉にしたりして栃餅にしたりして食べましたども家《うち》ではやりませんでした。干柿は作りました。山菜はうど、しどけ、わらび、ふき、今は生で漬けておきやす。普段の食事は、米は買うために、麦か稗に米、それがまず半々に食べっとこはいいとこで、普通は米を三分しか入れなかったもんでした。稗飯はあったかいとおいしいですが、今は珍しくてかえって貴重品になりました。普段はみそ汁と山菜のとれる頃は山菜、豆腐、豆腐をとった後のおカラ、漬物などがおかずでした。おカラの食べ方は、すり鉢におカラと味噌と豆腐を入れてよく摺っておかずにしますが、これをキラズアエと言いました。なかなかおいしいもんでござんす。

肉でござんすか。肉は食べるもんとは思わのうござんす。肉を食べるとこってのうござんしたと。終戦後に、どこさで牛の死んだりしたのを解《と》いて食べたと聞きましたった。豚を飼う家は最近でござす。普代や岩泉にも肉屋さんはなかったと思います。

おかずを買うようになったのは昭和三十年頃からです。今は魚屋のトラックは毎日来ています。野菜物はたいてい家で作っているすども、ハムとかソーセージよりは肉を食べるようになったのが早ようござんした。行商で来る魚屋さんは生魚か塩物で、チクワとかカマボコは持ってきません。背負《しょ》って来るから、いくらも持っていませんでした。

一服《いっぷく》はおマンジュウとかヒュウズなどでござんした。ヒュウズというのは、クルミと味噌のあんを小麦粉の皮で包んでゆでたもので、ちょうどギョウザのような形でした。それはどこの家でも、今でもなつかしいから作ります。あとは麦の甘酒とか。糀は買って大麦をやわく炊いて、それを甘酒に作って三時《さんどき》などに飲みました。一服が十時、三時《さんどき》が三時のおやつです。麦の甘酒も、どこの家でも作りやした。冬になれば豆餅、豆シトギとかもおやつでござんした。豆シトギというのは米とか稗の粉に豆を塩でゆでて汁ごとつき混ぜて、甘みに干柿をいれたりしてなす。それはおいしいものでござんした。お菓子

広い海岸段丘の真木沢開拓地には、酪農経営の農家が多い。手前の袋はデントコーンをチップ状にした乳牛の冬の飼料《しりょう》

はお見舞いに行く時とかに買いました。どぶろくも自家製で、お正月はたいてい作ったもんです。戦前でござんす。家《うち》では二斗くらいは作りやしたか。男の人だけ飲みました。清酒も飲みましたども、ない時がござんしたから、そういう時はどぶろくで、あっちのがようでけた、こっちのがようでけたとかね。酢っぱかったり甘かったりとかありましたから。嫁とりのときも清酒だけでなくどぶろくも作りやした。お酒はずいぶん飲みましたね。おじいちゃん、ええ、主人は飲まのうござんすども、先代のおじいちゃん、そうでござんす、私の父親は晩酌を欠かしませんでした。

　漬物はいろいろ多うござした。昔は大きな味噌樽になっす、洗った大根を生で塩で漬けました。今考えたら、よくあんなに沢山食べたもんだと思うほどです。おおづけと言いました。三石の樽に八分目ほど漬けて、冬の間中食べて、春になって味が悪くなれば、カラカラに干して、うすく切って水に入れてもどすと、また味が変わっておいしいのです。今はもうやらなくなりやしたども。お茶の時、一服とか三時の時、おマンジュウの後にも出しました。きゅうりも沢山漬けて、味噌漬けにしたり。なすはあんまりとれないので漬けません。白菜もおおづけに入れました。

　味噌は牛にも食べさせたのでいっぱい作りやした。糀は使いません。味噌玉にして藁でゆわえて乾燥させて。まだ二、三軒は作っているようでござす。三年目以上から食べていきます。そして空になった樽に、おおづけを漬けやす。三石の樽というと大人三人で回すような大きさです。

　近ごろは女の人だけの集りは沢山ありますけど、昔は何ものうござんした。今は集りと言えば女ばっかし。一応婦人会はありますが、今日はお天気が悪いから、公民館さ集らんかって言えば、十人くらいは来ます。おしゃべりに、漬物を持ってきたりして、どうやって作るかとか。昔は、そうした時間はできなかったと思います。何もかも自分の腕だけでやりました。機械にたよることがのうござして。白米を搗くのもみんな家でやりました。家の中でやる女の仕事が機械でできるようになりましたが、それだけお金が必要になったってことで、ほんにお金の足りなくなるのが当り前のようでござんす。

秋の陽がさす居間で語る、熊谷正三、ツヤ夫妻

山で山で、すごい山でした。それを伐り払って、木の株らと株らの間に作物を作って

●語り● 鍬形信子

村の総面積一五五六四ヘクタールのうち、農用地は九九九ヘクタール、六・四%、森林一三八二二ヘクタール、八八・八%、宅地〇・七%、その他四・一%である。耕地（田畑）七三一ヘクタール、採草放牧地一二五ヘクタールが農用地の内訳であり、水田は耕地の一〇・七%、七八ヘクタールしかない。畑が六二五ヘクタールとなっている。大正四年（一九一五）の村勢一覧によれば、水田は一〇町（一〇ヘクタール）に足らず、昭和二十七年（一九五二）ですら水田一二町八反、米の産額は一九二石にすぎない。段丘は水の便が悪く、水田に適さないばかりか、特有のヤマセ気候もあって米の生産性が高くない。現在の粗生産額でみると、生乳、肉豚、畑作物の野菜の順になっている。大正四年には、稗《ひえ》の作付が二七一町歩、大豆一四一町歩が突出しており、粗生産額でもこの両者が、マユ、木炭の上にきていた。

村内原野の開拓は大戦中から食糧増産の国策を受けて組織的に始まり、戦後は特に樺太《からふと》からの引揚者も受け容れて、昭和三十年（一九五五）までに久春内《くしゅんない》、机、池名、田野畑野場、西和野《にしわの》、浜岩泉、切牛、真木沢、大谷地《おおやち》、板橋、立石《たていし》、千丈《せんじょう》、沼袋の各地域で、入植二一一戸、増反戸一九八戸計四〇九戸の開拓農家が生まれた。鍬形信子さん宅は、西和野への地元からの入植である。あくまで明るい口調で語られるけれども、そこには苦闘の歴史がある。

牛の飼料となる稗鳰《ひえにお》

昭和七年（一九三二）にここの菅窪《すげのくぼ》で生まれました。五十四歳になりました。小学校三年の時に、戦争が始まって西和野に開拓で入りました。最初は小さな掘立小屋を建てて、平波沢《ひらなみさわ》小学校の帰りは、ここに寄ってカバンを下ろして畑仕事をするところにいて、夜は親と一緒に菅窪の家に帰り帰りしていましたよ。

開拓事業団みたいなところから、二町三反歩を千二百円ぐらいで買ったようです。頑固な父で代金をまとめて払おうと、高いところに上げて貯《ため》めていたのを、スス掃《は》きの時に掃き飛ばしてしまって、あわてて拾ったのが、千二百円かなんぼでござしたよ。なーんの最初は山で山で、すごい山でした。それを伐り払って、木の株らと株らの間に作物を作ったんです。その頃は稗が主食でしたから、稗を作って稗の後には麦をまいて……。木の根っこをおこすのにも今ならブルですが、鍬ですからね。やっと畑にしても、切っても切っても木の芽が出て来るんです。普通の畑の三倍も苦労しても、穫れるのは三割ぐらいのもんでした。そうしてほれ、当時は肥料がないので、

茅葺屋根の農家は田野畑村でも少なくなった。七滝に残る一軒

熊谷隆幸さんの牛舎で飼料用の大麦を握る圭徳君

木の葉を腐らかしたり、浜の方から人糞を背負《しょ》いタンゴで背負ってきたり。汚ない話だども、畑を持たない浜の人と契約しておいて、春の作付けの時と、麦蒔き時期にはタンゴで背負いましたよ。あのものすごい坂道を、小学校の高等科を終ったばかりの体で、浜の方からここまで背負ってくると、もうぬれ残りなしで、ホンニ。

四人姉妹の一番上なので子守はあるし……。

ここの家ができるまでには、父と母とが、井戸を掘るにしても、柱を建てるにしても、まず川に行って土台にする石を背負い上げるところからで。灯りは松の根っこともして、ハァー。男の子がいなかったもんだから、何をするにも仕事のアテにされました。

入植当時は二十戸ぐらいでしたね。その後、新しい人が入ったり、分家したり、今は六十戸ぐらいですか。畑の根っこが全部取れて並の収量になるまでには二十年ぐらいはかかったと思いますよ。まだ大きい根っこは残っていますもんね。木の種類は雑木林でしたから何でもありました。松や杉の造林地じゃなかったから。開拓地全部で百二十町歩拓けました。みなえらい苦労をしやして。今の中学校の方から平波沢の川っ尻の方まで。作物は稗、粟《あわ》、麦、大豆、小豆、野菜は家で食べる分は何でも。何年か前は煙草がさかんでしたね。農協あたりが指導しましてね。現金収入のために煙草や落花生をもってきた時期もありましたが、炭焼きが一番生活のためにはよかったですよ。

母は菅窪の出身ですが、父は田野畑です。昭和三十年（一九五五）に菅窪からお婿《むこ》さんを貰いました。数えの二十四の時です。私とはふたいとこになるんで、同い年。学校も同じ、教室も同じ、とうとう死ぬまで一緒のこってす、ハハ。

同級生は男女合わせて十五人でしたか。学校を卆《お》えてから、家に残って手伝いをする人がほとんどで、進学する人、看護婦さんになる人、軍需工場に行く人、亡くなった人もありますから、今、村に残っているのは十人ぐらいのものでしょう。私は父が頑固で外には出してもらえなくて、ずっと百姓です。

終戦になる前の頃、じゃがいもを掘っているような時に、敵の飛行機が浜の方からゴウーとやってきて、恐しかったですよ。妹を引っぱっ

机の小学校校庭で、サッカーボールで遊ぶ子どもたち

て山の方に逃げました。二、三日そうして山の防空壕で暮らしましたが、東京あたりはどんなにか恐しかったべと今にして思います。

三十年に結婚して、男の子が二人、女の子が一人生まれました。同じ入植者の中に熊谷さんというお産婆さんの資格を持った人がいて、その人に上の子はとりあげてもらいましたが、あとの子は開拓保健婦をされていた岩見ヒサさんです。

田野畑村のお母さんたちから見たお父さんですか。そうですねえ。うちの人は亭主関白の見本みたい。子供を育てる頃も見てくれるわけじゃなし。どこか連れて行ってくれるわけじゃなし、仕事、仕事といって。今でも勤めていますから夫婦で旅行することもないですね。勤めは丸石です。そう、このあたりでは有名な家具屋の丸石。もう十五年ぐらいになったっけか。何年か前までは田野畑は桐がいいって言われましたったども、この頃はハァー全然、病気になって駄目なようです。病気になったのを伐っているんだか何だか、そんなに大きくないのを伐っています。置けばほれ、一年ぎりに枯れてくっから。花がね、ええ、きれいだったども。病気になって、かなり薬もかけたようだったけどもね。

丸石は、今はもうほとんど外材です。主人の仕事は今は内勤ですが、入った頃は買付けで、まだ車の免許がなくて、バイクで久慈の方まで行《ある》ってましたよ。丸石は最初、何年計画かで農家から土地を借りて桐をはじめたのが、こういう結果になったで、今、返しているようです。桐を植えた農家の方も損なことです、ハァー。

長男は宮古高校を卆えて役場に就職も決まっていたんだけど、どうしても上に行きたいってね、引き止め余《あま》して……。次男も年子なもんだから二人宮古の高校さやったら、とても大学までやれる経済状態ではなかったです。財産があるわけじゃなし、何もないとこに入植してきて、ただお父さんと二人で稼ぐ一方、ただがむしゃらに働いてようやく高校を出してやれやれというところで。当時お父さんの給料が七万ちょっと、下宿代が二人で六万超しやしたから給料はみんな二人の下宿代に持っていくみたいなもんで。その頃はまだうちの両親《りょうおや》も健在で、年寄りの面倒も見なくてはなんないし。朝のうちは畑はやって、道路工事に二人出て、その頃乳しぼりの牛もいましたし、何とかお金を見付けて夜になって宮古に届けたり、ほんとにハァー、子供たちを育てるのに苦労して、やれやれと思った時には親が亡くなって……。親不孝したなと思います。曾孫《ひこ》も見ないで相次いで亡くなりました。

長男は働きながら東京の大学、明治学院の二部さ行くといっても、とても足りなくて、時々授業料は送っていました。次男は宮古商業でヨットをやって国体に出たりしたため、それで推薦されて、仙台の東北学院さ行きましたが二部ではないから、下宿代から何からまるっこでかかりましたった。今、埼玉の方の丸石の本社にいます。独身です。末の女の子はここの高校、岩泉分校から理容の方の勉強をして勤めています。あれが高校に行く頃は、本当に火の車で「オレはどこにもやらなかった」っていつも言われっども、何にもかにも、ハァーいきません。

乳牛は子供たちが小学校の頃から十年ぐらいも飼ったか。今のようにタンク車が来るわけではないから、牛乳缶を背負って道まで出しに行くの。空缶は子供らが学校の帰りに持って帰るようにしたったども、背にカバンがあるから転がしてくる。転がしちゃいけないって言ったら、土の上をガーラガーラって引いてくるの。ほんでもどの子にも新聞配達やらヤクルトの配達やらやらせましたよ。いつか役に立つだろうと思って。

今度、鉄道が通っても正直言ってここらはあんまり……、浜の方の人たちは便利になったこってす。橋がかかって国道が通ったときは、ここらの人たちがうんと助かって浜はそうでもなかったから、おたがいさまですハァー。

私の楽しみというのはまず皆さんと会って、お茶のんだり、孫たちと遊んだり、今、ご詠歌さ凝ってるもんだから、月二回ぐらい宝福寺さ出ていくのが、それがまず楽しみと言えば楽しみです。

県大会があったり、全国大会があったりするもんだから、そういうのに出て行くのが楽しみです。子供たちを育てているうちは、運動会とか学校に行くのが楽しみで、何日には行くのだからって一生懸命稼いで……。婦人会でも演芸会とかやったりしましたったっけ。

――頷きながら、お姑さんの話を聞いていた長男夫人、静さん（二十八歳）は色白大柄の人である。密度を欠いた大学生活に一度は身を置いたのだが未練なく去った。村が最大株主であるホテル羅賀《らが》荘の初の女性社員として無我夢中で働いた五年間が彼女にとっての大学だった。静さんは言う――。

結局主人とはそこで知りあって、ええ、高校の先輩で東京の大学を卆えて戻ってきていたのです。中学の同級生は十六人、今、村に残っているのは女は私一人。男は酪農と自動車工場と建設会社とで、全部で四人ですネ。自分でも田野畑の人と一緒になるとは思っていなかった。いずれ自分の子どもたちも一度は他所に出てみて、また帰って来てもらいたいと思ってます。他のことは黙っていてもテレビや学校が教えてくれるのだから、何か体で自然に解って行くようなネ、そう、頭の知識じゃなくて。お祖父《じい》ちゃんやお祖母《ばあ》ちゃんのことや、おもちの搗き方や草や木花のことが解る、そういう暮らし方を子どもたちに伝えたいナと思っています。

日暮れ近くまで校庭で遊ぶ田野畑小学校の子どもたち

女が背負っているものは大きいと思うんす。男の忘れものの後始末を女がしているみたいで

●語り● 工藤房子

現在の田野畑村では、人と物の動きの激しい浜側に生活機会の獲得要素が大きいことは否めない。とりわけ三陸鉄道開通以後、その傾向は強い。例えば六十年度分住民税の実に七三%が、浜側六集落からのものである。

浜の島越《しまのこし》で育ち、嫁ぎ、夫と製菓業に従事する工藤房子さんは昭和十六年（一九四一）生まれ。戦後民主教育の洗礼を受けて育った世代であり、今その子らは、その二代目である。人々の価値観や生活様式が大きく変容するなかで、子育てをめぐる問題も、浜の暮らしをめぐる様相も、容赦なく彼女に押し寄せる。羅賀小学校の菊地ミツ子先生は言う。

「昔は浜の子が体も大きくて運動記録も良かったのですが、近ごろは平均化されました。しかし浜の子が大声で話し、山の子がとかく取りくみがおそいという点はありますネ。でもどちらもマンガ本やゲームがなければ退屈だ退屈だと言いますもんネ」

田野畑村の各地域にあった中学校が統合されたことは、小学校のミツ子先生にも色々な問題をなげかけているが、ことに子供と生活領域とのかかわりが淡くなることであるという。

工藤房子さんは母として、また妻として、眼鏡の奥で優しい目をしばたたきながら、一語一語を自分に確かめるように話す。

田野畑中学校の寮

ここの島越生まれです。

昭和十六年、ここの島越生まれです。兄弟は多くて七人の末っ子です。家は半農半漁で、小学生の頃はとにかく自由でした。遊びたいだけ遊んで、好きなことして。今の子のようにクラブがあるわけじゃなし、山さ行ったり海さ行ったり学校の囲り、よその家さ行って、かくれんぼとか石けり。山さ行けば強いツルを木にしばってブランコを作って、まず、ターザンみたい。小さい頃、浜の方に唐臼場《からうすば》というのがあって、米や稗《ひえ》をバッタン、バッタンと搗くのを手伝う、といってもいたずら半分の手伝いだったんだども、その小屋の小ちゃな窓から「飛行機が舟に爆弾を落してったー」ってしゃべって騒いだ記憶はあるどもなっす。その後ずっと何も言わないできて、大きくなってから「オレァ戦争を知ってた」って言ったら、兄弟達がうそだ、ちっちゃかったからそんな筈はないってしゃべられてなす。よっぽど怖かったから覚えているんだと思いますが、あとは山に逃げていてなんす。食べるものがなくて、飛行機の音がしているのに、お袋が芋を掘りに行ってくっから、この木の蔭さじっと待ってろって出かけて行きやしたの。爆弾を落されっから行

くなってつかまえた記憶もあります。そんなに沢山知ってれば、嘘でも夢でもないんでないかと思います。

その頃作っていた穀類は稗と麦と蕎麦《そば》、豆類とか芋類を主に食べた覚えがあります。父は漁もしたし、畑も少し。舟でとれるのは根魚《ねざかな》とか天然昆布、天然若布、ウニ、アワビ、昔からのものです。

中学校を終って、父の方が洋裁とか料理とか女のやる仕事の学校ならやってもいいども、普通の学校にはやらないって言いましたっけ。私は洋裁とかは苦手で普通の高校に行きたいって言ったら、絶対許さないって。それじゃ家の面倒にはなんないから一人で働きながら行くって言って、それでも許してもらえなくって。知ってる先生が宮古の方が実家で、こんなに勉強したいって言ってるんだから責任を持つからって親に言ってくれたんだども、最後まで親は許すとは言わないで、病気しても面倒は見ない、仕送りもしないということで、それでもいいからって魚屋さんで働きながら宮古高校の定時制に四年行きました。三畳の部屋を借りてて自炊をしながら、部屋代が千円でした。四千七百円の給料で、授業料を払って教材とか買うと足りなくて。別に足りないって言ったわけじゃなかったども、先生がどうしてるって心配してくれてなんす。奨学金の申込みをしてくれたった。それが一ヶ月千円で助かりました。五千七百円が、卒業する頃には給料も上って六千円ぐらいになって、それでマア、おかげさんで終りました。村に帰ってきて村の保育所に見習いで三年ぐらい勤めました。勤めているうちに二十三で結婚してなす。お父さん（主人）の方は、中学を終ってすぐ気仙沼《けせんぬま》の方で、パンやお菓子を作る修業を七年ばかりして、村に小さな工場を持ったところでした。島越の人で、二つ年上でなっす。父さんの叔母に当る人が話を持ってきてくれましたった。今は店は主に学校の給食を中心にやっています。

子供は男の子が三人で、長男は二十三、盛岡の方でパンとケーキの店で修業してます。二番目は岩泉の高校さ行って、三番目は中学の三年生でなあ。長男が小学校の時になあ、弟の方がお盆だか、お正月に貰った小遣いを机の中に入れていたわけなあ、母さんなくなったって言うもんで、家の中さ皆して探したわけ。どこさやったべえと本の間まで探して弟の方が兄ちゃんはこの間何か買ったっけが、なんぼ残ってるって不審に思って、それから兄の方が盗《と》ったってことがわかって、「言《ゆ》えなあ、言ってから使え」と弟の方は盗ったとは言わないでいたった。それから一刻《いっとき》しゃべって、三鉄のトンネルの暗いところさ連れてって「そういうことは一番悪いこと、やってはいけないことだすけに、自分だけでなく兄弟も父さん母さんだって申訳けのないことだし、死なねばなんないくらいに悪いことだし、二人で死ぬべし」としゃべったら、「ハァー今からもうやんないから許して許して」ってしゃべってなんす、小学校三年生あたりでのうござんしたったべか。

やっぱり子育てについても、消費のこと食生活のことについても、いま私が問題だなあと思っていても、一人ではとても直せないし、一人よりは三人、三人よりは十人と集って問題を出しあってね、皆で考えあうには婦人

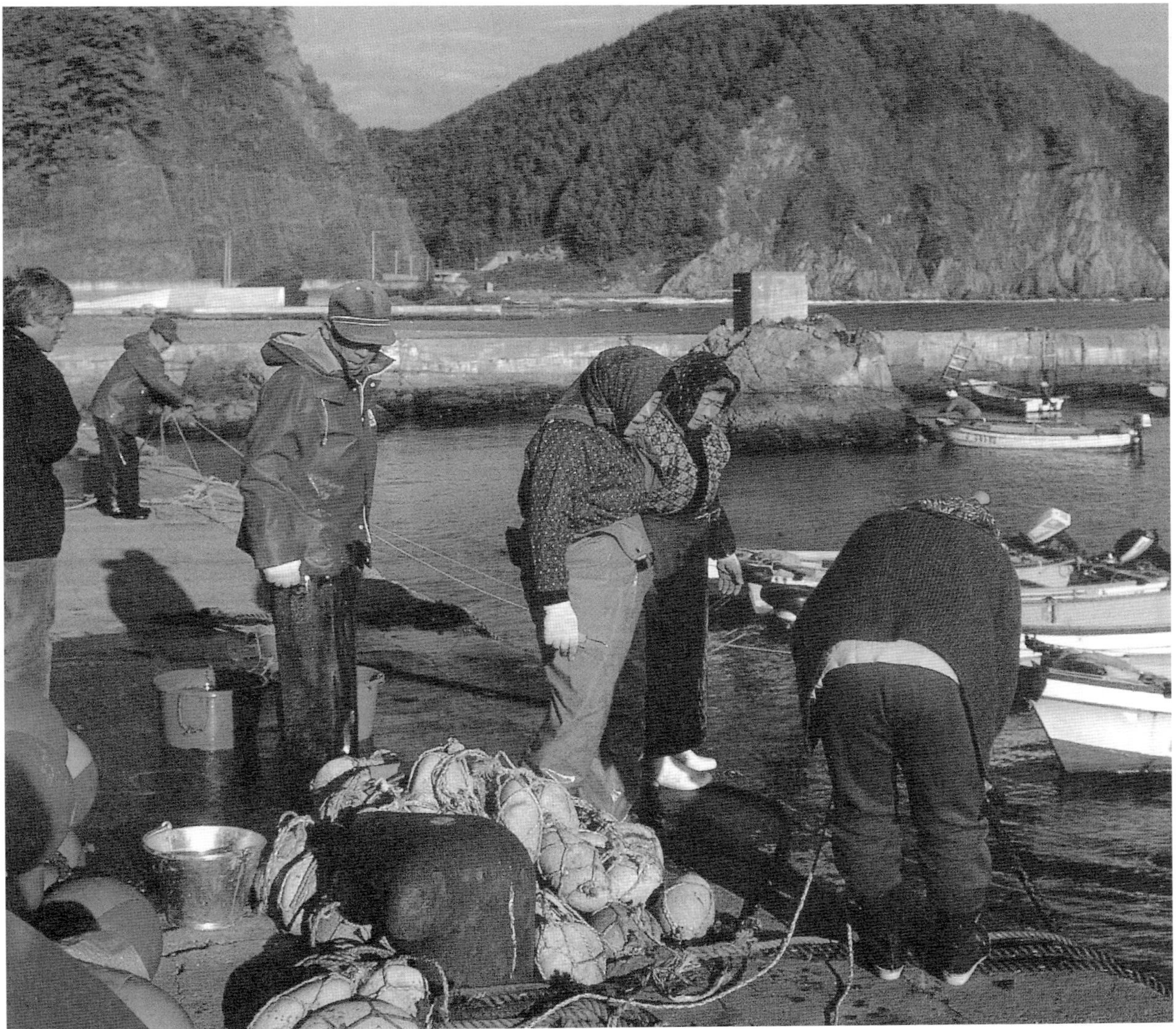

10月末に始まる若芽《わかめ》養殖。島越の女たちが、種つけした細縄をロープに結びつける。

陸中沿海の鮭の定置網漁は9月末から始まる。漁師たちがその網を船に入れている。

会はいいとこつうだかね。そうでないと一人一人ばらばらだと、どんなにいい考えをもっていても、それを出しあうとこがないつうとな、そのままになってしまってずるずるなるので。地域の役に立つのもやっぱりいっぱいいればあてにされるしなんす。お祭どもらでもそうだし、何かの事故がおきた時の炊き出しだとかつうような時でも、いっぱいの人数が協力できるでなんす。一人でも多くの人がそういうふうな、よさを覚えてもらいたいなあと思ってやっているす。

島越の婦人会は七十人くらいです。三十、四十代が多いですね。二十代が少し。五十、六十代になれば老人クラブの方にいきやんす。島越では農業の人が減ってきて、漁協の婦人部が地域婦人会も兼ねるようになっています。今までは合成洗剤の追放運動とか健康管理に取りくんできましたが、昨年からは、見直されているわりには魚があんまり食べられていないということで、漁業研究会とか青年部の人達も一生懸命品質の改善をしたり、生産の拡大をやっていますので、それを何とか健康な食品作りにつなげたり、あんまり添加物がはいらなくて健康な食品のまま消費者に届ける工夫というか、「加工と利用教室」というのに取りくんでいます。

ずっと長い間、この田野畑村は、島越なら島越というふうになす、部落が孤立してきたので、自分の住んでいるとこが中心みたいになって、そんな関係もあってか、あんまり感じなかったのが、やっぱり浜と山の方では暮らし方とか考え方とか、恩恵の受け方とかの格差があって、そういうのは何らかの方法で是正していかなければならないと思います。それがどんな形であればいいのか、生活の仕方も村中がずっとつながっていたのではなくて、ぽつんぽつんとなっていた関係で、あんまりよそのことに目を向けなかったということがあってなんす。村の仕事をさせていただいた時はそう思いましたった。ある程度は気持を同じにすることがあってもいいんではないか。教育とか健康問題に、ある地域は一生懸命でも、ある地域は全然関心がないのでは、村全体としてはうまくないのではないかと。

はい、子供たちは三人とも統合中学で寮さ入りました。家に帰ってくれば寝てテレビ見て。寮では二時間しかテレビを見る時間がないすけ、テレビが珍しくて、そして、なんぼ家さ来れば、寝さ来《く》んようなもんだがって、しゃべっつうと、だって家さ来んのは休養で来んだって。背負《しょ》ってきたカバンをそのまま置いてそのまま背負って行くんでなんす。私は最初、統合中学校も寮も賛成な部分もありました。意欲というのはまわり見てかきたてられて自分から湧くもんで、あんまりおしつけてばかり育ててきたったので、寮にはいればいいかなと思っていました。

統合中学のようなことは、何年も経ってみないと、どれがよくて、何が悪いかわかんなくてなんす。やっぱり規律なんかがあって、自分たちが決めたのでなくてやってれば、自分から進んでやることが少ないようです。小ちゃい頃、忙しいためにテレビを見せておけばうるさくしないために、ずっとテレビを見せていた、そういう生活が何年も続いたせいもあるかもしれませんが、何かこう自分から今日はオレはこれをやるつうことがない。今でもテレビが終るとあとは何をしていいかわからない、うろうろして。若いのにホンニ。

　だからほんと生活つうのを大事にしないと。食べさせる時間に食べさせないとかさ、朝起きれば顔を洗って歯をみがくとか、食べる前に掃除をするとか、そういうふうなことがもう無茶苦茶。そうしてホレ、そんなにまでして稼いでいるために、本当に子供が何かしたいつう時に相談にものってあげられない。うるせえだとか、自分勝手な都合で、本当にハァ、恥しい話で。人さまに「あんた仕事は一生でしょ。子育てはいっときよ」って言われやんしたが、まったくそのとおりで。

　私のうちだけかも知れないども、ほんに、あの何というか思ったり思われたりというようなことが少なくなってきたんだか、仕事さばっかり重点がおかれてきてね、どんな生活をすっかつうようなことが重点でなくて。ヒトがみーんな労働力になってまって、人間力つうか、ほんとはもっとちがうんではないかと。寝る時にはハァ、今日もダメだ今日もダメだと思いながら寝るっす。結局あんまり忙しすぎっつうとゆとりがなくてなんす。気ばかり荒っぽくなって、そんなのを見てると子供たちも同じようになってゆくんだべかと思うと、嫁の来てがねえんでねえかと。いやいや。だってほんとなんぼ稼いでも稼いでもこれでいいつうことがないんだものう。別の方さ向ける時間つうの考えもしないで。本を読むだとか、子供と話するだとか、いろんな別なことがあるつうのに、ハァ、稼いで疲れて、テレビ見てハァ寝てね。それだけで終っているような気がして、ホニホニもったいない。なんぼ働いてもお金の方はかかってなんす。オラ方の島

北山の畑で、稗のそばに植えた黍《きび》の根刈りをする農婦

越の人たちも子供が生まれて自分が働くにいい時期になれば、子供をおいて勤めさ出るんだもんねえ。いたましくて、ホンニ。自分がそうばっかしして来たもんだから。

夫婦二人で働いている時は自分たちの体だけでよかったども、子供を持ってからは、いつもそう思いながら暮らしてきました。子供つうもんは、ただ食《か》せておけばいいんだべかと。今いろんな問題をおこしてきたりするつうと、そのしわよせが来てるんでねえべかと思います。

それにこういうこと言っていいだか、生活の仕方を大事にしない男《おとこ》ひとたちにふり廻されてねえ、女はそうやって一生終りたくはないから、子供のこともせねばなんねえし、男ひとたちにも何ぼか直ってもらいたいしでねえ。


ほんとに女が背負《しょ》っているもんは大きいと思うんす。男の忘れものの後始末は女がしているみたいでがんす。

浜のお父さん方は一歩も引かない。ガンコだもんねえ。海の仕事は、その時、その時の判断が大事で、命に関わるところから来てるのかねえ。とにかく集りには女は出さないから男の声ばっかりで、したがら女はたあだがまんせねばなんなくてね。やさしぐねえっつだか女を道具につかうっていうだか。したどもオラ見てるっつど、奥さんを大事にする家は子供たちがやっぱり良いもんねえ。家族ぜんぶでいたわりあっているもんねえ。

いやいや、ぐちばっかりで。

沼袋に残るコバ葺屋根の倉。かつて田野畑村には、栗や杉のコバで葺いたこうした屋根の家が多かった。

村に自分の体が何とかなじんだなあというのは、やっぱり十年過ぎてからですよ。

語り 伊達年子

昭和四十六年（一九七一）春、共に早稲田大学を出て結婚したばかりの若夫婦が村にやって来た。恩師小田泰市先生の活動を通じて村に関わり、集落別にこもりあう村の発展のためには、教育から始めなければならないとする若い早野村長の構想に共鳴。村役場入りを決意した伊達勝身氏（現在は北部陸中海岸観光開発株式会社専務）と夫人の年子さんである。

村の地域開発に夢を託した伊達氏の、その後の奮迅の働きは、氏自身による『田野畑村の実験』（総合労働研究所刊）に余す所がない。それに即応して、米国アーラム大学との国際交流事業をはじめとする村の教育文化活動に対する夫人の貢献は今では衆目の認めるところだが、その村での日々は、入職五日目に夫妻で退職を話し合う辛さをかみしめることから始まったのであった。

昭和八年（一九三三）の津波災害（死亡者一〇三人、流失家屋一二三戸）に医師も僧侶もない村を知って入村した故岩見対山師、その夫人となったヒサさん、近くは千葉県癌センターの職を自ら去って医療の原点に帰ろうと村人に成った田野畑診療所長将棋面医師、これらの人々が、村に支えられつつ村に刻んだ足跡は、実に重いものがある。

もう四十ですと語る伊達年子さんは、北陸育ちだが、田野畑村に似合う人でもある。

断崖に咲く浜菊

北陸の富山の和菓子屋、そこの三人姉妹の末っ子です。父は手元におきたくて、友達の息子さんとの縁談を内々に進めていたみたいだったのです。私も人の親になってみてね、子供をこんな遠くに手離すのがどんな気持かということが何十年も経ってから解る感じで、その当時は自分のことしか考えてなかったですね。父は寂しかったんだと思いますよ。明日は結婚式に上京するという前の晩に、そんなに酒を飲む人ではなかったんですが、深酒をして荒れて「行くな」「たのむから行かないでくれ」って、酒の力を借りなければ言えなかったのでしょうか。家中で父を押さえて、私は逃げて押入れにかくれたりしてね……。母の方は今も現役で働いていますが、さっぱりしていて稚内《わっかない》でもニューヨークでもいいって言うんですよ。旅行好きな母親なもんですから、その方が楽しいからいいって。主人は岩泉の出身でしたので、いずれは私も岩手に行くんだというつもりだったんですが、婚約中に東京の会社にも就職が内定してるんだということで、後で聞いたらいい会社なもんで、田野畑村役場よりそっちのほうがよかったんじゃないかって。

その頃は私も二十三で若かったし、回りを見ても現状に甘んじているのは若者らしくないとか、お見合いして無難な結婚をするとか、そういうのに反発する気持があったんですね。若気のいたりというのかな、東北の僻地に行って何かできるんじゃないかなと、今思うと恥しいですがね。

田野畑に来たのは、昭和四十三年（一九六八）三月の末でした。最初は島越に住んだんです。村営住宅に入れるということだったんですが、来てみたら人が住んでいるんですよ。困っちゃってね。アパートがあるわけじゃなし。島越の親切な人が間借りさせてくれたんです。そこに三ヶ月いました。漁村ですから朝早いし、夜は七時といえばもうまっ暗なんですよ。寂しかったですね。朝は三時、四時起きですから七時にはもう寝てるんです。生活のパターンが違うんです。

主人の方は、この村の生活水準をよその市町村のレベルにまで引き上げようと、そっちの方ばかり一生懸命でしたから、土曜も日曜もいないしねえ。私は何しに来たんだろうと思ったこともありました。当時、今でもそうですが、学歴を身につけた者は都会に出ていくのが普通ですよね、それが私達は二十七と二十三歳、大学を出て若者らしい気持で村に入ってきたのですが、囲りはそうは見なかったらしいんです。何かあったんだろうって。二年ぐらいたってから教えてくれた人があったんです。あの二人は学生運動はなやかりし頃に角棒をふり回して警察に負われて手に手をとってこの村に逃げ込んできたって、あとで聞いて大笑いしました。

私自身、大学を出たということで、囲りのお母さんたちを見回してもまずいないわけですよね、何か言えば反発されるし、あんまり謙虚にし過ぎてもおかしいし、そこらへんの兼ね合いがいまだに続いています。もう中年の部類にはいったので少し気が楽になりましたが、当時は気を使いましたね。この村では、自分の意見をはっきり出す人はあまり利口だとは思われていないんです、そういう意味で私のような性格はちょっと損をしましたね。知ったかぶりしているとか、もろに言われた時もあったり、うちの人のやっていることへの反対派もあるでしょう。それが即、私に向けられるわけです。無記名の投書もあったんですよ。

村から出て行けっていうのもありましたね。一つや二つじゃなかったです。今はまあ、皆さん解ってくれたからねえ。村が自分の体に何とかなじんだなあというのはやっぱり十年過ぎてからですよ。ここ数年です。それまではやっぱりヨソ者。それを意識したりさせられたり、私の方も遠慮したりとかね、なかなか皆さんの中にはいって行けない時期もありました。村の仕事にかかわるようになったのは、来てから五、六年たってからだったと思います。最初、社会教育委員、それから教育委員です。子育ての一番大変な時期でしたけどね。そうですねえ、お茶を教えたり、高校にも二年間家庭科の講師で行ったり、お母さんたちとコーラスしたり、私は私でできることを、村のために、楽しいことを計画してやっていけばいいんじゃないかなと思っています。なかなか村のお母さんたちは腰が重くて……、ヨソから来た者が何かやっているが、まあやらしておけばいいみたいなとこが

かつて辞職坂といわれた松前沢の渓谷に架けられた思惟大橋（田野畑大橋）。全長315メートル

あって、たまにはねえ、柄にもなく悶々とした時期もありましたが、根がこういう性格だからねえ、何となく楽しくやってきましたけどね。

子供は三人ともこっちで、宮古の病院で産みました。三人目の娘が産まれる頃、アメリカのアーラム大学から派遣されたジェニーさんをうちでしばらく下宿させました。あれが外人さんとのつき合いのはじめで、印象に残っていますね。四つと三つと生まれたばかりの赤ん坊をかかえて、私は受け入れるのは無理だと思ったんですが、やればねえ、何とかできるもんですよねえ。ジェニーは来たばかりの時は、日本語は全くダメでした。二人とも辞書を片手に何とかやったのですが、できるだけ村の人の中に連れだすようにしてね。アメリカに帰る頃には日本語も上手になって、思いがけない人とつき合っていたりね。頭のいい女性だったから覚えも早かったしね。今来ている夫妻で、もう五代目ですよ。今度は一月の末に赤ちゃんが生まれるんです。はじめての例です。楽しみやら何やらで…ええ。歴代みんないい方ばかり、アーラムの方でも優秀な方たちを選んで送ってくるんでしょうがね。

私も十五年住んでいるうちに間違いなく村人になって同化されていますから。そうですねえ、やっぱり気持の良い方が多いし、人当りもいいしね。

以前、村営住宅に住んでいた時、先生の奥さんたちと世間話をする機会が多かったんですが、いつの間にか村の悪口になっちゃうんですよ。最後は、ああ後何年したら盛岡へ帰れるかなあってね。私つくづく考えたんですよ。先生は異動があるからかも知れませんが、それはやっぱりこの村の人に失礼じゃないかって。どうして今現在を受け入れて楽しく暮らしていこうとしないのかなって。あの当時は若かったですからね。

子ども育てるには最高の環境でしたから、山あり川ありで、ちょっと不便でしたけど。季節のめりはりはっきりしているし。友達なんかでも、まだそんな所にいるのとか、そろそろ里に出てきたらとか、まだこもっていたのとか言うんですよ。でも、ここ五、六年の間に国道に橋はできたし、鉄道はきたし交通の難所がなくなって皆さんの表情が何だか明るくなったって感じますよ。

くよくよしてもね。私なんか単純にできているもんだ

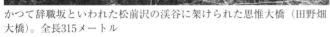

から、例えば思惟の森にある早稲田大学の寮、あそこの二階のベランダで一人ぼうっと海を見ていたりしていると、なんでこんなつまらないことで悩んでたってね。そういうことしょっちゅうありましたね。人間の考えることってくよくよ小さいですからね。それより山を歩いたり、海を見たりして私はダメだって励まされたことが何度かありました。今でも続いていますけど、やっぱりこのままでいいのかって。周期的に自分自身のことが私を襲ってくるわけですよ。夫婦ゲンカの後とかね。あの人もね、朝行けばいつ帰ってくるか分らなかったりってところがあるわけですよ。今はそんなことありませんが、羅賀《らが》荘の仕事をはじめた頃は、三日も四日も帰ってこないんですから。

もうちょっとで四十ですよ。この頃ようやく、あまり悩まなくなりましたけど、やっぱり三十五、六あたりではちょっとあせりましたね。大学にはいる時は教師になろうかなって、それもそれほど強い希望じゃなかったんですが、早稲田の教育学部教育専修というのにはいって。あそこは穴場なんだそうです。後で聞いたらね。私って、こう、性格的にね、こんこんとさとして教えるっていうより、そんなの自分で考えなさいよってつっぱねる方だから、あまり親切な教師にもなれそうにないし、たまたま結婚ということが先に決って、こっちに来てしまったので。もしね、教職についていれば今頃どうなっていたか解らないんですけどね。キザな言い方ですが、私は私で皆さんと一緒に手を携えてという感じでダラダラとやってるつもりなんです。ほんとにダラダラと。

こちらの暮らしで私の支えになってくれた人ですか。主人？　あの人は私の方が支えたんじゃないですか、ハハ。それより、まわりの人たちに支えられてきましたよ。でもね、私はあまり感じないけど、地元組と私たちみたいにヨソから来た者とでは、昔からいる人はあまり面白くなく思う時もあるんじゃないですかねェ。

亭主のヤツが、アラ、地が出ましたね、あのとおり、どこにでも顔を出すタイプでしょう。だから家は人が絶

三陸鉄道北リアス線のカルボナード島越駅。二階はレストラン

えないですよ。有難いと思わなきゃいけないんですよね。この間なんか三日三晩、家で宴会でしたよ。ここのところに一升ビンがズラッと並んでね。来る人たちから、今度の週末もまた行くからなって声がかかるんですよ。家を何と思ってるんだかね。それで夫婦が険悪になると皿が飛びますよ。

主人ですか。悪くはないですよ。良くもないですけどフフ。子どもの躾でも何でも女房まかせってことでもないしね。結構まあ、子どもたちの遊び相手にも相談相手にもケンカ相手にもなってくれるし、私にもこうやって自由にさしてくれるのも有難いことですね。

皆さんに助けていただいて、あんなやんちゃな主人をよく使っていただいたと、十年以上たつと、そんな気がしてくるんですよ。だって主人がまだ二十七だったでしょう。うちの人が今立場をかえて、会社の二十六、七の人の言うことを聞くかというとそうでもないようだし。あの村長さんはやっぱり器だったんですね。若僧からでも何か引き出してやれって思われたんでしょうけど。なかなかアクも強いですけど、魅かれる方が大きいですね。

子どもたちは中一の男、小六の男、小三の女の子です。上の子はデザインとかイラストに興味があるようなんですよ。将来はそんな関係に行きたいみたいですけどどうなりますやら。次の子はひところ板前になりたくて、釣りが好きなもんで、釣ってきた魚をちゃんと三枚におろして冷凍にしとくんです。一番下は女の子なもんで、女子だけの学校に入れようかなという心づもりでいるんです。私が共学でずっときて最後は女もだんだん男化していくような大学だったでしょう。だからネ。

子どもたちには、ずっと田野畑にいなさいっていう気はないし、好きなことをやればって感じですね。うちの人で、ひとつ感心することがあるんですけど、毎朝必ず両親揃って学校に送り出してやるんですよ。うちの人はヒゲ剃りながらでも、この辺泡だらけにして玄関に出てきて声かけてやってね。ロクな躾もしていないんですが、朝機嫌よく送り出すことだけは心がけています。それと子供に祈ってやることですね。父親にきつく叱られた日なんか、子供の寝入りバナに、第三者に語りかけるようにねえ。本当はこの子はいい子なんですけど、今日はたまたま……ってね、口に出して祈ってやるんです。

隆起してできた田野畑の海岸線

オマエ、亭主が希望なくすようなこと言うな、働きたくなること言えって……。

●語り● 吉塚登志子

田野畑村の農業の中心は、今、畜産にあって粗生産額は十億円に近い。その六割が乳用牛である。役用牛馬を飼う慣わしは、この村では古い。薪炭、マユ、塩などの搬送用の牛馬を欠いては人の暮らしは成り立ち難かったのだから。隣りの岩泉町にみられる肉用の短角牛飼育も一頃盛んであったが、戦後は乳牛の増勢が顕著になった。開拓地を歩けばデントコーン畑が広がり、牛舎やサイロがみられる。日々の現金収入のあることが、とりわけ開拓農には乳牛が魅力であり、その発展を今にみるのである。一方、村の山をみれば、斜面を採草放牧地にしているところが目につく。村の内奥、甲地子木地《かっちねぎち》の村道から二キロ山道を上った高原に酪農を営む一家族が住む。吉塚公雄さん三十五歳、千葉県市川市の会社員の次男、中学の進学相談の時、牧場をやると言って周囲を驚かせた。東京農大畜産科を卆えるとすぐ、村内田代で山地酪農を実践する大学の先輩、熊谷隆幸氏のもとに実習生として住み込んだ。三年後、林地一〇ヘクタールを得て入植、乳牛二頭で山地酪農を始める。さらに二年後、ランプ生活の彼のもとへ、千葉県船橋から農業を全く知らない幼稚園の先生、登志子さんが嫁いできた。そうして七年、この田野畑高原の小さな家には、確かな人間の豊かさがある。

実家は千葉県の鎌《かま》ヶ谷《や》です。両親は早く亡くなってるんです。父は小学校二年の時、母は五十歳で。それで用品店をやっていた兄夫婦に育てられたっていうかね。ええ、幼稚園に勤めていました。その兄と吉塚の母が知り合いでそれで話があって私たちお見合なんです。吉塚の印象ですか、何て言うか、私は親がいないんだけれど、兄弟みんなが自由に来れるような人と結婚したいなって思っていて、農業も知らないし、まして山地酪農なんてものへの理解なんてひとつもなくて、ただもう牧場なんて憧れみたいで、広い所でキモチ良いだろなってくらいの感じで、ハハハ。吉塚の母と一緒にここを一度見に来てそれで決めたんです。三月に見に来たんですがもうびっくりすることばかりで、電気もないし。でもやっぱり自由なところが気に入ってネエ。親戚も兄弟たちも遠すぎるって始めはみんな反対してましたが。

結婚式は普代の鵜鳥《うのとり》神社で田代の熊谷さんに仲人していただいて、主人も私も両方とも千葉出身で、親戚もみな向うだから、千葉でやれば二人だけ行けばそれで済んだんだけど、やっぱり主人が、ここに住むんだから、この人たちに面倒見てもらう方が多いんだからここでやんなきゃダメだって、オレのわがまま聞いてくれって。それで親戚みんなで観光バス仕立てて来てくれたんで

デントコーンの畑

す。ええ、世話になる地元の人、子木地《ねぎち》の人たちも殆んどみんな招《よ》んで、あの景勝地の北山崎の北山荘で披露宴をやりました。昭和五十四年（一九七九）の十一月四日です。

それまで百姓仕事って全くしたことなかったし、牛も遠足か何かで見ただけで扱ったことはないし、で、やっぱり牛も分ってて初めはバカにするんです、主人だと何ともないのに私だとわざと首振ったり足上げたりネ。だから結婚して何年かは主人におこられて、しょっちゅうケンカばっかりして。やっぱり近くに兄弟がいないから、いつも二人だけだから仲良くしてる時はサイコーだけど喧嘩すると逃げ場がなくてねえ、思い切って千葉まで行こうかとか思っても、あと帰って来ること考えると、大々的になっちゃいますもんねえ。でも、ケンカはよくしました。サイロ詰めなんかで、フォークでトラックに草上げしてたら、ヘビが、私ヘビが大っきらいなんですけど、目の前にぶらさがってて、ええ、それでキャーッと逃げて、もう草のところに行けなくなって、もうやれない、ヤレナイッて言って。ほんで怒られて、採草地にヘビが居るってことは、それだけ土が良いってことなんだから喜ばなきゃいけないのに、何がこわいんだって。牛扱いのとこに来て、ヘビが恐いなんて騒ぐんなら千葉に帰れって。そんなで始めは喧嘩ばっかり。夏の方が夫婦喧嘩は少ないですねえ。屋外の仕事で気が晴れるから。雨が続いてサイロ詰めも出来ないとイライラして喧嘩が始まる。喧嘩もお天気で左右されて、アハ。

私はわがままで思ったことすぐ口に出すから、オマエ亭主が希望なくすようなこと言うな、働きたくなること言えって……。

朝から晩まで一緒だから、喧嘩してれば地獄、仲良くしてれば天国、ほんと。結婚して間もなく、主人が十二指腸で二十日間入院したんです。なんにもまだ分らない頃で、人が来てもコトバがよく分らない、発電機も自分でつけられないし、牛に草をどのくらい食べさせれば良いのかも分らない。牛の追い方も知らない。配達さんが来て、今日は牛をいろんな所に出しているんですねって言われて悲しくなっちゃってねえ。熊谷さんが来てくれて助けて貰いましたが、あー怒られてもいてくれるだけで良いと、つくづく思いました。後で思うと、この二十日間は大きかったですね。

その頃は牛も二頭しか搾《しぼ》ってなくて、結婚して最初に農協から受け取った乳価が七円だったんです。ええ、いろいろ引かれて手取りがタダの七円。エーッなんてびっくりしちゃって。いくら何でも七円なんてどうして、これでどうやってって思いました。でもお金なくても、みんなから野菜もらったり卵もらったりとかで食べることは何とか。

今は搾乳牛五頭、成育牛五頭で借金だらけながらどうにか年々収入もあがってはきています。前は農協からお金借りたいと思っても、お前のとこはそれだけ入る見込がないからって借りられなかったんです。まあ借りられるくらいには成ったということかしらネ。

兄弟や主人の親が何かと送ってくれて、はじめはそれだけが楽しみで。子供もクロネコヤマトの人が来るとワァーなんて喜んで。あのおじちゃんはいっつも好いもの持って来てくれて、ウレシイネなんて、おばあちゃんが送ってくれたと思わないで宅急便のおじちゃんがくれると思ってね、ハハハ。

熊谷さんはじめムラの人たちにも助けて貰ってねェ、

乳牛に青草を与える、吉塚公太郎君の朝の仕事

雪なんか降ると拓いた山道が埋って閉じこめられちゃうんです。すると食べるものあるか、焚くものあるかって電話がかかってねェ。ええ、電話だけは早くにつけたんですが、わざわざ雪の中、背中に荷物背負ってここまで上って来てくれるんです。アンタタチを見ると昔の自分たちを思い出すって言ってくれて。
最初は電話かかっても何を言われてるのか内容も分らないし、家号で言われるから誰からかかってきたのかもつかめない始末。はじめハイ吉塚デゴザイマスって、千葉にいた時の受け方で、主人にそれは止めた方が良い、吉塚デスくらいにしとけって。
やっぱり近くに親兄弟がいないから土地の仲間が兄弟以上ですね。主人の大学の先輩で熊谷隆幸さんをリーダーに山地酪農の仲間七軒で山見会っていって、めいめいの牧草地を夫婦で見て歩いて、おしゃべりして、食べて呑んでというのが毎年あって。それと別にそのオカアサンたちだけの二百円会費ぐらいの集りがあって、それがとても楽しみなんです。月に一回やれれば良い方なんだけど、別に日が決ってるわけでなく隆幸さんの奥さんから、何日あたりどうって声が掛って集れる時はホントに楽しい。みんなふだん着で長ぐつはいたまま行って、ええ、生活のぐち、オトーサンのこと、子どものこと、お金かけないで出来るおいしいオカズの作り方とか、泣いたり笑ったり。同じ土地で同じ仕事の女どうし、みんな息子の公太郎と同年齢の子どもがいるから母親としても共通だし、ホントそれは私たちの支えです。もう話が続いて時刻なんて忘れちゃうんですよ。親兄弟には心配かけたくないから実家へ帰っても話せない話、生活がちがうから話しても通用しない話が、みんなで語り合えるんです。だからストレスたまるとオマエそろそろ集った方が好いんじゃないかって主人が、アッハッハ。

いちばん困ったのは、なんだろ？　やっぱり不便さから見れば電気かしらネ。今まで、それがあるのが当りまえと思って暮らして来たから、食べものの工夫がネ。冬なら雪につけとけばよいんだけど、夏は肉でも野菜でも買ってきたら、その日のうちに料理しておいて二日ぐらいで食べるようにしないと。それにこのあたりで人から貰うときって、野菜でも魚でも、いっぺんにたくさん貰うでしょう。食べものを如何にくさらせないで保存するか、おいしく食べるかを工夫するようになりますネ。生ものは醤油やニンニク、味噌に漬けたりネ。もう冷蔵庫のないことに慣れました。

猶原先生（山地酪農理論の提唱者）の教えで、うちは砂糖は使わないんです。結婚する前から、主人に甘いものは口にしないって言われてたんですけど、はじめ余り真剣に考えてなかったんです。私、甘いもの大好きで、だから最初のころはかくれても食べたいくらいで、今はすっかり慣れました。主人は私のくせを直すためにはじめ強く言ったようです。今は、料理には使いませんが、お菓子なんか買ってまでは食べないけど、頂いたものは食べるんです。子どもにも五歳までは甘いものを食べさせないんです。だから長女の都《みやこ》は五歳になったから許して与えるんですけど、長男の公太郎はまだ四歳だからあげないんです。都が甘いもの食べても、ボクは四歳だからこっちだネって、ニボシなんか喜んでおやつにたべるんです。

主人は決めたことは絶対まげない人だから、従《つ》いて行く方、とくに私は中途半端な気持で来ただけにタイヘンですよ、ハハハ。結局、まる七年過ぎて自分自身が何より変りましたネ。どんなものでもおいしく食べられるんです。野菜でも何でもそのままの味が、つよがりじゃなくて美味しいと思うようになってネ。カボチャも蒸して塩ふっただけがホントおいしい。子どもたちも、放牧地に自生だか何だか、梨の木があるんですが、小さく固い、これを取って喜んで食べる。桑の実とか、栗やクルミがなると自分たちで行って取ってカナズチで割って、五歳と四歳の二人で食べてる。

夜はいそがしいんです。発電機まわして電気つけて、牛舎で搾乳して洗濯機まわして、オフロわかして、御飯の仕度して、子どもたちはその時間だけテレビを見るんです。電圧の加減でしょうね、テレビも波が出てゆれてるんだけど、喜んで見てる。みんなの家は昼でも見てるヨ、どうして都のうちは夜だけなのって、アハ。

だから、映ってさえいれば、子どもは喜んでネ、教育番組でもニュースでも、中国語講座なんかでも見てますよ。ＮＨＫの「大草原の小さな家」ってありますよね、あれ私たち大好きでねエ、私も夕飯の支度しながら目がそっちに行っちゃってネエ。

搾乳終って御飯ができたら、電気消してランプで御飯食べるんです。自家発電の石油は冬は五時からつけなきゃならないから月にドラム罐一本、かなり節約して夏場は二ヶ月に一本。夕方の二時間程だけつけて、あとはランプと懐中電灯。遠い畠から帰ると真暗な中で子どもたちだけで懐中電灯かこんで待ってる。涙が出ることもありますョ……。電気をつけると生まれてまもない末っ子まで声をあげて喜ぶんです。

　まわりに人がいないだけ、母親の気持次第でみんな明るくも暗くもなる。だから健康で夫婦が仲良くしてることが第一、私たちの間でことばが荒くなると、それだけで子どもたちが泣き出すんですもんネ。仲良くしてると子どもがランプの下でもどんなものでも喜んでたくさん食べてくれます。主人の父はサラリーマンで、家族で海に行っても明日の仕事があるからとお父さんだけ先に帰ることがあって、それが子ども心にとても悲しかったそうです。

　都《みやこ》がこの春から沼袋の保育園へ行くようになって、なにしろ友だちができて大人が子供中心に動いてくれるわけだから、うれしくて楽しくて、少しぐらい体の具合がわるくても絶対行くって。四キロあるんですけどネ、毎日歩いてゆかせます。主人が体が丈夫になるからって。帰りはあっちこっちで遊んでくるからもう夕方近くなってネ。ニギリメシ一つで良いから作って置いといてやれよって主人がいいます。

保育園に向かう都ちゃん

　まあ、子どもが大きくなって山地酪農やりたいって言ってくれたらサイコーですね。それにはお金がないからって親がピイピイばっかり言ってたら継ぐわけないもんネエ。

　思い出せばあったかさが湧いてくるようなネエ、そんな記憶を子どもたちが持ってくれたらって思ってるんですよ。

田野畑村の村章

※　※

先年、物故した山形生れの農民詩人、真壁仁に、いささか「地域」に関心をよせる者のひとりとして、何度読み返しても心打たれる一文がある。

「ぼくらは東北を一つの地域として見る。地域の概念に、『中央』に従属する『地方』であることを拒否する意志をこめている。地域は住民の自治を本則とする生活と文化の空間ではあるが、他の地域に対して自らを閉ざすものではない。それどころか他の地域との連帯や交流によって自立をたしかなものにすることができると考える。世界もまたいくつかの地域の総体である。地域は、それぞれに個性的な価値を持つことによって、世界を豊饒にする。東北は、真に東北的であることによって日本・世界に参加することができる」（『化外の風土・東北』）

これは普遍だ、とおもう。誤まりのない地平であると共感する。

たとえば僻地という言い方は今日、それが都市で用いられようと村で語られようと、日本の至るところで再生産される精神の閉鎖性に関わることのように思われる。それは、傲慢と卑下の双方であって決して一方ではない。傲慢と卑下をとり去ったとき、残るのは自立と共同の在り方とであるだろう。それはまた男と女の在りようにも通じることがらでもある。必要なのは、都市も村も、男も女も、いま部分であること、地域であることの視点ではないだろうか。

朝七時、吉塚家の都チャンは家を出る。これから保育園まで四キロほどの山道を歩いて行くのだ。牛舎では、朝の搾乳にいそがしい吉塚夫妻の傍らで公太郎クンが、真剣なまなざしで青草を乳牛たちに補給してまわる。青草が四歳の小さな手にも胸にも余るが、動作に甘えはない。末っ子の恭二クンはまだ寝ている。

手を振る両親と弟に送られて、都チャンは歩き始める。保育園には八時半から九時までのあいだに入ることになっている。途中の道々で、黄色い帽子をかぶって青い園服を着た仲間が、次々とヤッコダコの様に飛び出して来て合流する。家が一番遠い都チャンの遊びながらの帰り道は、二時間を超すことになる。入園以来一度も休んだことはない。保育園の友達も先生も、おやつも、途中で出会う人も動物も、木も草も花も、みんな好きだ。

「ここは都のうちの畑、こっちはタクチャンのうちの。うん、クマを見たこともあるよ」

都という名は、千葉で会社員をしているおじいちゃんが付けてくれた。遥かな東北の山地に生きる孫娘一家への思いがあふれる。それは決して、「中央」から「地方」になされる憐憫ではない。都市に生活の根拠を持つ祖父と、村に自立する肉親との、一体性の表現であり、交流であろうと、私は惟《おも》う。

秋の気配の深い山道を、踊るようにくだる都チャンの背に、牛の低い鳴き声がひびき、公太郎クンのカン高い声がこだまになって追う。今朝の空は蒼い。山もまた蒼い。田野畑村に生きる女性は二七七五人、都チャンは、そのひとりである。

橋本梁司

吾が田野畑村

文　岩見久子

（写真は岩見さんのアルバムより）

村の基幹道路、「浜街道」の名もある国道45号線

山路越えて

二車線ながら国道四十五号線が村の中央を南北に走り、北は久慈《くじ》市、八戸《はちのへ》市方面へ、南は宮古《みやこ》市へと、夜半まで大型トラックが走る。昭和五十九年（一九八四）四月に開通した三陸鉄道は海岸沿いに、殆どトンネルの中を走って、宮古市へも久慈市へも一時間足らずでゆくことができる。初めてこの村に足を入れた頃の私には全く予想出来ないことであった。

昭和二十三年（一九四八）八月二十二日、私は初めてこの村の土を踏んだ。

夫と一人子を相次いで失った深い傷痕から漸く立ち直りつつあった私に、「岩手のチベット、陸の孤島と言われているこの村へ来てみないか」と言う義兄の誘《いざ》ないの手紙がひどく魅力的だった。当時、大阪府下の生家にいた私は、岩手県九戸《くのへ》郡種市《たねいち》町八木《やぎ》に葬られている夫と子の墓に詣で、翌朝田野畑村を目ざして出発した。八戸線終点の久慈駅を下車し、それより普代《ふだい》村までバスで、凹凸の烈しい路面を荷物棚に乗せたトランクを揺り落とされたりしながら走ること二時間余、普代村終点で下車した時はとっくに昼が過ぎていた。そこで待っていた亡夫の異母兄に案内されて、近道を選んで山路を辿ることにした。

谷川の流れに湿る岩いくつ
君と踏み越ゆ肉厚きみ手

岩に腰をおろして昼食のおむすびを食べた。谷川の水をお茶の代りに飲んだ。胡桃《くるみ》や栗、柏《かしわ》、楓《かえで》、桂《かつら》など鬱蒼と茂る大樹の葉漏れ陽を受けて休んでいると、流れのかそかな音のみの静けさであった。

小型のトランクを義兄に預けて私達は、重畳する山を上り、下り、或いは憩いつつゆっくり歩いたので、「もう一息だよ」と彼に励まされた頃、谷間の小径は既に闇に包まれようとしていた。危ないからと手をとられて最後の峠を登りつめると、眼下に遠く、村落らしい乏しい灯りが見え、その向うの山の上に月が昇るところであった。旧暦を使っているこの村では、月の出を待って盆踊りが始まるらしく、遠い太鼓の音が聞えた。高くなり又低くなりながら、風に乗って夕闇の中から聞えて来るこの太鼓の音の何と牧歌的だったことよ。

峠を下って村落に入ると大豆畑を渡って来る風は豆の葉の匂いを運んできた。

未だかつて、体験したことのない安らかな世界、人も山野も一つに溶け合った夜の世界、杳《はる》かなるふるさと。原始の社会に帰り着いたような安らぎの中で私は太鼓の音を聞き、山の端を離れて昇って来る盆の月を仰ぎながら、義兄の住む寺へと連れられていったのである。

翌朝、戸外へ出た私は澄明な空を仰いで息を呑んだ。これが本当の空だと心に叫んだ。微塵《みじん》の汚れもない空気を通して見る向い山の緑は本然のみどりの儘《まま》の色彩でぴたりと、私の網膜に吸着した。思わず「美しい」と声を出した。生きて来たよろこびが、私の体の底から熱く湧き上がって来るのを感じることが出来た。

義兄に案内されて、五キロ余りの山路を歩いて海へ行った。弁天島の対岸の絶壁から赤松の枝をすかして見下ろした海は、グリーンを帯びた透明なブルーに海底まで透けていた。これが本当の海の色なのだと私はまた感嘆していた。この海には久遠なる母のやさしさとぬくもりさえ感じることが出来た。私達は側方の岩場を伝って波打ち際まで下り、半日、潮の囁きを聞いた。間断なく寄せては返す波の底に、劫初より久遠につづく語らいの声があった。

写生する君がうしろに虫鳴けり
二人をめぐる海鳴りの音

暫くの滞在だったけれども、田野畑村の風物詩は完全に私を捕えてしまった。ここは全くの隔世界であった。空も雲も、山も川も海も、ここに住む人々も、みんな純粋に生きて純粋に動いている。自然は自然のままに息づき、余り手の入っていない山原は原生林の形で一樹一樹が個性を持って空に伸び競っていた。私は完全に、田野畑村に魅了されてしまったのである。

再生の空

心のふる里として、美しい景観を描きつづけていた田野畑村に永住することになったのは、昭和二十五年（一九五〇）三月末であった。村で最初の養護教諭として田野畑村立中学校へ、当時勤めていた郷里の中学校より転任の手続きも出来たのである。義兄と結婚の心づもりも出来ていた。

故郷を、中学校の教え子らに見送られて出発した時、駅の吉野桜は五分咲きだったのに田野畑村に来てみると、草の萌え初める色さえ未だない灰色の山野には四月に入っても尚きびしい寒さが残っていて、異郷の感がひととき身に沁みたものであった。

当時の田野畑村は人口六四〇〇人、完全な無医村で、海岸地区に助産婦が一人いるのみであった。寺のすぐ近くにバラック建てのように貧弱な中学校本校があって、ここを根じろに五ヶ所の分校を併せて担当することになった。校長が「医者だと思って何でも相談しなさい」と生

私は昭和36年からバイクに乗った。

私の二児と近所の子どもたち。昭和33年ごろ

徒に紹介されたので、これは大変なことになったと思ったが、案の定、養護教諭の職分よりも、生徒の家族の病気が相談に持ちこまれるようになってしまった。

　役場にはひと通りの医療器具が揃っていたので、それを借りることもあった。草刈りをしていて自分の足を切った男の人の、ぱくりと開いた傷口を、局所麻酔もしないで縫合してあげたこともあった。腹痛を訴えて訪れる人の殆どが蛔《かい》虫症《ちゅうしょう》で、少量のサントニンを飲ませただけで、縄状にからみ合った蛔虫を排泄したと言う人もいた。隣村岩泉《いわいずみ》の歯科医に通うのも一日がかりで歩かなければならないために、虫歯の治療を受けることが出来ず、大方の人は放置していたので風邪が流行しはじめると歯痛を訴える人が増加した。郷里の大阪府津田町立中学校には歯科校医が二人もいて、虫歯の早期発見と早期治療をしたものだった。僻《へき》地《ち》に入るに当って、私はその歯科医師から応急手当の方法を教えていただき、虫歯の汚れを除去するための器具を一本もらって来たのだけれど、この小さい一本の器具がどれほど村人の役に立ったことだろうか。痛む頬を押えて泣きながら来た子供達、いや大人も、痛みが忽ち消えたよろこびに笑顔の挨拶で帰って行くのだった。

　妊婦の診察や、助産も私の役目となった。村の婦人達は一般に分娩が軽く、殆ど近隣の老婆や母親、姑、時には夫の介助で済ませていたが、中には自分で生れた子の産ぶ湯を使わせるという勇ましい婦人の話に驚いたりもしたものである。私に頼みに来るのは生れ難い時や胎盤がなかなか排出してこないような時だけであった。だから、私が行って簡単な処置をするだけで多くはらくに完了するのだった。

　私は自ら好んでこの道を学んだのではなく、父の強硬なすすめで看護や助産の技術も身につけたのだったが、今この村へ来て、村人からこんなによろこんでもらえることにより、初めて父に感謝の気持ちが湧いたりなどした。

村の詩

　赴任して来た頃、不安を感じた言葉の壁もそんなことで村人達とは忽ち顔見知りとなり、仲よしにもなった。四月下旬から五月にかけて梅桃桜がひと時に開花し、銀紫にけぶっていた山並みはいっせいに薄みどりの嫩葉《わかば》をひろげはじめ、日毎にみどりが増してゆく。山裾に飾るつつじのくれない、渓流に沿って風に揺れる山吹《やまぶき》。やがて長い梅雨期、どこの家にも大きい炉があって、濡れ湿った薪が台所に重く白い煙をこもらせていたりなどする。栗板や杉板を使った柾葺《まさぶき》屋根の家は古くて大きくて、どこの家にも老人がいて夫婦がいて、たくさんの子供がいた。

　みどりの色の深くなった山原にはクロツグミが終日歌い、四十雀《しじゅうから》の群が庭木に囀《さえず》るとみるまに忙しく飛び立ってゆく。鶯《うぐいす》、郭公《かっこう》、ホトトギス、ジュウイチ、イカルなど、梅雨期の晴れ間に鳴き渡る鳥の声は豊かであった。近年、小鳥の声のめっきり少なくなったのは何故だろうか。

　青葉がいっせいに萌え立って、太陽光の中に生存の歓声を挙げているような夏、前の小川では河鹿《かじか》の声が終日涼感を呼び、夜はヨタカが情緒的なやさしい連続音で、クックク、クックと鳴いて妻を呼ぶ。重く曇って星影も見えないような夜更けの空にブッポウソウ（本当はコノハズク）の引き込まれそうな淋しい声を聞くこともあった。

草も木も黙す深夜を鳴き渡る
仏法僧の孤独を思う

沢辺に仕掛けたバッタリ（唐臼《からうす》の踏む所が刳り舟になっていて、水の重みで杵《きね》を動かす装置で穀類の精白に使った）のギイーッと音をきしませて舟が下りザアッと音を立てて水が流れる。そして石臼に落ちる杵がバターンと鳴る。この単調なくり返しが一定の間隔で響き、夜の静寂の中で流れの音に調和して田舎の情感を一層ふくらませていた。

一夏の繁茂のあとの祝福か惜別か
山真赤に燃えて

北国の秋は短い。栗拾いや茸取りの楽しみの後に紅葉の華やぎは束の間にすぎてゆく。庭先の大銀杏が一夜のうちにその黄葉を払い落してしまうと冬が急速に近づいた。十二月に入ると雪がちらつき、馴れない寒さが情容赦なく四囲を包みこんでしまう。私の家の台所でも大きい水《みず》甕《がめ》に夕方汲んだ水が朝は厚氷を張るようになった。年の暮れには玄関先に木炭の俵が高く積まれた。十四俵のこの炭俵は、当時製炭を重要な収入源としていた村人達が、病気その他で世話になったお礼として持って来てくれたものであった。

一月に長男が生れたので中学校は辞職した。家庭に入ると、相談に来る人が益々増加した。肩もみや、指圧をしてほしいと言って訪れる常連のお婆さんもいた。いろいろな人が来てついでにゆっくりおしゃべりなどして遊んでゆくのでお寺は集会所のような格好となった時期もあった。

分娩料には廉《やす》きそこばくの金貰い
たのしく帰る月の雪原

今まで家の人達で済ませていた分娩も、初産の時は頼みに来るようになり、夜更けに起こされることもしばしばあって、行ってみると広く暗い部屋の片隅に

順天堂大学の無料診療員を見送る沼袋の人たち

二十歳を超したばかりの若い産婦が寝かされていて、枕元の濡れタオルが凍っているようなこともあって、しぶる姑を叱咤してコンロに炭火を起こして貰って部屋を温めたこともあった。

在る雪の降る夜、四キロ離れた山の家へ助産に行った。雪のために停電していてローソクの灯りで助産、沐浴、すべて完了した時は午前二時、産婦の夫に送られて出発した頃は雲が晴れて、宙天に月が皓々と輝いていた。月の光は雪に覆われた落葉樹の山原に沁み透るようにきらめいていて、銀嶺を行きながら、ここはまるで別世界、童話の国の王女様になったような、夢見心地で歩を運んだものである。一つの任務を果して来た安堵感と重なって、この月にきらめく雪の山が宮殿のように感じられたのであった。

昭和二十七年（一九五二）の暮、村の中心地に小さい診療所が建って、五十歳を過ぎたばかりの医師が着任した。小松先生と言う。満州で医師の資格を取られたと言うこの先生は大変に酒好きではあったけれども、何でも出来て、心のやさしい人であった。今まで急病人や重症者の出た時は隣村まで馬やトラックで医師を送迎していた村民にはどれほど有難いことであったか。おかげで私も分を越した医療行為は行なわなくて済むようになったのである。

ここに生きる

昭和三十一年（一九五六）秋、「開拓地の保健指導をしてもらえないか」と役場からの要請があって受けることにした。二十八年に二男が生れて私は二児の母親であった。この村へ来て既に六年以上経過していたけれども、私は今まで村のどこに開拓地があって、どんな生活をしているのか余り知らないで過ごして来た。

保険指導のため久春内に向かう私。昭和37年

田野畑村は、東西十六・八キロ、南北十四・八キロ、村の中心地を当時は平波《ひらなみ》沢《さわ》と呼び、村役場、小学校（中学校は二キロ離れた広い場所に新築移転していた）、警察、郵便局、診療所、そして私の夫が住職をつとめる宝福寺があった。

この村は山岳重畳し、真木沢《まきさわ》、松前《まつまえ》沢《さわ》、羅賀沢《らがさわ》、明戸沢《あけとさわ》、その他の小さい流れが深い谷間を下って海に注いでいる。どこへ行くのにも歩いて曲りくねった山道を上りまた下らなければならないので、沢の一つ向うの、近々と見えている集落へ行くにしても相当の歩行距離があった。特に、真木沢を挟んだ思案坂《しあんざか》と、松前沢を挟む辞職坂は有名だった。この村を支配する県の出先機関が宮古市にあって、教師を初めとする各方面の役人が赴任命令を受けて南隣りの小本《おもと》村の長い坂を昇り漸くにして田野畑村の台地（真木沢集落）に入る。すると突如として大きい谷に行き当る。傾斜度六十度と言われるこのV字型渓谷の二百メートルの高さをすべりながら下り、息を切らせて登りきるのに三十分はかかるだろう。「こんな村へ行きたくない」と誰もが思案するので思案坂と呼ばれた。漸く向い坂を登りつめ三十分ほど歩くと更に深くきびしい松前沢の渓谷に至り着く。もう

大谷地開拓の子どもたち。昭和35年

とてもこの坂を下りそして上る気はしないので辞職する赴任者が出たというので辞職坂と呼ばれたらしい。それほどに、深い沢によってとぎれた村の交通は不便であった。

　開拓地は主として村の周辺地域の台地や山あいの傾斜地にあって、十二ヶ所に分れていた。戸数二二〇余、人口合計一二〇〇人余りで、約一割が樺太《からふと》から引き揚げて来た人達であったが、大部分は村内既存集落の二、三男や、土地を持っていなかった人達が入植していた。終戦直後よりはじまったこの開拓事業は、山林原野の木材を伐採して製炭し、生活の資としながら一鍬一鍬と掘り起す開墾であったのでなかなか進行せず、昭和二十年代末に補助により粗末な住宅が出来るまで山小屋生活をしていたのである。現在ならブルドーザーにより数日で完成するであろう一～二町歩の開墾事業を、彼らは十年の歳月を血の汗にまみれて成し遂げたのであった。

　昭和三十一年末に、そうした開拓地の保健指導員の辞令をいただいたのであった。十二月は現況把握のために全戸訪問を行なって世帯台帳を作成し、翌三十二年より本格的な活動に入った。

　三十一年四月の強い風の日の大火で三十三戸の内二十二戸まで建てたばかりの家を家具もろともに消失した真木沢開拓は、掘っ立て小屋に住んで再出発をはじめたばかりの寒々しい光景だったけれども、春を待ってたくましい再建の気配が満ちていた。火災により組合員が結束して、一様に新しく土地を拡大し、酪農一本でゆくことに決議出来て反ってよかった、と当時の組合長は言う。

　私は手作りの布製のリュックサックに必要な器具を詰めて、南は辞職坂や思案坂を越え、北の方の机《つくえ》、北山《きたやま》、久春内《くしゅんない》、池名《いけな》の開拓地へは昔山賊が住んで人を切ったと言う切伏《きりふせ》の峠の昼なお暗い山路を愛犬のシロを供に通ったものである。軽量小型のヘリコプターのようなものが出来て飛んで行ければどんなに早く到着出来るだろうと、片道十七、八キロを歩きながら空想してみたりなどした。

開拓地の母と子よ

　入植者は当時年齢が若かったので、どこの家庭にも乳幼児がいた。乳児は嬰児籠と言う竹製の籠にぼろを詰めた中に入れられて、跳び出さない様に紐で結ばれていた。農繁期には朝にこの中へ入れられると夕方までそのままで、母乳も昼食時に籠のままで与えている母親があり、汚れたおしりも放置されたままのことも多かった。離乳期になってもまともな離乳食が与えられないために五、六ヶ月になると乳児の体重増加は著しい減少を見せる。児童憲章など彼らには何の影響も与えてはいない。何の娯楽もなく電灯さえない集落もあって開拓地の人達の出生率だけは目立って高く、開拓地へ行けば先ず目につくのは乳幼児と妊婦の多いことだと、はじめに役場の職員から説明されていたことは事実その通りであった。

　畑作、無家畜農家が殆どで、痩せた土地に作る稗《ひえ》、麦、大豆、馬鈴薯が彼らの年中の主食で少しでも米が入ればいい方であった。開拓地に限らず当時村の農民の主食は、米、麦、稗が同量に入っていればよい方で、戦前は死ぬ直前に竹筒に入れた米を振ってみせたと言う話もあるくらいだから、おおむね一般庶民にとって純米の飯は縁遠いものだったのだろう。まして、無一文で開墾に鍬一本を持って入植した人達である。バラックのように粗末で内作《ないさく》も出来ていない、家具らしいものも殆どない家の中での生活であっても、彼らには家と、自分の土地を持つことの出来たよろこびがあった。妻をめとり、子供を持ち、どんなに貧しくても若さと希望があった。例え稗の飯や馬鈴薯の代用食を主食に、畑で採った野菜類や豆類を副食にしての貧しい食卓であってもそこには一家の団欒があった。

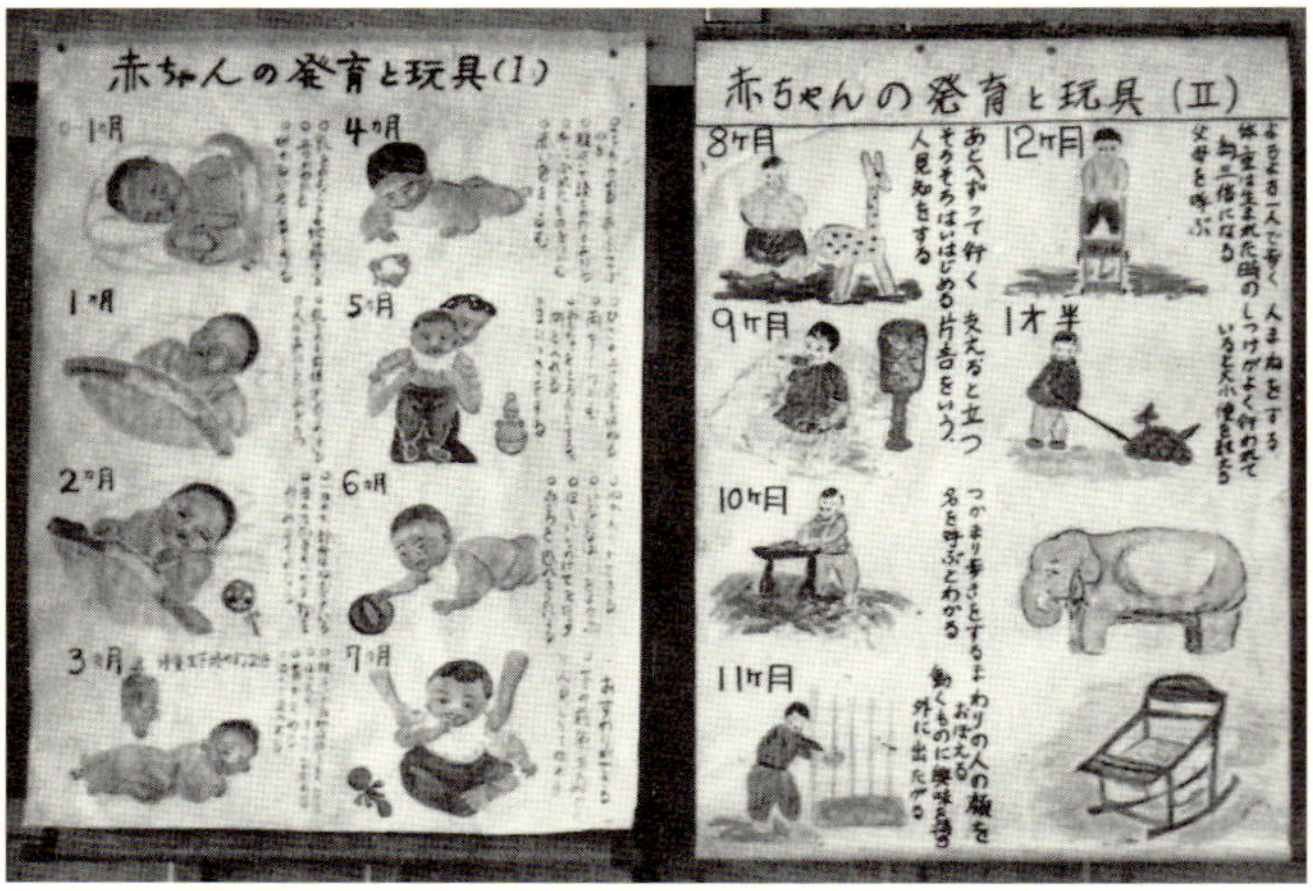

盛岡市の保健婦専門学院で作った育児指導用図解

　私の保健と生活指導は先ず乳幼児の栄養改善、特に離乳食、日光浴を実行させることから始まったと言ってよいと思う。人生の出発点に立ったばかりの子供達に、家庭の事情による発育の格差はつけたくなかったのである。そのために必要な事柄に家族計画があった。調節に必要な器具も私のリュックサックに入っていた。

　　開拓地の保健婦なれば時に君らが
　　夜の営みの事にも触れつ

　私が何かの都合で訪問出来なかった家庭の主婦が、「先日保健婦さんが来なかったので器具がきれて妊娠してしまった」と泣かれた時、私が悪いことをしてしまったようで申し訳ない思いをしたものであった。

　昭和三十三年（一九五八）に婦人部を集落毎に結成し、その中に購買部を設けた。結成に当っては会議の持ち方を教え、会則作成、議長選出、役員の選出まで規定通りに行なって、婦人部を民主的に運営させることに努力した。

　　婦人らの論争私的なる事多し
　　聞きつつ和解のいとぐち捜す

　　論争を極めし果ての和解なれば
　　育ち来りし君らと思う

　もの言わぬ農民と言われていたけれども、開拓地の婦人達は婦人部の中でものを言う婦人、みんなの立ち場でものを言える婦人に育って行ったのである。婦人部では毎月例会をもつことにして、購買部の会計決算も報告し、日常品を販売したので半日がかりで既村集落へ買いものに出る手間がはぶけたし、受胎調節用器具も何時でも入手出来るようになった。この月々の例会は、栄養改善、台所改善、自家用野菜作付計画、鶏の飼育による蛋白源としての卵の生産などという風に学習や諸事の相談の場としても活用されたのであった。

　これらはすべてはるかなる日の思い出である。

今、田野畑村は

　昭和四十年（一九六五）に、思案坂の上に高さ一〇五メートル長さ二四〇メートルの真木沢橋が開通し、国道四十五号線は辞職坂を流れる松前沢の上流を迂回しながらに漸く国道の機能が発揮出来るようになり、バスも国道を縦走するようになった。そして村の中心地に新しい診療所が出来、入院設備も出来た。

　以来二十余年の歳月が流れ、その間に村は目ざましく進展した。道路は山奥の集落にも行き届き、舗装が進められ、中学校は統合されて遠隔地の生徒は整備された寮より通学している。昭和五十九年（一九八四）四月には念願の三陸縦貫鉄道が開通して宮古市、久慈市を終点に一時間毎に列車が通い、県都盛岡市へも日帰りが出来るようになった。同年十月には辞職坂の上に高さ一二〇メートル長さ三一五メートルの橋が出来て国道は更に短縮した。この橋を思惟大橋《しいのおおはし》と言う。かつては村民を悩ませた思案坂も辞職坂も二つの大きな橋の下で山原に埋もれて、今はその所在もない。

　三陸海岸国立公園の中で断崖の壮大な美景を誇る北山崎の展望台や、島越《しまのこし》や平《ひら》井賀《いが》から出る観光船はシーズンに入ると観光客で賑わうようになったのも交通の便がよくなったからであろう。どこの家も新築されて、自家用車のない家の方が珍しいくらいである。養殖漁業がすすめられて、若布、昆布、鮭などの収益が増加し、村民の平均所得も向上した。

　しかし、こうした急速な発展のかげに潜むマイナス面も見落してはならないと思う。

　村民所得向上の何割かをしめる出稼ぎの実態。現金収入を追って村内の小企業で働く主婦達はインスタント食品に頼り勝ちとなり数少なくなった子供達は学校と家庭のテレビの間を往復するが如くで、外で遊び廻る子供達の喚声を聞くことは珍しい。かつての清流はコンクリートの防壁に囲われて家庭排水が排管口より流れ込む。海も次第に汚染されつつあるのだろう、沿岸漁業の主座を占めていたウニやアワビの収穫は年々減少の一途を辿っている。私を魅了したあの海はすでになく、経済成長の空のもとでは海猫や鷗《かもめ》すら魚をとることよりも遊覧船の跡を追って、客が投げ与えるパン屑に群がる。

　数年前、この村が県の意向による原子力発電所の有力な候補地に挙げられたことがあって私達婦人連は結束して反対の姿勢をとったことがあった。県の案はさいわい実現されないことになってほっと胸をなでおろしている。

　便利になった生活の中で物質経済一辺倒に押し流されることなく、この村の良さ、ここに生きることの倖せをもう一度見つめ直し、最も大切なものを守る努力をしてゆくべきだと思う。

　都会よりよきことのみの渡り来よ
　思惟大橋中空を占む

宮城文子先生を囲む池名の人たち。昭和38年ごろ

編者あとがき

「宮本常一ファンの集い」は、昭和五三年（一九八八）一二月一八日に日本観光文化研究所主催で東京・南青山の健保会館で開催された。宮本常一はすでに七一歳になっていたが、世話人の心づもりは古稀の祝いだった。でもそれをいうと「そんなムダなことはせんでもいい」ということが想像されたので、「一度、研究会の総括をしたい」と説明して了解をとった。当日の宮本常一の記念講演「あるく・みる・きく・考える」では、まずそのことにふれている（『未来』昭和五四年四月号に掲載の講演の速記録より抜粋）。

〈研究会をやるというので、それはいいだろう。研究に少しけじめをつけようではないかということだったもんだから、簡単に考えておりました。ところがほうぼうあるいておりましたら、「案内状をもらったんだけれども」という話をききまして、それは何の話だといったら、「先生の、何か集いがある」というんで、きいてみますと、どうも大変なことになってきておる様子なので――〉

〈旅をするということは、自分の目で物を確かめることですが、それが今日の旅をみますと必ずしもそうではない。例えばガイドブックというものがありまして、そのガイドブックを持ってどこかへいく。で、ガイドブックを読んでおって、「ああ、そうか」、それですべて終わったような顔をして帰ってくるというのが、今日の観光旅行であるのです。――〉

花束を抱えてお礼の挨拶をする宮本常一。岩手県の山伏神楽公演もあって、なごやかで楽しい集いになった。

〈私は、昨年の夏の終わりごろ、朝鮮の済州島へまいりました。済州島というところは、大変行ってみたいところであったのです。（中略）実は一つ特に興味を覚えたことがあったのです。済州島については、泉靖一氏が『済州島』という非常にすぐれたレポートを書いておられます。それを私は丹念に何回も読んだのですが、書物で読んで得たものはそこに書かれておる四角な文字、それだけの印象しかないのです。ところが済州島にまいりましてあるいてみて、そして家へ帰ってもう一度この書物を読んだとき、すごく心を打ったごく短い部分があるのです。それは『済州島』の三五ページに「南シナの一般人民の着ている柿渋衣と済州島民のそれ（これをkalotという）とは、柿渋をほどこす方法が、非常に類似している」という文章があるのです。そしてその二一二ページに「柿渋衣はいわば島での労働服で、外衣類は柿渋布でつくられることはない」と書いてありまして、柿渋衣のことについて触れて書いてあります。ただこれだけのことなのですが、これを読みまして、私にとっては、それこそ七十年間の自分の目が、どれほど愚かなものであるかということを、反省させられたのです。――〉

このあと日本の柿について、自身の体験を交えて語り、さらにつづける。

〈この柿が、実は日本だけの問題ではなく、同じように利用せられておるものが海の向こう、しかも済州島、そして東南アジアにまでつながっておる。このルートは、琉球列島を経由したほうにはみられないのであります。柿が日本へはいってきたということと、おそらく米が日本にはいってきたルートと一つではなかろうかと私はいま考えております。これは考えておるのであって、これを本当に証明していくためには多くの手続きを必要とします。もし私が済州島へまいらなかったならば、こういうことに気のつくことはなかっただろうと思います。同時に、私自身が柿そのものに深い関心を持ちつつ、それがようやく一つの文化の体系として目にはいるようになるまで、実は七十年という長い月日がたっておる。自分では、よく物をみておると思いながら、決してそうではない。発見というものは、実はわれわれの周囲にあるものなのです。われわれ自身の生活の周囲に、まだわれわれが見落としているものが無数にある。こういうことになるのじゃなかろうかと思います。わかっていないのにみんながわかったような顔をしているのが、今日の日本の文化に対するわれわれの実に大きな誤解というか、思い上がりがあるのではなかろうかと考えるのです。――〉

〈そういうことになりますと、問題は無数に出てくるのです。例えば私は、日本の住まいというものに強い関心を持っております。日本の住まいについて多くの建築家、あるいは建築史家が研究を重ねております。それも読みます、しかし、そういうものを通して私の教えられるところはきわめて少ないのです。ということは、柱がどうであるとか間取りがどうであるとかいうことも大変大事なことなのですが、私にとっていちばん大事な問題は、なぜ日本の家には床があるのだろうか、なぜ日本の家には必ず入り口に土間があるのだろうか、その問題なのです。これに対してまだどなたも、それを具体的な問題として取り上げておる学者はいないように思います。しかしこれほど大きな問題はないのじゃないだろうかと思うのです。――〉

この集いには二〇〇余人が出席。宮本常一は出席者への礼として三日前に出た『民俗学の旅』を進呈。集いが終わるとその本へ大勢がサインをねだった。宮本常一はそれぞれの顔を見てひとこと書いた。上は私の顔を見てサッと書いてくれたサインである。

須藤　功

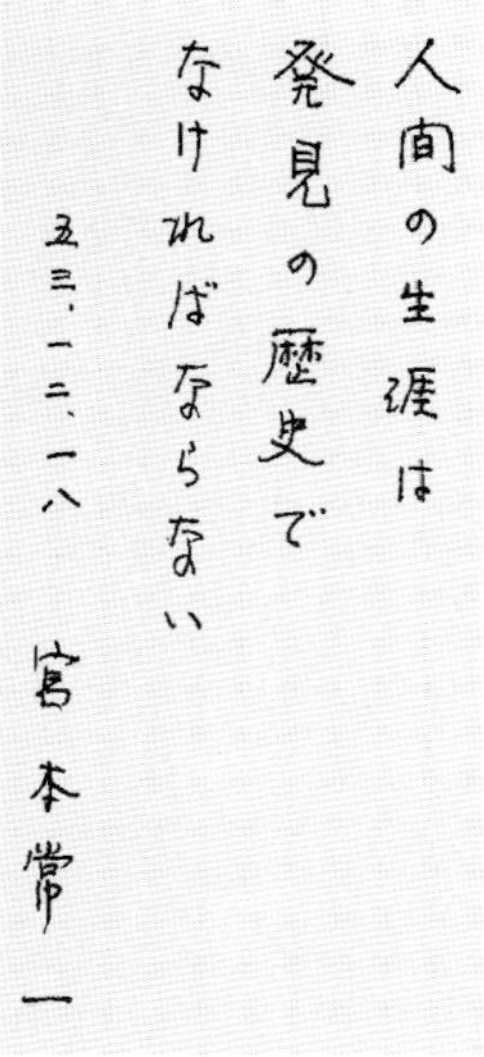
人間の生涯は
発見の歴史で
なければならない
五三・一二・一八
宮本常一

凡庸な者には厳しい言葉だが、きもに命じている。

著者・写真撮影者略歴（掲載順）

宮本常一（みやもと　つねいち）
一九〇七年、山口県周防大島の農家に生まれる。大阪府立天王寺師範学校卒。柳田國男の『旅と伝説』を手にしたことがきっかけとなり民俗学者への道を歩み始め、一九三九年に上京し、渋沢敬三の主宰するアチック・ミュージアムに入る。戦前、戦後の日本の農山漁村を訪ね歩き、民衆の歴史や文化を膨大な記録、著書にまとめるだけでなく、地域の未来を拓くため住民たちと膝を交えて語りあい、その振興策を説いた。一九六五年、武蔵野美術大学教授に就任。一九六六年、後進の育成のため近畿日本ツーリスト（株）・日本観光文化研究所を設立し、翌年より月間雑誌「あるくみるきく」を発刊。一九八一年、東京都府中市にて死去。著書『忘れられた日本人』（岩波書店）、『日本の離島』（未來社）『宮本常一著作集』（未來社）など多数。

須藤　功（すとう　いさを）
一九三八年秋田県横手市生まれ。川口市立県陽高校卒。民俗学写真家。一九六七年より日本観光文化研究所所員となり、全国各地歩き庶民の暮らしや祭り、民俗芸能等の研究、写真撮影に当たる。日本地名研究所より第八回「風土研究賞」を受賞。著書に『西浦のまつり』（未來社）『山の標的―猪と山人の生活誌』（未来社）『花祭りのむら』（福音館書店）『写真ものがたり　昭和の暮らし』全一〇巻（農文協）『大絵馬ものがたり』全五巻（農文協）など多数。

須藤　護（すどう　まもる）
一九四五年千葉県生まれ。武蔵野美術大学建築学科卒。龍谷大学国際文化学部教授（民俗学）。著書に『暮らしの中の木器』（ぎょうせい）『東和町史各論編4―集落と住居』（東和町教育委員会）、『木の文化の形成―日本の山野利用と木器の文化』（未來社）などがある。

森本　孝（もりもと　たかし）
一九四五年大分県生まれ。立命館大学法学部卒。日本観光文化研究所所員を経て、平成元年からＪＩＣＡ専門家として発展途上国の水産・漁村振興計画調査に従事。この間、水産大学校教官、周防大島文化交流センター参与等を務めた。著書・編著に『舟と港のある風景』（農文協）、『鶴見良行著作集フィールドノートⅠ・Ⅱ』（みすず書房）、他がある。

神野善治（かみの　よしはる）
一九四九年東京都生まれ。沼津市歴史民俗資料館学芸員、文化庁文化財調査官を務めた後、武蔵野美術大学教授。著書に『人形道祖神―境界神の原像―』（白水社・柳田國男賞受賞）、『木霊論―家・船・橋の民俗―』（白水社）などがある。

柿崎珏司（かきざき　かくじ）
一九〇六年秋田県生まれ。秋田師範学校卒。秋田県内中学校の教諭・学校長を務める。一九九八年没。著書に『季節の丘』『城山の春』『銃後日記』などがある。

橋本梁司（はしもと　りょうじ）
一九三三年東京都生まれ。早稲田大学文学部社会学修士課程修了。元武蔵野美術大学教授（社会学）。共著書に『地域社会』（学陽書房）、『日本思想の地平と水脈』（ぺりかん社）、『黒澤明をめぐる１２人の狂詩曲』（早稲田大学出版部）などがある。

山崎禅雄（やまざき　ぜんゆう）
一九四三年島根県桜江町生まれ。早稲田大学第一文学部史学科大学院博士課程修了。宮本常一没後の日本観光文化研究所「あるくみるきく」編集長。同研究所の閉鎖後、帰郷し日笠寺住職。同桜江町「水の国」初代館長、江津市教育委員等を歴任。主な著書に『水の力―折々の表情』（淡交社）などがある。

小林　稔（こばやし　みのる）
一九六〇年東京都生まれ。成城大学大学院文学研究科日本常民文化博士課程前期終了後、日本観光文化研究所所員。千葉県立房総のむら、国立歴史民俗資料館勤務等を経て、現在は千葉県教育庁教育振興部・文化財課に勤務。

岩見久子（いわみ　ひさこ　本名・岩見ヒサ）
一九一七年大阪府生まれ。岩手県立盛岡保健婦専門学院卒。岩手県開拓課に所属し、開拓保健婦として田野畑村に長年駐在。こだま短歌会を主宰。著書に『歌集　清澄の空』、『歌集　雪慕情』『歌集　白雲悠々』（以上、歌と観照社）、『歌集　銀色の杖』（美研インターナショナル）、『自分史　吾が住み処ここより外になし―田野畑村元開拓保健婦のあゆみ』（萌文社）などがある。

監修者略歴

田村善次郎（たむら　ぜんじろう）

一九三四年、福岡県生まれ。一九五九年東京農業大学大学院農学研究科農業経済学専攻修士課程修了。一九八〇年武蔵野美術大学造形学部教授。武蔵野美術大学名誉教授。文化人類学・民俗学。

大学院時代より宮本常一氏の薫陶を受け、国内、海外のさまざまな民俗調査に従事。『宮本常一著作集』（未來社）の編集に当たる。著書に『ネパール周遊紀行』（武蔵野美術大学出版局）、『棚田の謎』（農文協）ほか。

宮本千晴（みやもと　ちはる）

一九三七年、宮本常一の長男として大阪府堺市鳳に生まれる。小・中・高校は常一の郷里周防大島で育つ。東京都立大学人文学部人文科学科卒。山岳部に在籍し、卒業後ネパールヒマラヤで探検の世界に目を開かれる。一九六六年より近畿日本ツーリスト・日本観光文化研究所（観文研）の事務局長兼『あるくみるきく』編集長として、所員の育成・指導に専念。

一九七九年江本嘉伸らと地平線会議設立。一九八二年観文研を辞して、向後元彦が取り組んでいた「（株）砂漠に緑を」に参加し、サウジアラビア・UAE・パキスタンなどをベースにマングローブについて学び、砂漠海岸での植林技術を開発する。一九九二年向後らとNGO「マングローブ植林行動計画」（ACTMANG）を設立し、サウジアラビアのマングローブ保護と修復、ベトナムの植林事業等に従事。現在も高齢登山を楽しむ。

あるくみるきく双書
宮本常一とあるいた昭和の日本 ⑮ 東北 2

2011年9月30日第1刷発行

監修者　田村善次郎・宮本千晴
編　者　須藤　功

発行所　社団法人　農山漁村文化協会
郵便番号　107－8668　東京都港区赤坂7丁目6番1号
電話　03（3585）1141（営業）　03（3585）1147（編集）
FAX　03（3585）3668
振替　00120（3）144478
URL　http://www.ruralnet.or.jp/

ISBN978－4－540－10215－8

印刷・製本　（株）東京印書館